# Gault&Millau

## Hotelguide Österreich

HERAUSGEBER & CHEFREDAKTION

Martina & Karl Hohenlohe

# 2024

www.gaultmillau.at

Willkommen im führenden
Auktionshaus im Zentrum Europas

700 Auktionen, 40 Sparten, 100 Experten,
mehr als 300 Jahre Erfahrung

www.dorotheum.com

DOROTHEUM

SEIT 1707

# Inhalt

# Vorwort

© Philipp Lipiarski

Trotz wirtschaftlicher Erschwernisse gibt es gute Nachrichten:
Die heimische Hotellerie erholt sich zunehmend und verzeich-
net positive Entwicklungen. Diesen freudigen Aufschwung
haben auch wir bemerkt, als wir uns anlässlich der vierten
Ausgabe des Gault&Millau Hotelguides erneut einen Überblick über die österreichische Hotellandschaft gemacht haben.
Nachfolgend präsentieren wir eine Auswahl an spannenden
und vielseitigen Betrieben, die Ihnen unvergleichliche Urlaubsmomente schaffen sollen.

Mit steigender Reiselust haben auch die Urlaube innerhalb Österreichs weiterhin zugenommen. Konkret fanden im Vorjahr mehr als die Hälfte aller Reisen im Inland statt, wie Statistik Austria verzeichnete.

Diese Entwicklung fußt vor allem auf dem großartigen Engagement, das die Hoteliers dieses Landes Jahr für Jahr aufbringen, um ihren Gästen ein erstklassiges Hotelerlebnis zu ermöglichen. Dabei hegt jeder Gast eigene Ansprüche und Vorstellungen, wie ein Aufenthalt auszusehen hat. Genau diese anspruchsvollen Hotelbesucherinnen und Hotelbesucher sollen von unserem Guide profitieren.

Bei der Suche nach der passenden Unterkunft gilt es, etwas zu finden, das bestmöglich auf einen zugeschnitten ist und den eigenen Vorlieben entspricht. Mit der Vielzahl an hochkarätigen Hotelbetrieben in Österreich können wir uns zwar überaus glücklich schätzen, gleichzeitig wird so jedoch auch die Auswahl erschwert. An dieser Stelle haben wir es immer wieder erlebt, dass Suchmaschinen und Bewertungsplattformen nur selten Abhilfe schaffen und mitunter sogar für böse Überraschungen sorgen können.

Um die wachsende Bandbreite in Österreichs Hotellerie entsprechend vorzustellen, haben wir mehr als

*Der Gault&Millau Hotelguide versteht sich nicht als wahllose Aneinanderreihung von Luxushotels, sondern soll die besten Häuser ihrer Kategorie vor den Vorhang holen.*

650 Betriebe zusammengetragen – jeder einzelne mit eigenen Ausrichtungen und Besonderheiten. Mit dabei sind zahlreiche Geheimtipps, Neueröffnungen sowie renommierte Häuser. Um Ihnen einen besseren Überblick bieten zu können und die Suche nach dem perfekten Hotel zu erleichtern, haben wir 19 Kategorien erstellt, die sich folgendermaßen gliedern:

Adults Only, Aktiv, Am Wasser, Chalets, City, Design, Familie, Geheimtipps, Golf, Halbpension, Hund, Luxus, Medical, Natur, Romantisch, Schlösser Burgen, Seminar, Ski in Ski out, Wellness

Bevor wir zu den einzelnen Betrieben kommen, stellen wir unsere Preisträgerinnen und Preisträger vor, die in den vergangenen Jahren einen bedeutenden Beitrag für die österreichische Hotellerie geleistet haben. Außerdem lesenswert: das Hotelgeflüster mit spannenden neuen Projekten.

Wir hoffen, dass Sie sich von unserer Auswahl inspirieren lassen können, und wünschen Ihnen besondere und erholsame Aufenthalte in den vorgestellten heimischen Spitzenhotels.

Herzlichst

Martina und Karl Hohenlohe

*Herausgeber Gault&Millau*

# AWARDS & PREISE

„EIN WIRKLICH UNVERGESSLICHER GESCHMACK"

| Unglaubliche | Welt der | Überragende | Perfekte |
|---|---|---|---|
| **KAFFEEMOMENTE** | **VIELFALT** | **QUALITÄT** | **ZUBEREITUNG** |

© Zillerseasons

# MalisGarten
## Hotel des Jahres 2024

Im Juni 2020 eröffnete in Zell am Ziller im Tiroler Zillertal ein Hotel mit zukunftsweisender Architektur und Philosophie. Das ‚MalisGarten' ist ein Refugium aus nichts anderem als heimischem Holz. Und ein Ort zum Abschalten und Entspannen, der zeigt, worauf es im Tourismus künftig ankommt: Den Weg zurück zur Natur zu finden. Das Green Spa Hotel MalisGarten ist das erste nachhaltig gebaute und geführte *****s Hotel.

Das ist ein Statement, denn der Anspruch der Nachhaltigkeit ist im MalisGarten umfassend und reicht von den MitarbeiterInnen bis zur Unternehmerfamilie, von der Küche zur Bar, von den Zimmern zum SPA. Ein Hotel komplett aus Holz, vom Scheitel bis zur Sohle. Also in Gebäudesprache vom Boden bis zum Dach.

*Geplant hat dieses besondere Haus der italienische Star-Architekt Matteo Thun.*

Der Südtiroler ist längst eine Ikone nachhaltiger Architektur. Was Gäste im MalisGarten erwartet? Im Herbarium Spa werden aus frischen oder getrockneten Kräutern Hydrolate und ätherische Öle destilliert, die je nach Bedarf zur Anwendung kommen. Das Wissen um die Wirkungen und Heilkräfte der heimischen Kräuter ist eine solide Basis, um die Welt der alpinen Naturheilkunde

Patronanz: NESPRESSO

kennenzulernen. Christina Binder-Egger ist ausgebildete Kräuterpädagogin und weiss die Vielfalt im Kräutergarten zu schätzen. Und zu nutzen. Während mit den Kräutern ganz klassisch und traditionell gearbeitet wird, bietet das MalisGarten Spa auch eine sehr moderne Anwendung, um Energie zu tanken, das Immunsytem zu stärken, Stress abzubauen und ganz generell die Gesundheit zu fördern: die Kältekammer. Bei minus 85 ° Celsius bekommen Körper und Geist einen erfrischenden Kick. Man hat die Wahl. Finnische Sauna, Kräutersauna oder Sole-Dampfbad entspannen und beruhigen, nach einer Anwendung in der Kältekabine könnte man Bäume ausreissen. Letztlich ist es ein Haus, in dem Nachhaltigkeit keine leere Phrase ist, sondern täglich gelebt wird.

*Familie Binder-Egger: v. l. Marie-Theres, Leni, Christina, Reinhard*

Und ein Ort, der zeigt, dass auch ein Urlaubsziel ein Klimaziel sein kann. In ästhetisch anspruchsvoller Architektur, mit Garten und Pool und ganz nebenbei im wahren Wortsinn ausgezeichneter Kulinarik.

## MalisGarten
6280 Zell am Ziller, Rohrerstraße 5

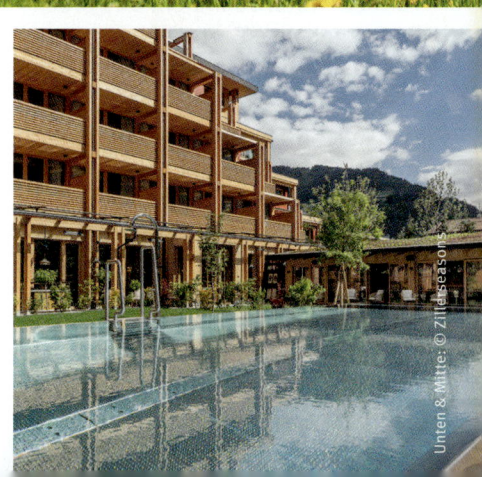

# Das Grafengut
## Entdeckung des Jahres 2024

**N**ein, es ist kein Geheimtipp mehr. Ein paar Tage in der sensationellen Bootshaus-Suite zu ergattern ist ebenso schwierig wie einen Termin für eine Hochzeit zu finden. Trotzdem. Wir finden "Das Grafengut" einfach umwerfend und möchten, dass noch viel mehr Menschen davon erfahren.

*Das Haus selbst hat eine solide historische Vergangenheit.*

Anfang des vergangenen Jahrhunderts diente sie dem kaiserlichen Gesandten und Forscher Eugen Freiherr von Ransonnet-Villez als Villa. Zu Beginn des 21. Jahrhunderts, genauer gesagt 2002, wurde sie von Grund auf renoviert. Das Grafengut liegt in Nussdorf, am Westufer des Attersees. Zum einen ist es ein Ort herausragender Kulinarik. Das Frühstück, das entweder im Park, auf der Seeterrasse oder in den Räumen der Villa angeboten wird, hat mittlerweile eine beachtliche Bekanntheit. Und nachdem das Grafengut mit seinem weitläufigen Park auch eine lässige Event-Location ist, finden hier auch ebenso lässige Veranstaltungen statt. Max Stiegl's Sautanz zum Beispiel.

**Das Grafengut**
4865 Nußdorf am Attersee, Dorfstraße 65

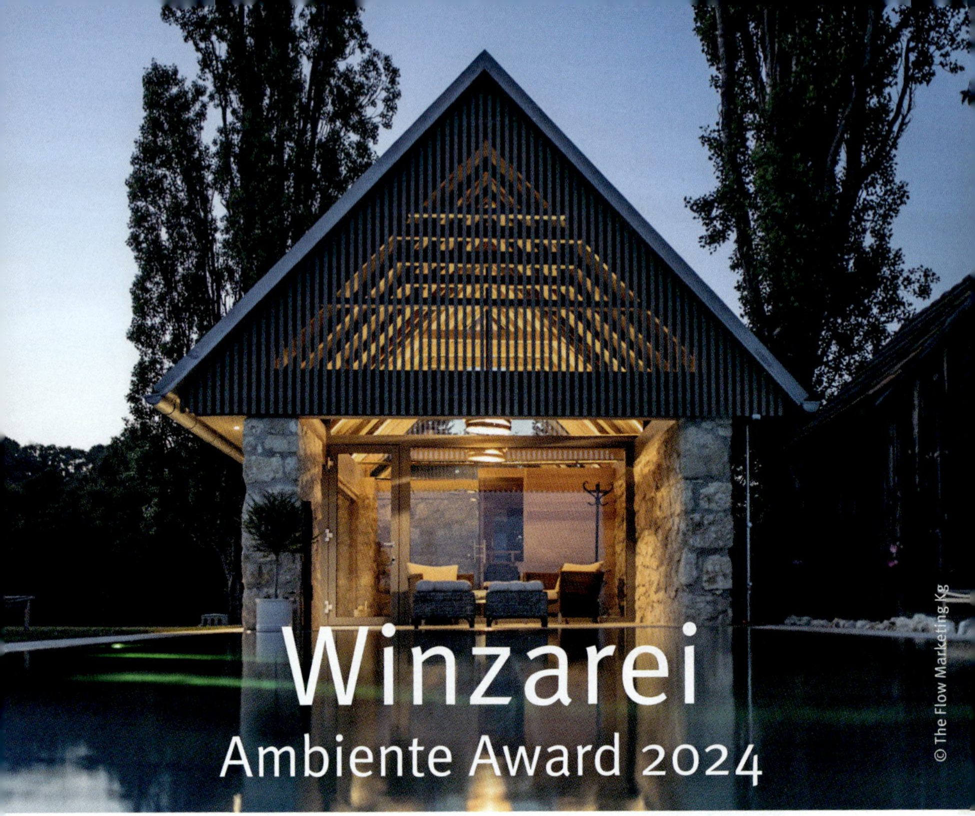

© The Flow Marketing Kg

# Winzarei

## Ambiente Award 2024

Vor etwa 10 Jahren haben Heidi und Manfred Tement damit begonnen, alte Gutshäuser in moderne Suiten umzubauen. Die Idee war, stilvolles Erholen an einem kraftvollen Ort zu ermöglichen. Natürliche Materialien, klare Linien und viel Liebe zum Detail sind die Säulen des Winzarei-Erfolgs. Der Erfolg des Projekts überrascht nicht wirklich.

*Das Familienunternehmen Tement gilt als eines der führenden Weingüter des Landes. Und Geschmack liegt ihr im Blut.*

Keine Suite, kein Haus gleicht dem anderen. Es ist Individualität auf höchster Stufe. Der Ausblick von den Balkonen ist magisch. Man lässt den Blick über

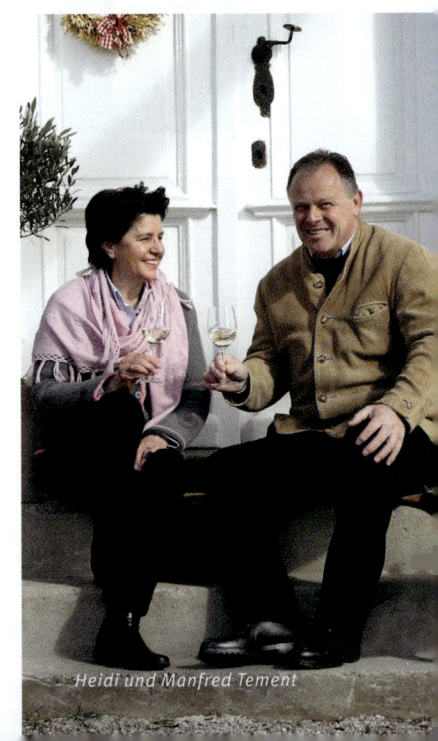

*Heidi und Manfred Tement*

© blendpunkt

© The Flow Winzarei

© Romantik Chalets Winzarei

die Lagen Zieregg oder Ciringa schweifen, und es dauert keine fünf Minuten, bis innerliche Ruhe einkehrt, der Puls sich verlangsamt und die Gedanken zu fließen beginnen.

Atemberaubend ist auch der Infinity-Pool mit Blick auf die Weingärten. Den Sonnenuntergang genießend, denkt man, dass das mit der "steirischen Toskana" so nicht stimmt. Eigentlich müsste man die Toskana die „Südsteiermark Italiens" nennen.

**Winzarei**
8461 Ehrenhausen, Zieregg 13

# The Amauris
## Neueröffnung des Jahres 2024

*General Manager Nicole Zandt
und Modedesigner Marcos Valenzuela*

Was man alles mit viel persönlichem Einsatz erreichen kann, bewiesen Investor Johann Breiteneder und Hoteldirektorin Nicole Zandt, die trotz schwierigster Rahmenbedingungen (Stichwort Corona) ein zauberhaftes Boutiquehotel schufen. Das eher austauschbare „The Ring" Hotel wurde nach grundlegendem Umbau zu einem wahren Ringstraßen-Juwel:

*„The Amauris" ist eine wegen seiner Anmut und Schönheit bekannte Schmetterlingsart. Seine Farben sind schwarz und weiß, das spiegelt sich auch im avantgardistischen Design mit viel Marmor und Holz wider.*

© The Amauris

Interior Designer Nikola Arambašić hat aus dem Palais aus dem Jahr 1860 ein einzigartiges Hotel gemacht, das in vielen Details – von Lamperie bis moderne Kunst – zu überraschen vermag. Die Zimmergestaltung des Relais & Châteaux Hotels spielt mit Jugendstil- und Barock-Zitaten und fügt sich trotz moderner Design-Elemente stimmig in die Ringstraßen-Architektur. Das Restaurant „Glasswing" ist ebenfalls nach einem Schmetterling benannt und hat die kritischen Wiener auf Anhieb überzeugt, hinsichtlich Innendesign ebenso wie bei der Qualität der Küche.

**The Amauris**
1010 Wien, Kärntner Ring 8

# Hotelgeflüster

**Bevor wir zu den Hoteltipps kommen, möchten wir Ihnen eine Auswahl an spannenden Neueröffnungen in der Hotellerie vorstellen. Wir sind natürlich bestrebt, so aktuell wie möglich zu berichten. Dennoch verhindert es der Redaktionsschluss, manche bevorstehenden Projekte in voller Ausführung zu berücksichtigen.**

beide Bilder: © BWM Architects & Design

## Badeschloss

Straubingerplatz 4a, 5640 Bad Gastein

Ein Rückzugsort vom Strudel des Lebens – so stellt sich das Badeschloss in Bad Gastein vor. Das traditionsreiche Haus wurde 1791 erbaut und diente lange als kaiserliche Residenz. Nach vielen Jahren des Leerstands wurde es nun gänzlich modernisiert und um einen am Wasserfall gelegenen Turm erweitert. Die 102 Zimmer und Suiten sind individuell eingerichtet und erinnern mit ihrem verspielten Interieur an die lange gehegte Badekultur der Region. Die neue Showküche, die Schlossbar und der Spabereich auf dem Dach erfüllen das Badehaus mit frischem Zeitgeist.

## The Hoxton Vienna

Rudolf-Sallinger-Platz 1, 1030 Wien

Am Wiener Stadtpark ist ein Hotel am Entstehen, das zu den wohl wichtigsten Projekten des Jahres zählt – das Hoxton Vienna. Knapp 200 Zimmer und Suiten zählt das achtstöckige Gebäude aus den 1950er-Jahren nun, dessen Fassade unter Denkmalschutz steht. In kulinarischer Hinsicht wird eine niederschwellige Gastronomie angeboten, vom Eissalon bis hin zum Sandwich-Shop. Je nach Wetter kann entweder in der Lobby-Bar oder auf der Dachterrasse genossen werden, wovon nach dem „Open House"-Konzept auch heimisches Publikum angesprochen werden soll.

© fivetonine/shutterstock

## Rosewood Schloss Fuschl ▲

Schloss Fuschl, 5322 Hof bei Salzburg

2024 wird – neben dem Rosewood-Hotel in Wien – ein zweites Haus der Rosewood-Gruppe in Österreich eröffnet: das Rosewood Schloss Fuschl. Idyllisch am Ufer des Fuschlsees gelegen, erinnert das historische Anwesen an vergangene Jahrzehnte. Dieser Charme soll auch bei der Neugestaltung beibehalten werden. Gäste erleben hier zukünftig modernen Luxus in historischem Ambiente, unweit von Bergen, Wäldern sowie der Stadt Salzburg. Neben 98 Zimmern, Suiten und Chalets verfügt das Schloss auch über ein Restaurant und einen Wellnessbereich mit In- und Outdoorpool.

## Julianhof ▾

**Wieden-Klausen 32, 8345 Straden**

Absolute Privatsphäre, kombiniert mit jedem erdenklichen Luxus: Unweit von Straden, im Steirischen Vulkanland, hat der Julianhof eröffnet, ein Boutique-Resort mit zwei Premium-Ferienhäusern. Das eine ist ein Farmhouse mit Pool und einer umfangreichen Gartenoase, das andere ein Beachhouse, ebenfalls mit Pool, überdachter Lounge, Grillplatz und Saunahaus ausgestattet. Zu dieser Verwöhnausstattung kommt ein ausgefeiltes Gourmetkonzept, wofür mit den besten steirischen Köchen zusammengearbeitet wird – vom Buschenschank-Catering bis zum Private Cooking.

© Julianhof

# DAS HOTEL FÜR KUNST-LIEBHABER & GOURMETS

SANS SOUCI

WIEN

**HOTEL | SPA | RESTAURANT & BAR**
BURGGASSE 2 | 1070 WIEN, AUSTRIA | T: +43-1-522 25 20
WWW.SANSSOUCI-WIEN.COM

| | |
|---|---|
| Herausgeber | Karl Hohenlohe, Mag. Martina Hohenlohe |
| Chefredakteurin | Mag. Martina Hohenlohe |
| Produktionsleitung | Paul Golger, *paul.golger@gaultmillau.at* |
| Mitarbeiterinnen der Redaktion | Kathrin Biffl, BA, *kathrin.biffl@gaultmillau.at* |
| | Derya Metzler, BA, *derya.metzler@gaultmillau.at* |
| | Astrid Panowetz, BA, *astrid.panowetz@gaultmillau.at* |
| | Mag. Tamara Schramek, BA |
| Coverfoto | © ZillerSeasons \| Fotograf: Michael Königshofer |
| Technische Umsetzung | i-security, 1050 Wien |
| | Blacksheep Productions |
| Lektorat | Das Textatelier, Mag. Sandra Bak, *office@das-textatelier.at* |
| Landkarten | ARGE KARTO, Mag. Herwig Moser, |
| | 3152 St. Georgen, *arge.karto@aon.at* |
| Leserservice Österreich | *Leserservice@gaultmillau.at* |
| | Gault&Millau, Strohgasse 21a, A-1030 Wien, |
| | Tel.: +43(0)1/7124384-25 |
| Internet | www.gaultmillau.at |
| Vertrieb A | Mohr-Morawa, Wien, |
| | Tel.: +43(0)1/680140 |
| Vertrieb D/CH | Libri GmbH, Friedensallee 273, 22763 Hamburg, |
| | Tel.: +49 (0)40 85 39 80, *Libri@libri.de* |
| Leitung Marketing & Sales | Josef Jungmann, *josef.jungmann@gaultmillau.at* |
| Marketing & Sales | Oliver Gattringer, MA, *oliver.gattringer@gaultmillau.at* |
| | Jennifer Rahberger, B.Ed., *jennifer.rahberger@gaultmillau.at* |
| Layout & Satz | Sophie Wurnig, BA, *sophie.wurnig@gaultmillau.at* |
| Herstellung | Druck Styria GmbH & Co KG, A-8042 Graz, |
| | www.styriaprintgroup.com |
| Verlag | KMH Media-Consulting GesmbH, |
| | Strohgasse 21A, A-1030 Wien, |
| | Tel: +43/(0)1/7124384-29 |
| | © by GaultMillau S. A. |
| | © by KMH Media Consulting GesmbH |
| | Registered Trademark |
| ISBN | 978-3-9505094-8-9 |

# Kapitel

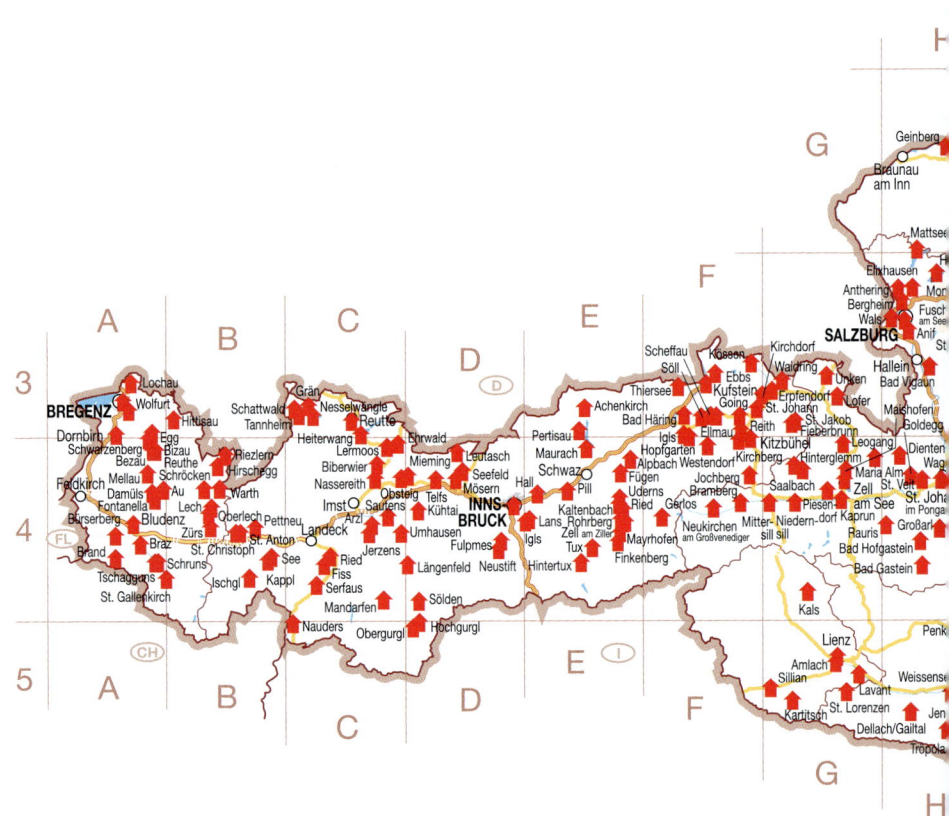

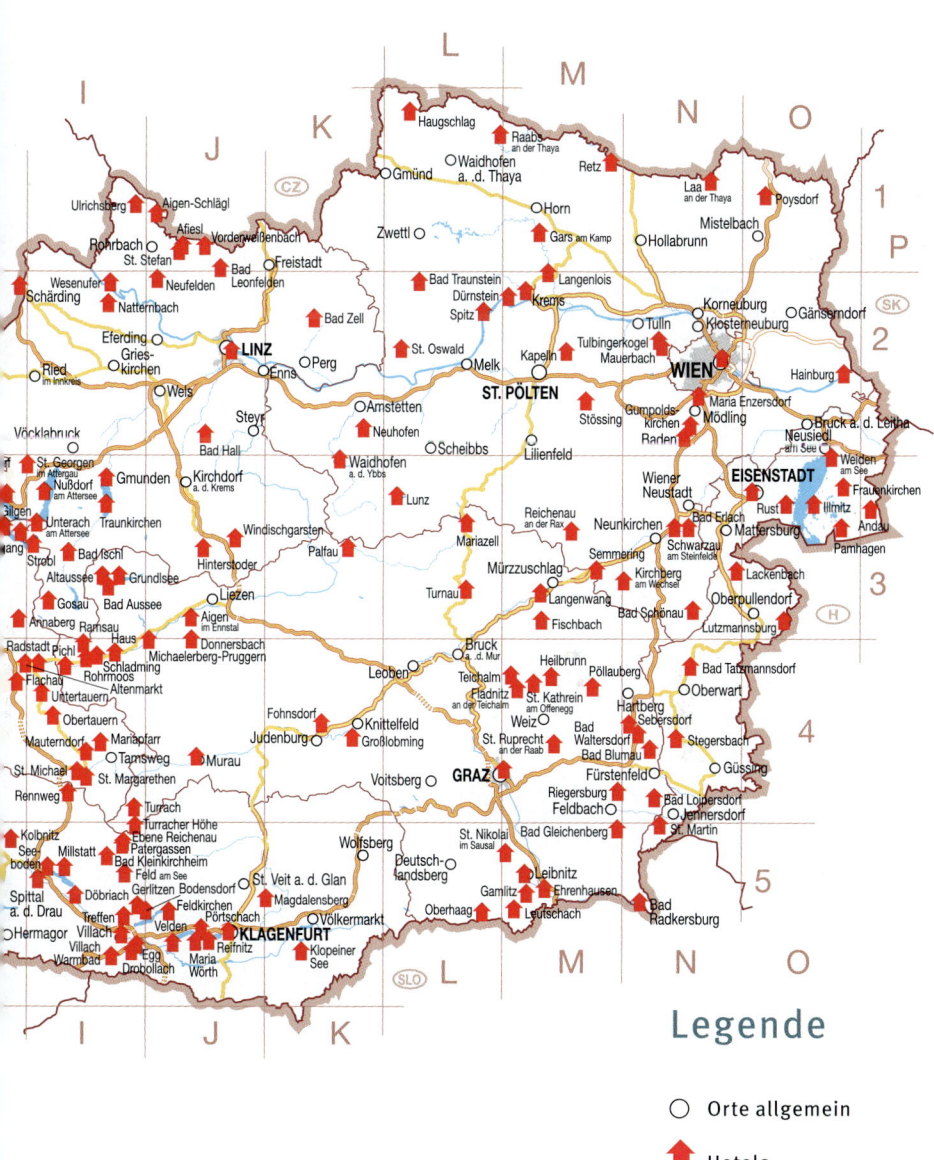

Legende

○  Orte allgemein

🏠  Hotels

# Das Kronthaler

6215 Achenkirch, Am Waldweg 105 a • 0 52 46 63 89
www.daskronthaler.com • welcome@daskronthaler.com

Im Das Kronthaler verbinden sich puristisch-elegante Tafel-
kultur, alpine Genusswelten und ein modernes Bewusstsein
für den vitalen Lebensstil. Direkt an der Piste gelegen, verspricht es einen exquisiten Urlaub in aller Ruhe. Die Küche
ist ein Mix aus traditionellen Gerichten mit jungen Einflüssen und regional verankerten Speisen auf hohem Niveau.
Auch vegane, vegetarische und allergikerfreundliche Menüs
werden angeboten. Die Bar ZeitLOS 989 serviert extravagante Tropfen namhafter Winzer und in der Bar Himmel-
NAH 999 können Gäste das grandiose Panorama bei einem
Champagner-Après-Ski genießen.

# Posthotel Achenkirch

6215 Achenkirch, Obere Dorfstraße 382 • 0 52 46 65 22
www.posthotel.at • info@posthotel.at

So gern man die eigenen Kinder im Urlaub mit dabei hat –
manchmal ist es dennoch schön, Zeit für sich selbst zu
haben. Das Posthotel im Tiroler Achenkirch ist genau so ein
Ort, der Erwachsenen einen ruhigen Aufenthalt ermöglicht.
Sowohl bei den gesundheitlichen Angeboten als auch bei
den kulinarischen bleiben keine Wünsche offen. In der großzügigen Spalandschaft werden verschiedenste Massagen
sowie Anwendungen für Paare angeboten, darunter Ayurveda-Behandlungen. In puncto Genuss darf man sich auf
eine bunte Küche – mit veganen Alternativen – freuen. Und
auch der Service kommt nicht zu kurz.

# Am Holand

6883 Au im Bregenzerwald, Holand 24 • 05515 2932
www.amholand.at • info@amholand.at

Das Hotel Am Holand bietet die perfekte Balance aus Spannung und Entspannung inmitten der atemberaubenden Vorarlberger Bergwelt. Nach einer Umbaupause stehen alle Zimmer frisch saniert und mit modernster Einrichtung zur Verfügung – manche von ihnen begeistern nun mit Highlights wie Panoramafenstern oder einer Dachterrasse. Gleichbleibend sind die Herzlichkeit der Gastgeberfamilie und die maximale Anzahl von nur 27 Gästen gleichzeitig. So wird eine intime Atmosphäre garantiert, in der man vollkommen entspannen kann, beispielsweise im Wellnessbereich. Kulinarisch steht hier die Region im Vordergrund.

# Falkensteiner Genuss & Wohlfühlhotel Mühlviertel

4190 Bad Leonfelden, Wallseerstraße 10 • 07213 206 879 11
www.falkensteiner.com/hotel-spa-bad-leonfelden •
reservations.badleonfelden@falkensteiner.com

Mit einem neuen Namen und einer neuen Ausrichtung begrüßt das Falkensteiner Genuss & Wohlfühlhotel seine Gäste. Dem Adults-only-Konzept ist man treu geblieben, jedoch wird nun ein umfassendes All-inclusive-Erlebnis geboten. Die neu gestalteten Zimmer sind moderne Wohlfühlorte, auch das Spa- und Wellnessangebot lässt keine Wünsche offen. Kulinarisch freuen sich die Gäste auf viele Highlights, mit All-inclusive-Genuss und regionalen Spezialitäten. Entspannen und regenerieren lässt es sich in der malerischen Umgebung von Bad Leonfelden, die zum Spazierengehen und Kraftplätze-Entdecken einlädt.

# Reiters Reserve Supreme Hotel

7431 Bad Tatzmannsdorf, Am Golfplatz 1 • 03353 88410
www.reiters-hotels.com • info@reiters-reserve.at

Das Reiters Reserve Supreme Hotel im Südburgenland bietet Erholung für Erwachsene ab 16 Jahren. Auf über 8.200 Quadratmeter öffnen sich Wellness-Wasserwelten für sinnliches Vergnügen. Besonders hervorzuheben ist der Pleasure-Pool mit tollen Blick auf die Landschaft. Yin und Yang finden ihren Platz im kühlen Süßwasser oder im warmen Thermalwasser des Pools. Das Restaurant ist mit Hauben ausgezeichnet – dort genießt man nachhaltige hausgemachte Speisen. Seit Sommer 2023 erwarten die Gäste einige Neugestaltungen: 23 neue Suiten und zehn Zimmer sowie das Panoramarestaurant sorgen für Begeisterung.

# Spa Resort Styria

8271 Bad Waltersdorf, Bad Waltersdorf 351 • 03333 31065
www.sparesortstyria.com • reservation@sparesortstyria.com

Inmitten der sanften Hügel des Thermen- und Vulkanlandes liegt das Spa Resort Styria. Das Adults-only-Hideaway bietet Gastlichkeit mit viel Ruhe und Privatsphäre. Über 2.500 Quadratmeter erstreckt sich ein Spa, das alle Entspannungsträume erfüllt. Das kulinarische Motto lautet „Schlemmen auf steirisch" – mit den besten Zutaten der Region, international abgeschmeckt, und einem Hauch von Luxus. Das Panoramarestaurant bietet ein reichhaltiges Frühstücksbuffet und ein herrliches Dinner mit kreativen Köstlichkeiten in sechs Gängen voller Frische, authentischer Regionalität und kulinarischer Raffinesse.

# Schwarzer Adler ⓝ

## Wellness-Spa-Hotel

6370 Kitzbühel, Florianigasse 15 • 05356 6911
www.adlerkitz.at • hotel@adlerkitz.at

Als einziges Adults-only-Hotel in Kitzbühel bietet der Schwarze Adler 88 Zimmer mit höchstem Komfort und einzigartigem Bergblick. Im Black-Spa mit finnischer Sauna, Dampfbad und japanischem Bad lassen sich alle Sorgen vergessen. Das Highlight ist der 360-Grad-Panorama-Pool auf dem Dach mit Blick über die Alpenmetropole. Hier startet man am besten mit Yoga am Dachpool in den Tag und genießt dabei die Ruhe und den einzigartigen Blick auf die Tiroler Bergwelt. Im hoteleigenen Restaurant NEUwirt werden sowohl Vegetarier als auch Fleischliebhaber garantiert fündig.

# Palais Porcia ⓝ

9020 Klagenfurt, Neuer Platz 13 • 0463 511590
www.palais-porcia.at • hotel@palais-porcia.at

Am Hauptplatz von Klagenfurt, direkt am Wörthersee, lässt es sich wunderbar Urlauben. Das Hotel Palais Porcia ist dabei eine gastfreundliche Unterkunft. Es erinnert mit seinem Ambiente an vergangene Epochen und schafft den Gästen so einen extravaganten Aufenthalt. In den Zimmern finden sich Bilder alter venezianischer und niederländischer Meister wieder, die Lobby ist mit Kunsthandwerk dekoriert. Das Personal ist äußerst hilfsbereit. Dank der zahlreichen Freizeitmöglichkeiten und der Nähe zum See sowie zu Italien und Slowenien bietet ein Urlaub in Kärnten viel Abwechslung.

# Burgi's Living

6764 Lech am Arlberg, Zug 759 • 0664 927 1763
www.burgis-lech.at • info@burgis-lech.at

Burgi's Living ist der Name des kleinen, aber mittlerweile bekannten Adults-only-Hotels mit Frühstück in Zug bei Lech am Arlberg. Dieses überschaubare moderne und schicke Hotel bietet einen entspannten Rückzugsort für junge und jung gebliebene Gäste, die eine Auszeit in der atemberaubenden Arlberg-Region suchen. Burgi's Living steht für Willkommenskultur, Herzlichkeit, Gemeinschaft und Persönlichkeit. Das Frühstück besteht aus qualitativ hochwertigen regionalen Produkten und wird individuell serviert. Hier genießt man einen stressfreien Urlaub zu zweit.

# Fritsch am Berg
## Mental Spa Resort

6911 Lochau, Buchenberg 10 • 05574 43029
www.fritschamberg.at • rezeption@fritschamberg.at

Das Fritsch am Berg ist ein Retreat am Bodensee, welches das Lebensgefühl am Berg mit Seeblick kombiniert. Die Besonderheit hier: Die körperliche Wellness wird um die mentale Gesundheit erweitert! Die Berater und Trainer erstellen Programme, die individuell auf die Bedürfnisse von jedem Gast abgestimmt sind, um ein glücklicheres und gesünderes Leben zu ermöglichen. Der Spabereich erstreckt sich über 700 Quadratmeter und bietet eine Saunalandschaft, ein Hallenbad, Fitnessgeräte und einen Wohlfühlgarten. Während des Sechs-Gänge-Abendmenüs kann man einen erlebnisreichen Tag Revue passieren lassen.

# Schlosspark Mauerbach Ⓝ
## Wellness und Seminar Hotel

3001 Mauerbach, Herzog-Friedrich-Platz 1 • 01 970 301 00
www.schlosspark.at • info@imschlosspark.at

Im Schlosspark Mauerbach treffen Gegensätze wie Business und Entspannung, Digitalisierung und Natur sowie Leistungsfähigkeit und Regeneration aufeinander. Ziel ist es, dass die Gäste sich vollends von ihrem beruflichen Leben erholen und eine Auszeit genießen können. Das Hotel versteht sich als Adults-only-Haus und bietet dementsprechend eine ungestörte Zeit zu zweit. Im Wellnessareal mit Indoor- und Outdoorpool sowie Saunen und Dampfbad lässt es sich herrlich entspannen. Auf kulinarischer Ebene wird man im Restaurant mit Gerichten, die von der Region inspiriert sind, bestens verpflegt.

# ElisabethHotel

6290 Mayrhofen, Einfahrt Mitte 432 • 05285 6767
www.elisabethhotel.com • info@elisabethhotel.com

Das Adults-only-Hotel vereint Tradition und Moderne in luftiger Höhe der Zillertaler Alpen. Traditionelle Tiroler Hütten schmücken sich mit hölzernen Balkonen, Giebeln und Schnitzereien. Aufgelockert werden diese typischen Merkmale von klaren Linien, warmen Farben und hochwertigen Stoffen. Gepaart mit dem spektakulären Bergpanorama macht sich bereits eine angenehme Wohlfühlatmosphäre breit. Noch mehr Entspannung bietet der 1.400 Quadratmeter große Wellness- und Saunabereich. Dieser bietet nach einer Bergtour – egal, ob zu Fuß oder mit dem Mountainbike – den wohlverdienten Ausgleich.

# Sonne Lifestyle Resort Bregenzerwald

6881 Mellau, Übermellen 65 • 05518 201 00

www.sonnemellau.com • info@sonnemellau.com

In diesem Erwachsenenhotel verbringt man einen Urlaub voller Entspannung, bei dem man den Fokus ganz auf Erholung und sich selbst richten kann. Das Wellness-Design-Hotel begeistert nicht nur mit seiner stilvollen Gestaltung, auch der herzliche Service und der wundervolle Spabereich können sich sehen lassen. Dieser bietet auf 1.500 Quadratmetern unter anderem Massageliegen, Pools und verschiedene Saunen. Der Höhepunkt eines erholsamen Tages ist das fünfgängige Gourmetdinner. Auch für Tagungen, Seminare und Konferenzen findet man hier den perfekten entspannten Rahmen.

# Haldensee

6672 Nesselwängle, Haller 27 • 056 75 207 27

www.haldensee-hotel.com • info@haldensee-hotel.com

Das Hotel Haldensee im Tannheimer Tal ist ein Naturerlebnis- und Wellnesshotel für Erwachsene ab 16 Jahren, das seinen Gästen einen inspirierenden Urlaub inmitten der Natur bietet. Mit Blick auf den idyllischen Haldensee lassen sich neue Perspektiven und die Schönheit der Tiroler Berge erleben. Das Panorama vom Wellnessbereich aus ist ein Highlight und komplettiert das Relaxerlebnis. Die abwechslungsreichen Menüs und Themenbuffets bieten Tiroler Köstlichkeiten, schmackhafte Vitalküche und internationale Gerichte aus frischen Zutaten von ausgewählten Lieferanten.

# Mühle Resort 1900

6456 Obergurgl, Gurgler Straße 87 • 0 52 56 67 67
www.muehle-resort.at • info@muehle-resort.at

Mit einer einmaligen Lage inmitten der Ötztaler Alpen erwartet das Mühle Resort 1900 Gäste ab 14 Jahren. Das idyllische Refugium verfügt über stilvoll eingerichtete Zimmer und Suiten mit atemberaubender Aussicht auf die Berge und schafft ein unvergleichliches Gefühl von Komfort und Ruhe. Im Mühle SPA 1900 können Gäste im Innenpool und Jacuzzi entspannen und ungestörte Erholung genießen. Das Hotelrestaurant Mühle AlpenCoolinarik serviert köstliche, lokal produzierte Küche mit einem modernen Touch. Die abgelegene Lage des Hotels bietet einen unvergleichlichen Zugang zur natürlichen Schönheit der Berge.

# Goldstück

5753 Saalbach/Hinterglemm, Obertaxingweg 534 • 0664 130 8582
www.goldstueck-saalbach.at • info@goldstueck-saalbach.at

Das Hotel Goldstück mit nur 28 Doppelzimmern verspricht seinen Gästen, spontane Glücksmomente zu schaffen. Das Hotel bietet gemütliche Rückzugsorte, bequeme Leseecken und eine gut bestückte Bar. Am Abend serviert man zwei herzhafte Gerichte, immer mit einer vegetarischen Option. Herzstück des Hotels ist die Bibliothek mit einer umfangreichen Sammlung von Büchern, einschließlich der neuesten Veröffentlichungen. Ein weiteres Highlight: der Infinitypool. Die Gastgeber Madlen und Andi bieten mit ihrem Haus die perfekte Mischung aus Komfort, Luxus, spontanen Momenten und persönlicher Betreuung.

© saalbach.com, Mirja Geh.

Landschaft Saalbach Hinterglemm

# Stein

LVX

5020 Salzburg, Giselakai 3–5 • 0662 874 34 60
www.hotelstein.at • info@hotelstein.at

Der perfekte Mix aus Geschichte, modernem Design, Kunst und Lifestyle: Das ist das Hotel Stein in Salzburg. Die Originaleinbauten in Entree, Lobby und Stiegenhaus stammen aus den 1950er-Jahren und treffen auf urban-stylishes Design. Jedes Stockwerk und jedes Zimmer hat sein eigenes Farbkonzept. Besonders beeindruckend: die Licht-Glas-Installation. Das Hotel verfügt daneben über einen charmanten Spabereich. Die Steinterrasse ist eine Salzburger Institution und trägt die Handschrift von Sternekoch Andreas Senn, der „casual culinary" mit einem Hauch Asia und regionalen Gerichten verbindet.

# Winzer

## Wellness & Kuscheln

4880 St. Georgen im Attergau, Kogl 66 • 0 76 67 63 87
www.hotel-winzer.at • info@hotel-winzer.at

Das Hotel Winzer ist der perfekte Ort für einen ungestörten Kuschelurlaub in einer traumhaften Region. Das Adults-only-Hotel verfügt über luxuriöse Zimmer mit gemütlicher Ausstattung wie Kaminfeuer und Whirlpool. Die drei Spabereiche auf 5.000 Quadratmeter sorgen für unvergessliche Glücksmomente der Zweisamkeit. Mit durchdachten Kuschelextras wie einem romantischen Candle-Light-Dinner, einer prickelnden Flasche Champagner oder einem Kuschelfrühstück auf dem Zimmer kann man seinem Partner eine Freude machen. In dieser herrlichen ruhigen Atmosphäre lassen sich jegliche Alltagssorgen vergessen.

© Olena Yakobchuk/Shutterstock

# Gault&Millau

# Entdecken Genießen & Erleben

Newsletter abonnieren und informiert bleiben auf
gaultmillau.at

# Geniesserhotel Unterlechner

## Adults Only & Boutiquehotel

6392 St. Jakob In Haus, Reith 23 • 0 53 54 88 2 91 • 0664 225 52 91
www.unterlechner.com • anfrage@unterlechner.com

Das Erwachsenen- und Geniesserhotel Unterlechner im Pillerseetal ist ein luxuriöses Boutiquehotel in den Kitzbüheler Alpen mit Platz für maximal 44 Gäste. Exklusivität ist hier garantiert! Die 22 Zimmer und Suiten sind gemütliche Wohlfühlorte im alpenländischen Stil. Auch einen kleinen, aber feinen Wellnessbereich gibt es hier. Für all jene, die sich noch mehr Privatsphäre wünschen, bietet sich das Private Spa an! Die atemberaubende Aussicht auf die umliegende Tiroler Berglandschaft und das Gourmetrestaurant mit exzellenter lokaler Küche begeistern zusätzlich.

# Aviva

4170 St. Stefan am Walde, Höhenweg 1 • 07216 37600
www.hotel-aviva.at • info@hotel-aviva.at

Einen unvergleichlichen Urlaub, exklusiv für Singles und Freunde und garantiert ohne Paare und Kinder, kann man im traumhaften Hotel AVIVA im nördlichen Oberösterreich erleben. Das Hotel bietet ein abwechslungsreiches tägliches Sport- und Aktivprogramm sowie eine beeindruckende Wellnesswelt, die zum Entspannen und Genießen einlädt. Die regionale Küche bietet kulinarische Höhepunkte, die man in Gesellschaft am Kommunikationstisch oder alleine genießen kann. In der hoteleigenen Disco wird jeden Abend gefeiert. Dieses Hotel verlässt man garantiert mit vielen Erinnerungen und neuen Freunden.

# Cortisen am See

5360 St. Wolfgang, Markt 15 • 06138 23760
www.cortisen.at • hotel@cortisen.at

Das Cortisen ist kein Haus im typischen Salzkammergut-Stil, dafür kreativ und eine absolute Wohlfühloase. Zimmer und Suiten sind individuell gestaltet, der Mix aus Altem und Neuem macht den unvergleichlichen Charme aus. Nicht nur der Badestrand lädt zum Verweilen ein. Im ganzen Adults-only-Hotel finden sich zahlreiche gemütliche Plätze wie etwa die Cigarlounge, das Restaurant oder die Relax-Area mit Sauna und beheizten Wasserbetten. Sportliche können im Infinitypool ihre Bahnen ziehen und dabei die Zeit nehmen lassen, sich ein SUP ausleihen oder mit dem Ruderboot den See erkunden.

# Rehbach
## Ruhehotel & Naturresort

6677 Schattwald, Rehbach 1 • 0 56 75 66 94
www.rehbach-hotel.at • info@rehbach.at

Das Ruhehotel & Naturresort Rehbach ist eine idyllische Oase der Entspannung und empfängt ausschließlich erwachsene Gäste. Umgeben von der friedvollen Energie der Natur bietet das Hotel eine Fülle von Annehmlichkeiten im Spabereich, einschließlich eines ganzjährig beheizten Außenpools und eines Naturbadeteichs. Das Hotel verfügt daneben über Saunen, Dampfbäder, einen Ruheraum sowie ein Wellnessbuffet mit Tee, Säften und Früchten. Der 18 Meter lange Panoramapool bietet eine atemberaubende Aussicht auf die umliegende Natur und ist das ganze Jahr über auf angenehme 28 bis 32 Grad beheizt.

© SalzburgerLand Tourismus

Wolfgangsee

# Schöne Aussicht ®

6450 Sölden, Hochsöldenstraße 3 • 05254 2221
www.schoeneaussicht.at • info@schoeneaussicht.at

Das Hotel Schöne Aussicht liegt auf 2.090 Metern Höhe in den malerischen Tiroler Bergen und bietet direkten Zugang zu den Pisten des Skigebiets Sölden. Nach einem Tag in den Bergen relaxt man im Wellnessbereich auf zwei Ebenen mit einem atemberaubenden Panorama. Jeder Gast findet hier seinen persönlichen Lieblingsort, etwa die Zigarrenlounge, die Kaminbar oder die wunderbare Skybar, die mit köstlichen Drinks und entspannter Musik lockt. Das Hotel ist ausschließlich für Erwachsene und bietet eine breite Palette an Aktivitäten sowie regionale Spezialitäten im hoteleigenen Restaurant.

# Boutiquehotel Weinspitz ®

3620 Spitz, In der Spitz 3 • 02713 2644
www.donabaum.at • weingut@donabaum.at

Einen wunderbaren Urlaub in trauter Zweisamkeit verbringt man im Boutiquehotel Weinspitz. In der malerischen Umgebung der Wachauer Weinberge stehen den Gästen elf großzügige Terrassensuiten mit modernster Ausstattung zur Verfügung. Vier davon sind mit einer eigenen Infrarotkabine und einer Badewanne ausgestattet. Ein beheizter Infinitypool, ein Saunahaus und die Weinlounge mit atemberaubendem Ausblick auf die Weinterrassen sind weitere Highlights. Die hauseigene Buschenschank bietet köstliche Wachauer Weine und lokale Spezialitäten. Außerdem hervorzuheben: die Herzlichkeit der Gastgeber.

# Falkensteiner Balance Resort Stegersbach

7551 Stegersbach, Panoramaweg 1 • 03326 551 55
www.falkensteiner.com/balance-resort-stegersbach •
reservations.balanceresort@falkensteiner.com

Das Falkensteiner Balance Resort Stegersbach bietet eine ganzheitliche Wellnesserfahrung nur für Erwachsene ab 14 Jahren. Das Hotel glänzt mit luxuriösen Zimmern und Suiten, einer exquisiten Kulinarik mit regionalen Produkten und einer bewussten Ausrichtung auf spezielle Ernährungsgewohnheiten sowie seinem großen Acquapura-SPA-Bereich mit Sauna, Infinitypools und Balance-MedSpa-Angeboten. Im hoteleigenen Restaurant IMAGO kann man sich von einer kulinarischen Fusion aus pannonischer, asiatischer und mediterraner Küche verwöhnen lassen. Ein Aufenthalt hier bedeutet mehr als nur Entspannung!

# Juffing Hotel & Spa

6335 Thiersee, Hinterthiersee 79 • 05376 55850
www.juffing.at • info@juffing.at

Nur fünf Minuten vom malerischen Thiersee entfernt befindet sich das Juffing Hotel & Spa. Es ist ein wahres Juwel für Erwachsene ab 18 Jahren, die Ruhe und Erholung suchen. Im Hotel erwartet die Gäste ein großzügiger Wellnessbereich mit Saunen, einem Outdoorpool und Panorama-Ruheräumen. Nachhaltigkeit wird hier großgeschrieben, so wird auch im Spa auf Naturkosmetik gesetzt. Außerdem spiegelt sich die Philosophie in der exzellenten Küche wider: Die Gerichte aus regionalen und saisonalen Produkten bereiten den Gästen eine wahre Gaumenfreude. Und über allem steht der tolle Service.

# MalisGarten

## Green Spa Hotel

♕ Hotel des Jahres 2024

6280 Zell am Ziller, Rohrerstraße 5 • 0 52 82 22 36 • 0664 223 60 00
www.malisgarten.at • info@zillerseasons.at

Im Green-Spa-Hotel MalisGarten im Zilltertal erlebt man
Natur pur inmitten von Bergen, Kräutern und Holz. Das
Adults-only-Hotel bietet Gästen ab 14 Jahren ein einzigartiges Wellnesserlebnis: Im Herbarium-Spa wird man mit
Beauty-Treatments und individuellen Behandlungen verwöhnt und kann im Pool mit Luftsprudel-Massageliegen und
in den Saunen entspannen. Das Hotel setzt auf Nachhaltigkeit mit erneuerbarer Energie und regionalen Produkten. So
genießt man sowohl beim Fine Dining im Heleni oder in der
Wilden Kräuterküche wahre Köstlichkeiten. Highlight: die
puristischen Cocktails in der Eden Bar.

# VALAVIER Aktivresort

6708 Brand, Mühledörfle 25 • 05559 217 • 0664 396 41 00
www.valavier.at • servus@valavier.at

Seit mehr als 100 Jahren wird im Valavier Aktivresort die Gastfreundschaft gepflegt. Das Hotel schätzt man wegen seines familiären Lebensgefühls und der atemberaubenden Natur, die das ganze Jahr über zu Sport und Ausflügen einlädt. Die Bergbahn bringt Wanderer auf den Gipfel des Glücks, ein Naturbadesee verspricht Abkühlung. Themenwege, ein Barfußwanderweg oder ein Hochseilgarten gestalten einen Urlaub auch für Familien abwechslungsreich. Als Skigebiet ist das Brandnertal ebenfalls ein geheimes Juwel. Zurück im Hotel wartet ein Grillabend oder Käsefondue unter freiem Sternenhimmel.

# Alpinresort Schillerkopf

6707 Bürserberg, Tschengla 1 • 05552 63104
www.schillerkopf.at • info@schillerkopf.at

Im Alpinresort Schillerkopf liegt das Bergglück vor der Haustüre. Der direkte Zugang zu den Skiliften und Loipen, aber auch zu den Wander- und Bikerouten macht das familiengeführte Hotel zur ersten Adresse für leidenschaftliche Aktivurlauber. Die Möglichkeiten zur sportlichen Abwechslung scheinen hier endlos zu sein. Während ein Sommer im Brandnertal zum Klettern, Reiten und Canoeing einlädt, wird im Winter auch Außergewöhnliches wie Huskyschlittenfahren geboten. Im Fitnessraum kann man sich weiter auspowern oder am Alpenstrand mit Naturpool und Hängematten die Bergluft und den Ausblick genießen.

# Zugspitz Resort

6632 Ehrwald, Obermoos 1A • 05673 2309
www.zugspitz-resort.at • welcome@zugspitz-resort.at

Im Tiroler Ferienort Ehrwald befindet sich ein Familien- und Erlebnisresort der Extraklasse. Mit Blick auf die Zugspitze bietet das Zugspitz Resort gemütliche Zimmer, aber auch Stellplätze für Wohnwägen auf einem Fünf-Sterne-Campingplatz. Kinder können sich in der Spiele- und Wasserwelt oder an der Boulderwand austoben. Draußen warten ein Abenteuerspielplatz und ein Trampolin auf die kleinen Gäste, abends wird ein eigenes Kinderbuffet gerichtet. Erwachsene genießen den Spabereich, die Sonnenterrasse sowie die Wein- und Zigarrenlounge. Skifahrer haben bei neun Skigebieten die Qual der Wahl.

# Der Bär

6352 Ellmau, Kirchbichl 9 • 05358 2395
www.hotelbaer.com • info@hotelbaer.com

Tiroler Gemütlichkeit, gepaart mit modernem Chic, bietet das Urlaubsdomizil Der Bär. Familie Windisch hat mit dem Hotel eine kleine Oase mit vielen Möglichkeiten geschaffen. In nur wenigen Minuten sind die Liftanlagen zur Skiwelt Wilder Kaiser/Brixental zu erreichen, in den schneefreien Monaten locken Berg und Tal mit Unternehmungen für jedes Fitnesslevel. Nach einem actionreichen Tag entspannt man im Badehaus mit Hallenbad und Sauna. Der Infinitypool belohnt mit Ausblick auf die Bergwelt. Genießer erfreuen sich an der Gourmetküche, während Kinder im Miniclub neue Freundschaften schließen.

beide Fotos © Günter Standl

# Der Lärchenhof

6383 Erpfendorf, Lärchenweg 11 • 05352 81380
www.laerchenhof-tirol.at • info@laerchenhof-tirol.at

Der mit fünf Sternen prämierte Lärchenhof in den Kitzbüheler Alpen schafft die ideale Auszeit für Wellnessliebhaber, Sportbegeisterte und genussaffine Reisende. Aktivitäten wie Golfen, Tennis, Fitness und Skifahren auf der hoteleigenen Piste schaffen ein aktives Rundum-Programm. Das Pendant dazu bildet die Wellness-Area mit Badelandschaft, Saunawelt und der Beautyfarm, wo verschiedenste Behandlungen angeboten werden. Auf die Entspannung folgt der Genuss in Form des abendlichen Sechs-Gänge-Menüs im vor Kurzem neu gestalteten Restaurant oder auf der Sonnenterrasse.

# KOSIS
## Sports Lifestyle Hotel

6263 Fügen, Dorfplatz 2 • 05288 62266
www.hotel-kosis.at • info@hotel-kosis.at

Das KOSIS Sports Lifestyle Hotel im Zentrum von Fügen möchte mit der Kombination aus royalem Nachlass und modernem Design punkten. Der im Jahr 1480 erbaute „Hacklturm" beherbergt heute den Wellnessbereich des Hotels, in dem man nach einem aktiven Tag in der Sauna schwitzen oder sich im Ruhebereich erholen kann. Das Sportprogramm gestaltet man dank der attraktiven Lage äußerst bunt: Wanderungen oder Radtouren im Sommer, Skifahren in den Gebieten Spieljoch oder Hochfügen-Hochzillertal im Winter. Ein Brotbackkurs, wöchentliche Livemusik und DJ-Nächte in der Bar versprechen weitere Freizeitvergnügen.

# Alpinhotel Pacheiner

9520 Gerlitzen, Pölling 20 • 0 42 48 28 88
www.pacheiner.at • info@pacheiner.at

Genuss auf höchstem Niveau und Gipfelglück sind im Alpinhotel Pacheiner nicht bloße Phrasen, sondern Realität. Denn das Hotel befindet sich auf 1900 Metern Seehöhe, in Panorama-Prachtlage am Gipfel der Gerlitzen Alpe. Direkt vom Hotel aus zieht man frühmorgens seine Schwünge in den Schnee, noch bevor die ersten Skifahrer mit der Gondel hinaufgelangen. Im Gipfel-Spa tankt man in der Sauna oder im Infinitypool mit Blick auf die Kärntner Berge Energie. Für Unterhaltung wird mit Bully-Rodeln und Fondue-Abenden gesorgt. Außergewöhnliches Highlight für Groß und Klein ist das hoteleigene Observatorium.

Gerlitzen Alpe Sonnenuntergang

Saalbach Hinterglemm

# Moserhof
Hotel Landhaus

2352 Gumpoldskirchen, Wiener Straße 53 • 0 22 52 25 66 50
www.landhaus-moserhof.eu • reception@landhaus-moserhof.at

Vor den Toren Wiens verbindet das Landhaus Moserhof Country-Lifestyle und Design. Das Adults-only-Hotel im denkmalgeschützten Gebäude überzeugt mit persönlicher Atmosphäre und hat sowohl für sportliche Urlauber als auch Businessgäste etwas zu bieten. Auf Wanderwegen oder Mountainbike-Strecken lässt sich der Wienerwald erkunden, ein herrliches Erlebnis ist das Joggen zwischen den Weingärten und über 20 Golfplätze sind schnell zu erreichen. Seminarteilnehmer freuen sich über Räumlichkeiten mit einzigartigem Ambiente und Topausstattung. Im feinen Wellnessbereich stärkt man Körper und Geist.

# Hasenauer

5754 Hinterglemm, Schwarzacherweg 157 • 0 65 41 63 32
www.hasenauer.at • hotel@hasenauer.at

Für Sportbegeisterte liefert das Hasenauer alles, was man für einen gelungenen Urlaub in den Bergen braucht. Vor allem Mountainbiker werden hier glücklich. Das ausgewiesene MTB-Hotel stellt sowohl Ausrüstung, einen verschließbaren Bikeraum und eine Bike-Service-Ecke als auch individuelle Tourentipps zur Verfügung. Direkt an der Skipiste gelegen, spricht der herzliche Familienbetrieb auch Skifahrer an. Den Tag voll sportlicher Herausforderungen lässt man in der Rooftop-Relax-Area im Whirlpool ausklingen. Pinzgauer Spezialitäten und internationale Köstlichkeiten sorgen abends für genussvolle Stärkung.

# Poppengut Ⓝ
## Relax- & Wanderhotel

4573 Hinterstoder, Mitterstoder 20 • 0 75 64 52 68
www.poppengut.at • info@poppengut.at

Ein charmantes Wanderhotel inmitten der oberösterreichischen Natur: Das Poppengut in Hinterstoder zeichnet sich durch seine Idylle und die umliegende Bergwelt aus. Letztere gilt es bei einem Urlaub unbedingt zu erkunden – ob bei sommerlichen Wanderungen mit erfahrenen Guides oder im Winter auf den nahe gelegenen Skipisten. Ruhe und Entspannung verspricht der Relaxbereich mit Badepavillon und Saunalandschaft, wo auch Massagen, Gesichts- und Ganzkörperbehandlungen angeboten werden. Im Restaurant serviert man – sowohl zum Frühstück als auch abends – österreichische Köstlichkeiten.

# Bergfried Ⓝ

6293 Hintertux, Lanersbach 483 • 0 52 87 87 2 39
www.bergfried.at • info@bergfried.at

Im Bergfried in Tux-Lanersbach kann sowohl Wander-, Ski- oder Wellnessurlaub gemacht werden – und das ganzjährig und mit der ganzen Familie. Dank der günstigen Lage ist das Hotel der ideale Ausgangspunkt für unterschiedliche Aktivitäten. Aber auch das Haus selbst hat einiges zu bieten: einerseits den 2100 m² großen Wellnessbereich, der über einen Outdoor-Whirlpool, Saunen und Beauty-Treatments verfügt, andererseits das mit drei Gault&Millau-Hauben ausgezeichnete kulinarische Angebot. Gäste können zwischen der Verwöhnpension, dem Traditionsgasthaus und dem Chef's Table wählen.

# Das Adler Inn
## Tyrol Mountain Resort

6294 Hintertux, Madseit 690 • 05287 850 07 77
www.adlerinn.com • info@adlerinn.com

Die Gegend um den Hintertuxer Gletscher bietet umfassende Freizeit- und Aktivmöglichkeiten. Mit einem Urlaub im Das Adler Inn liegt man also zu immer richtig. Geführte Schneeschuhwanderungen, Langlauftraining oder ein lustiger Rodelabend stehen winters auf dem Programm. Sobald es wärmer wird, erfreut man sich an geführten Wanderungen, E-Biketouren oder Waldbaden. Ein Sole-Whirlpool, eine Dampfgrotte und eine Familiensauna stehen auch zur Verfügung. Kulinarisch orientiert man sich an allem, was die Region hergibt. So kommen natürliche Zutaten wie Bergheu, Löwenzahn oder Almkräuter zum Einsatz.

# Wanderhotel Taurerwirt Ⓝ

9981 Kals am Großglockner, Burg 12 • 04876 82 26
www.taurerwirt.at • info@taurerwirt.at

Das Wanderhotel Taurerwirt befindet sich in absoluter Ruhelage sowie in unmittelbarer Nähe zum Nationalpark Hohe Tauern, wodurch es ein optimaler Ausgangspunkt für Wanderungen, alpine Touren, aber auch gemütliche Spaziergänge ist. Die Natur ist dabei nicht nur außerhalb des Hotels spürbar – es gibt eine hauseigene Quelle, die die Gäste mit frischem Osttiroler Wasser versorgt, zudem sorgen Kooperationen mit umliegenden Bauern und Produzenten dafür, dass Produkte aus der Region auf die Teller kommen. Die Zimmer sind lichtdurchflutet und mit vielen Holzmaterialien liebevoll eingerichtet.

# TAUERN SPA Zell am See-Kaprun

5710 Kaprun, Tauern-Spa-Platz 1 • 0 65 47 20 4 00
www.tauernspakaprun.com • office@tauernspakaprun.com

Mit seiner spektakulären und modernen Architektur fügt sich das Tauern SPA Zell am See-Kaprun optimal in die umliegende Naturwelt aus Gletscher, Berg und See ein. Der Nationalpark Hohe Tauern sowie die Pinzgauer Grasberge lassen sich im Sommer wie im Winter auf erlebnisreiche Art erkunden. Den Ausgleich zu Sport, Action und Bewegung findet man im Panorama SPA mit gläsernem Skylinepool und zehn verschiedenen Saunen und Dampfbädern. Für Familien gibt es einen Kinderbereich, in dem sich die kleinen Gäste bei zahlreichen Wasserattraktionen, auf einem Spielplatz oder in Spielräumen auspowern können.

# Kaiserhof Kitzbühel Ⓝ
Best Western Premier

6370 Kitzbühel, Hahnenkammstraße 5 • 05356 755 03
kitz.hotel-kaiserhof.at • kitz@hotel-kaiserhof.at

Im Kaiserhof Kitzbühel wird Freundlichkeit großgeschrieben. Nach dem familiären Empfang ist man als Gast bereits bestens auf die weiteren Angebote des Hauses eingestimmt. Das Hotel ist in Gehweite zu den Skipisten und dem Kitzbüheler Zentrum, aber dennoch enorm ruhig gelegen. Dank dieser Ruhe – und auch dank der angenehmen Matratzen – sind den Gästen friedliche Nächte garantiert. Im hauseigenen Gourmetrestaurant wird österreichische Küche in zeitgemäßer Form serviert. Außerdem hervorzuheben: das große Frühstücksangebot und das zuvorkommende Personal, das stets auf zusätzliche Wünsche eingeht.

# Mama Thresl

5771 Leogang, Sonnberg 252 • 06583 208 00
www.mama-thresl.com • info@mama-thresl.com

Urbaner Lifestyle, kombiniert mit Bergurlaub – das findet man im lässigen Hotel Mama Thresl in Leogang, dem perfekten Domizil für aktive Gäste. Die Region begeistert im Winter mit besten Pistenverhältnissen, im Sommer freuen sich Wanderer und Biker über abwechslungsreiche Trails. Praktisch: Zu jedem Hotelzimmer gehört ein eigener Ski- und Biketresor. Einige der Zimmer verfügen über eine frei stehende Badewanne mit Bergblick, noch luxuriöser fallen die Zimmer mit Dachterrasse, Hot Tub und Sauna aus. Im Restaurant stärkt man sich an traditionellen Gerichten, hausgemachter Pasta oder Burgern vom Grill.

# Wildspitze

6481 Mandarfen im Pitztal, Mandarfen 46 • 0 5413 86 2 07
www.hotel-wildspitze.com • info@verwoehnhotels.at

Die Natur genießen, Sport betreiben und Kraft tanken – das Hotel Wildspitze bietet all das und noch mehr. In den Zimmern werden Luxus und Annehmlichkeit miteinander verbunden, das Spa lässt mit Infinitypool, Saunen und Ruhebereichen keine Wünsche offen. Ein Urlaub im Pitztal hält auch viele Optionen bereit, die Natur zu erkunden. Wandermöglichkeiten sind in den Gebieten Rifflsee, Pitztaler Gletscher und Hochzeiger zu finden, im Winter lockt das höchste Skigebiet Tirols auf 3440 Meter. Neben dem Frühstück und dem abendlichen Sechs-Gänge-Menü kann man sich am Nachmittag auch am Jausenbuffet stärken.

# Eder

5761 Maria Alm, Am Dorfplatz 5 • 0 65 84 77 38
www.hoteleder.com • info@ederhotels.com

Urlaub im Salzburger Land ist immer etwas Besonderes. Das Hotel Eder bietet einen wunderbaren Ort, um sich an Aktivitäten rund um den Hochkönig zu erfreuen. Die Skilifte liegen in unmittelbarer Entfernung zum Hotel, Winterwanderwege laden zur Zeit zu zweit ein und wer es etwas anstrengender möchte, probiert sich im Schneeschuhwandern. Der Sommer ist beim Trailrunning, Paragliding oder Biken die Zeit für Abenteurer, Familien haben Spaß im Waldrutschenpark oder im Hochseilgarten. Im Hotel sollte man sich die traditionellen Pinzgauer Gerichte nicht entgehen lassen.

# Bären

6881 Mellau, Platz 66 • 05518 2207
www.baerenmellau.at • hotel@baerenmellau.at

Leichtigkeit und alpiner Charme werden im Bären miteinander verbunden. Das charaktervolle Hotel ist der perfekte Ausgangspunkt, um die Region mit ihrer beeindruckenden Landschaft zu erkunden. Der Bregenzerwald zieht Mountainbiker, Wanderer und Skifahrer gleichermaßen an. Tourentipps für die kommenden Urlaubstage holt man sich in der Basecamp-Bibliothek. Im Bären kommen auch Yogaurlauber auf ihre Kosten, denn mehrmals wöchentlich werden offene Yogaklassen für Fortgeschrittene und Anfänger abgehalten. Ein Frühstücksbuffet, eine Pizzeria und eine Bar sorgen für das leibliche Wohl der Gäste.

# Nidum Casual Luxury Hotel

6100 Mösern bei Seefeld, Am Wiesenhang 1 • 05212 203000
www.nidum-hotel.com • info@nidum-hotel.com

Das Seefelder Plateau bietet ein Kontrastprogramm zum Alltagstrott, das man am besten vom Nidum Casual Luxury Hotel aus bestreitet. Das Hotel liefert von jedem Punkt aus einen herrlichen Blick auf das Bergpanorama. Für Naturliebhaber ist die Umgebung ein wahr gewordener Traum. Seien es Wanderungen durch Wälder, auf Almen oder Gipfel, Baden im Möserer See oder Skifahren in einem der nahe gelegenen Skigebiete – im Sommer wie im Winter kommen alle auf ihre Kosten. Auch vier Golfclubs befinden sich in unmittelbarer Nähe. Die Umgebung erkundet man am besten auf Rädern, die es im Hotel auszuborgen gibt.

# Mein Almhof Ⓝ

6543 Nauders, Doktor-Tschiggfrey-Straße 314 • 05473 87313
www.meinalmhof.at • info@meinalmhof.at

In Nauders am Reschenpass, mitten im Zentrum des Drei-
länderecks, liegt das Hotel Mein Almhof. Der atemberaubende Blick auf die umliegenden Berge könnte gleichermaßen auf einer Postkarte abgebildet sein und lässt die Gäste
von Urlaubsbeginn an ankommen. Aktivurlauber kommen in
den umliegenden Skigebieten auf ihre Kosten, im Sommer
kann man hervorragend zum Wandern oder Mountainbiken
aufbrechen. Zum Ausgleich bietet der Panorama-Wellness-
bereich mit umfangreichen Spa-Angeboten viel Erholung.
Köstliches gibt es im hauseigenen Fine-Dining-Restaurant
„Luis" sowie im Almhof-Wirtshaus mit Sonnenterrasse.

# Sporthotel Neustift Ⓝ

6167 Neustift im Stubaital, Moos 7 • 05226 2510
www.sporthotel-neustift.at • info@sporthotel-neustift.at

Familiengeführt und tirolerisch: Im Sporthotel Neustift erleben Gäste einen Urlaub inmitten der Stubaier Bergwelt. Prädestiniert für einen aktiven Winterurlaub, kommen jedoch
auch Sommerreisende auf ihre Kosten: Neben den winterli-
chen Skiangeboten laden dieselben Berge im Sommer zum
Wandern und Erkunden ein. Wieder im Hotel angekommen,
wird man bestens mit heimischer Hausmannskost verköstigt und kann überdies noch im Wellnessareal abschalten. Dabei helfen einem die Saunalandschaft sowie die
Schwimmbäder. Ein Highlight ist das Panoramaschwimmbad mit herrlichem Ausblick auf die umliegende Natur.

Sonnenuntergang in den Radtstädter Tauern,
Bergwanderung von Obertauern hinauf zur Seekarspitze

# Panorama Ⓝ

5562 Obertauern, Brettsteinstraße 1 • 0 64 56 74 32
www.panorama.at • info@panorama.at

Das Hotel Panorama in Obertauern ist mit vier Sternen (Superior) dekoriert und eignet sich sowohl als Winter- wie auch als Sommerdestination. Obgleich ein winterlicher Urlaub aufgrund des beliebten Skigebiets aufgelegt ist, gibt es auch in den warmen Monaten viele Möglichkeiten zur Freizeitgestaltung – vom Wandern übers Fahrradfahren bis hin zu Yoga in der Natur. Abgerundet wird das Angebot des Hauses vom Restaurant mit regionaler Küche sowie vom Wellnessbereich auf zwei Etagen mit Erlebnisbad, separatem Whirlpool, Aromadampfbädern und großzügigem Ruheraum.

# coolnest Ⓝ

6284 Ramsau, Ramsau 425 • 0 52 82 22 0 48
coolnest.at • info@coolnest.at

Ein junges Hotelkonzept in der sonnigen Ferienregion Mayrhofen-Hippach. Das Coolnest hat es sich zum Ziel genommen, den Gästen vom ersten Moment an ein Zuhausegefühl zu vermitteln. Dafür sorgen einerseits die überaus freundlichen Mitarbeitenden, andererseits die Gemütlichkeit der Zimmer, die im Hotel liebevoll „Nester" genannt werden. Ein Besuch im Coolnest bietet sich an, wenn man die Zillertaler Berge mit den zahlreichen Ski- und Wanderangeboten entdecken und gleichzeitig entspannen möchte. Letzteres geht besonders gut im Rooftop-Pool. Außerdem empfehlenswert: die Cocktails an der Hotelbar!

# Lindenhof

8972 Ramsau am Dachstein, Ramsau 301 • 03687 81555
www.hotel-lindenhof.at • info@hotel-lindenhof.at

In der Ramsau, am Fuße des Dachsteins, befindet sich das Hotel Lindenhof der Familie Eisl. Aktivurlauber haben von dort aus zig Möglichkeiten zur Freizeitgestaltung, darunter Klettern, Wandern, Radfahren, Skifahren oder Rodeln. Wer lieber im Hotel bleiben möchte, kann im Naturschwimmteich, im Infinitypool oder im Sauna-Ruhebereich entspannen. Das bunte Kinderprogramm mit Streichelzoo und großem Spielplatz bringt den kleinen Gästen Abwechslung. Ein weiterer Pluspunkt: Viele Zimmer verfügen über eine Terrasse mit herrlicher Sicht auf die Berge.

beide Fotos © Hotel Lindenhof

# Skihotel Galzig Ⓝ

6580 St. Anton am Arlberg, Hannes-Schneider-Weg 5 • 05446 42770
www.skihotelgalzig.at • info@skihotelgalzig.at

Namentlich als „Skihotel" geführt, erfreut das Galzig in St. Anton am Arlberg jedoch genauso die Herzen der Sommerreisenden. Bei den Zimmern können Gäste zwischen „einfachen" Zimmer und Suiten wählen, von denen die meisten einen schönen Blick auf die Berge ermöglichen. In der Galzig-Lodge, die direkt neben dem Hotel liegt, kann man in luxuriösen Alpen-Apartments wohnen. Das umfangreiche Frühstück bietet jede Menge aus der Region: Brot von der Dorfbäckerei, würziger Almkäse, selbst gemachte Marmeladen und vieles mehr.

# Sporthotel St. Anton

6580 St. Anton am Arlberg, Dorfstraße 48 • 05446 3111
www.sporthotel-st-anton.at • office@sporthotel-st-anton.at

Der Arlberg ist eines der Topziele für Wintersportler. Wer sich für das Sporthotel St. Anton entscheidet, hat für seinen Aktivurlaub die richtige Wahl getroffen. Inmitten der Fußgängerzone und nur wenige Minuten von der Seilbahn entfernt, bietet das Hotel den perfekten Ausgangspunkt. Sogar ein kostenloses Skidepot bei der Talstation ist inklusive. Doch das Gebiet ist nicht nur im Winter ein Genuss für Sportbegeisterte. Im Sommer locken beim Raften, Kajakfahren oder Klettern zahlreiche Abenteuer. Abends entspannt man im Wellnessbereich oder erfreut sich an kulinarischen Köstlichkeiten.

# Adler Ⓝ

6791 St. Gallenkirch, Montafoner Straße 277 • 0 55 57 62 0 60
www.deradler.at • hotel@deradler.at

Einst noch als Dorfgasthof geführt, wird es heute – 200
Jahre später – als Vier-Sterne-Hotel betrieben. Der Charme
vergangener Tage ist jedoch noch immer zu spüren. Die
großzügigen Zimmer sind mit viel Holz ausgekleidet und
haben einen alpenländischen Stil, aber ohne dass Gäste auf
Komfort verzichten müssen. In den Restaurants und Stuben
des Hauses wird die Tradition, insbesondere hinsichtlich
des Interieurs, hochgehalten. Aber nur auf den ersten Blick,
denn beim Sichten der Speisekarte sind durchaus auch
moderne Kreationen zu finden. Die elegante Alfon's Lounge
lädt nach dem Dinner zum Digestif.

# Falkensteiner Hotel Schladming Ⓝ

8970 Schladming, Europaplatz 613 • 0 72 03 038 25 63
www.falkensteiner.com/hotel-schladming • reservations.schladming@falkensteiner.com

Das Skihotel der Falkensteiner-Gruppe in Schladming
trumpft mit seiner Lage, der Kulinarik und dem Sport- und
Wellnessangebot auf. Zudem genießt der Gast dort vor
allem eine beeindruckende Bergkulisse. Diese gilt es zu
erkunden – vom Skifahren und Wandern bis hin zum Radfahren. Genießer kommen im Restaurant auf ihre Kosten,
wo steirische Klassiker modern interpretiert werden. Neben
einem reichhaltigen Frühstück werden abends mehrgängige
Menüs serviert. Auch vegetarische und vegane Alternativen
stehen auf der Karte. Im Wellnessbereich kann man sich
nach sportlichen Tagen so richtig regenerieren.

# Schütterhof ®

8970 Schladming, Wiesenweg 140 • 0 3687 612 05
www.schuetterhof.com • hotel@schuetterhof.com

Oberhalb der Stadt Schladming, in günstigster Lage zum Skigebiet, liegt der Schütterhof. Das Vier-Sterne-Hotel ist der ideale Ausgangspunkt sowohl für Ski- als auch für Wanderurlaube mit der ganzen Familie. Sämtliche Zimmer des Schütterhofs, unabhängig der Kategorie, verfügen über einen eigenen Balkon, der wiederum einen fulminanten Ausblick auf die Bergwelt gewährt. Die Zimmer sind mit viel Holz und bequemen Boxspringbetten ausgestattet. Im Spabereich mit spektakulärem Infinitypool, Solegrotte und Whirlpool können die Gäste vor und auch nach dem Sporteln vollends entspannen.

# Schwaigerhof ®

8970 Schladming, Schwaigerweg 19 • 0 3687 614 22
www.schwaigerhof.at • info@schwaigerhof.at

Das Hotel Schwaigerhof in Schladming vor allem mit der Gastfreundschaft der Mitarbeitenden. Dabei ist es ganz gleich, ob man als Familie, Paar oder mit Freunden anreist: Beim facettenreichen Angebot wird jedem das Passende geboten – angefangen vom großen Wellnessbereich mit Pool, Saunen und Massagebehandlungen bis hin zu den zahlreichen Outdooraktivitäten. Besonders hervorzuheben gilt an dieser Stelle das Skierlebnis, das sich direkt vor dem Hotel abspielt. Auch im Sommer und in den Jahreszeiten dazwischen kommen Aktivurlauber dank der vielen Wanderwege und Klettersteige nicht zu kurz.

# Berghaus Schröcken ⓝ

6888 Schröcken, Schröckbach 129 • 05519 22600
www.berghaus-schroecken.at • servus@berghaus-schroecken.at

Das Berghaus Schröcken ist ein „Ort der Bergfreundschaft"
und setzt seinen Fokus auf Skifahren und Wandern. Aufgrund der Lage in den Alpen vermittelt einem die Anlage,
die über 22 Studios, 16 Apartments und vier Chalets verfügt, das Flair einer Berghütte. Das Interieur wurde von
Bregenzerwälder Handwerkern geschaffen – es ist schlicht
gehalten, gleichzeitig modern und ungemein komfortabel.
Kulinarisches gibt es bei „Alwins Stammtisch", wo täglich
frisch und traditionell aufgekocht wird – mit der Möglichkeit auf vegetarische oder vegane Alternativen. Gastfreundschaft wird großgeschrieben.

# Fernblick Montafon ⓝ
## Bartholomäberg

6780 Schruns, Panoramastraße 32 • 05556 73115
www.fernblick-montafon.at • hotel@fernblick-montafon.at

Das Hotel Fernblick im Montafon liefert – nomen est omen
– seinen Gästen einen fulminanten Blick auf die umliegende
Bergwelt. 365 Tage im Jahr, ob zu Sommer- oder Winter-
zeiten, kommen dort Naturliebhaber und Sportbegeisterte
gleichermaßen auf ihre Kosten wie Erholungsuchende –
denn das Montafon bietet eine Fülle an Freizeitaktivitäten.
Stichwort Erholung: Der Wellnessbereich bietet insgesamt
fünf Pools – darunter einen Infinity- und einen Sky-Pool –,
eine Sauna mit Dampfbad sowie gemütliche Ruheräume.
Im Kulinarium wird Vorarlberger Küche mit internationalem
Twist serviert.

Millstätter See, Kärnten

# Moserhof

9871 Seeboden, Hauptstraße 48 • 0 47 62 81 4 00 • 0676 942 1014
www.moserhof.com • hotel@moserhof.com

In idyllischer Lage, nur ein paar Schritte vom Millstätter See entfernt, präsentiert sich das Hotel Moserhof. Hier wird die perfekte Symbiose aus Natur, Wellness, Genuss und Erholung geboten. Das SichtSPA über den Dächern von Seeboden verfügt über eine topmoderne Saunalandschaft, der Naturbadeteich bietet Erfrischung an heißen Sommertagen. Wer die aktive Erholung schätzt, kann diese bei zahlreichen Freizeitaktivitäten rund um den See und in den Bergen erleben – sei es beim Wandern, beim Radeln oder bei Bergtouren. Die Skigebiete Katschberg und Bad Kleinkirchheim befinden sich in der Nähe.

# Inntalerhof

6100 Seefeld, Möserer Dorfstraße 2 • 0 52 12 47 47
www.inntalerhof.at • info@inntalerhof.com

Im Inntalerhof in Mösern in Tirol genießt man während seines Aufenthalts die Weitläufigkeit der Hotelanlage mit Panoramagarten und Sonnenterrasse und nächtigt in gemütlichen Zimmern und gediegenen Suiten. Der Wellnessbereich des Hotels bietet eine Saunalandschaft, ein Aroma-Dampfbad, eine Kneipp-Dusche und einen Panoramapool mit direktem Zugang zum Panoramagarten. Hier lassen sich atemberaubende Aussichten genießen und man kann die wohltuende Wirkung des Wassers spüren. Die Tiroler Verwöhnpension im Inntalerhof verspricht kulinarischen Hochgenuss von morgens bis abends.

# Dolomiten Residenz Sporthotel Sillian

9920 Sillian, Nr. 49 d • 04842 60110
www.sporthotel-sillian.at • info@sporthotel-sillian.at

Das Dolomiten Residenz Sporthotel Sillian bietet seinen Gästen ein unvergessliches Erlebnis inmitten der atemberaubenden Landschaft der Dolomiten. Bester Service, hochwertige Ausstattung und ein umfangreiches Angebot an Aktivitäten machen das Hotel zum idealen Urlaubsort für Familien und Sportbegeisterte. Im Winter lockt die nahe gelegene Skiregion mit bestens präparierten Pisten. Erholung findet man in den komfortablen, modern gestalteten Zimmern sowie im Wellnessbereich mit beheiztem Außenpool und verschiedenen Saunen. Kulinarisch verwöhnt das Hotel mit einer vielfältigen Auswahl an Gerichten.

# die berge

6450 Sölden, Gemeindestraße 2 • 05254 2062
www.dieberge.at • info@dieberge.at

Im Hotel „die berge" treffen Gleichgesinnte aufeinander. Karoline und Christian Pult eröffneten ihr Lifestyle-Hotel speziell für Sportbegeisterte und haben dabei an alles gedacht: angefangen vom kräftigenden Frühstück mit frischen Produkten aus der Region über ein vielfältiges Angebot an Aktivitäten bei Schnee oder sommerlichem Sonnenschein bis hin zum entspannenden Ausklang im SkySPA. Nach einem ereignisreichen Tag auf Skiern, auf dem Mountainbike oder beim Canyoning oder Raften erfreut man sich in der Panoramasauna oder dem Fitnesscenter weiterhin an der atemberaubenden Kulisse der Ötztaler Alpen.

# Sonnhof European Ayurveda

6335 Thiersee, Hinterthiersee 16 • 0 53 76 55 02
www.sonnhof-ayurveda.at • info@sonnhof-ayurveda.at

Auf dem Hochplateau des Thierseetals trifft Tirol auf Indien. Wer denkt, das passe nicht zusammen, war noch nicht im Sonnhof, einem Resort, das sich ganz der fernöstlichen Heillehre verschrieben hat. Eingebettet in eine einzigartige Landschaft, man findet hier Erlebnis und Ruhe gleichermaßen. Durch unterschiedliche Ayurveda-Kuren sollen Körper und Geist entgiftet und die Reise zu sich selbst angetreten werden. Die richtige Ernährung spielt eine große Rolle, weshalb diese speziell auf den Gast ausgerichtet wird. Wohltuendes gönnt man sich im Hallenbad, im Entschlackungsdampfbad oder in den Themensaunen.

# Alpenhof

6293 Tux, Hintertux 750 • 0 52 87 85 50
www.alpenhof.at • info@alpenhof.at

Am Fuße des Hintertuxer Gletschers wird ein besonderes
Hoteljuwel gepflegt. Familie Dengg führt ihren Alpenhof
mit viel Leidenschaft, um ihren Gästen das bestmögliche
Urlaubserlebnis zu bieten. Ein großzügiger Wellnessbereich
sorgt für Möglichkeiten der Entspannung, der Garten ist ein
ganz spezieller Kraftplatz. Am Gletscher wartet Skispaß
das ganze Jahr über, im Sommer locken die abwechslungsreichen Radstrecken und Wandertouren. Bei Schlechtwetter bleibt man im VITALIS-FIT-Bereich aktiv, bevor abends
feinste Kulinarik auf Haubenniveau aufgetischt wird.

© Michael Huber

# Berghof Hintertux

6293 Tux, Hintertux 754 • 0 52 87 85 85
www.berghof.at • info@berghof.at

In unmittelbarer Nähe zum Hintertuxer Gletscher, auf 1500 Meter Seehöhe, befindet sich das Hotel Berghof. Es ist das optimale Reiseziel für einen Aktivurlaub – vom Skifahren, Wandern, Klettern und Golfen bis hin zum Mountainbiken. Die Zimmer des Vier-Sterne-Superior-Hotels sind geräumig und schaffen ein gemütliches Pendant zu den sportlichen Aktivitäten. Für Erholung sorgt der Wellnessbereich mit Panoramaschwimmbad, Whirlpool und einer Saunawelt. Ein besonderes Highlight: Von der Sauna aus genießt man durch die Panoramafenster einen großartigen Blick auf die umliegende Gletscherwelt.

# Sternen Hotel ⓝ

6922 Wolfurt, Sternenplatz 4 • 05574 64999
www.sternenhotel.at • office@sternenhotel.at

Ein Urlaub in der schönen Bodenseeregion in Vorarlberg ist immer empfehlenswert. Das Sternen Hotel in Wolfurt mit seinem Vier-Sterne-Komfort ist dafür ein idealer Ausgangspunkt: Die günstige Lage zwischen Berg und See ermöglicht den Urlaubern ein breites Freizeitprogramm. So kann etwa der Sommer am Bodensee in Bregenz und der Winter in einem der großflächigen Skigebiete im Bregenzerwald genossen werden. Auch der als Hausberg bekannte Pfänder ist unweit des Sternen Hotels erreichbar. Ereignisreiche Tage können die Gäste im Fitnessraum oder in der Sauna ausklingen lassen.

# Sporthotel Lorünser

6763 Zürs am Arlberg, Nr. 112 • 05583 22540
www.loruenser.at • hotel@loruenser.at

Urlaubsvergnügen für die ganze Familie kann man im Sporthotel Lorünser erleben. Die Gäste schätzen die ruhige Lage im Zentrum von Zürs, aber auch die in wenigen Gehminuten erreichbaren Skilifte sowie die letzte Abfahrt des Tages, die bis direkt vor die Haustüre führt. Für Abwechslung sorgen Pferdeschlittenfahrten, Eislaufen oder Rodeln. Alpin erfahrene Abenteurer finden ihren Nervenkitzel beim Heliskiing. Doch das sind nicht die einzigen Gründe, warum sich das Hotel zahlreicher Stammkunden erfreut. Die familiäre Atmosphäre und die komfortablen Zimmer vermitteln das Gefühl eines zweiten Zuhauses.

# loisi's Ⓝ

6215 Achenkirch, Christlumsiedlung 104 • 0 52 46 63 96
www.loisis.at • info@loisis.at

Mit den Tiroler Bergen vor der Haustüre ist das loisi's eine ideale Wahl für naturverbundene Reisende. Die Region rund um Achenkirch schafft nicht nur eine malerische Kulisse, sondern hält auch Spannendes für einen abwechslungsreichen Urlaub bereit. Da gäbe es etwa das Skigebiet Christlum, das fernab vom Massentourismus ein wahrer Geheimtipp ist. Um die Natur zu erleben, bedarf es aber nicht zwingend einer Anfahrt – 210 Loipenkilometer warten direkt vor dem Hotel auf Langläufer. Die Zimmer sind, wie das gesamte Haus, mit vielen Naturmaterialien eingerichtet und schaffen Gemütlichkeit.

# Seevilla Altaussee Ⓝ

8992 Altaussee, Fischerndorf 60 • 0 36 22 71 3 02
www.seevilla.at • hotel@seevilla.at

Das Hotel am Altausseer See im Salzkammergut trumpft mit seiner einzigartigen und ruhigen Lage auf und ist besonders bei Paaren eine beliebte Destination. Neben den hübschen Zimmern (Tipp: Bergblick-Zimmer mit Balkon für einen wunderschönen Ausblick), dem feinen Wellnessbereich mit Pool und Spabehandlungen sowie der köstlichen Kulinarik bietet das Hotel noch weitere Highlights. Da wäre einmal das Frühstück auf dem See, wo man auf einer Plätte einen köstlichen Brunch zu sich nimmt. Und für die wichtigste aller Fragen an den Lieblingsmenschen arrangiert das Hotel sogar alles für einen Heiratsantrag.

# Parkhotel am Tristachersee Ⓝ

9908 Amlach/Lienz, Tristachersee 1 • 04852 67666
www.parkhotel-tristachersee.at • parkhotel@tristachersee.at

Ein Aufenthalt im Parkhotel am Tristachersee verspricht jede Menge Natur und Idylle. Langweilig wird es dank der Freizeitmöglichkeiten in Osttirol jedoch nicht. Im Winter lädt das nahegelegene Skigebiet zum Pistenspaß ein, im Sommer kann die Zeit am See beim Hotel oder ebenfalls in den Bergen verbracht werden. Die Zimmer haben alles, was man benötigt, vor allem viel Gemütlichkeit. Ein kleiner Wellnessbereich mit Sauna und Indoorpool sorgt für entspannte Stunden. Im hauseigenen Restaurant, das mit einer Haube dekoriert ist, kommen klassische Speisen – inklusive selbst gefangener Fische – zu Tisch.

# Ebner's Waldhof am See

5330 Fuschl am See, Seestraße 30 • 06226 8264
www.ebners-waldhof.at • info@ebners-waldhof.at

Ebner's Waldhof am See ist ein luxuriöses Wellnesshotel im Salzkammergut, unweit der Stadt Salzburg. Eingebettet von Bergen und direkt am Ufer des Fuschlsees gelegen, verfügt es über einen privaten Strand, eine 4000 m² große Wellnessoase und eine 150 m² große Kinderwelt. Das Waldhof-Spa des Hotels ist ein Refugium für Entspannung mit Saunen, Wasserwelt und Kräutergarten. Besonders attraktiv ist neben dem exklusiven Wellnessbereich mit Innen- und Außenpools und Saunawelten der hauseigene Golfplatz. Die lichtdurchfluteten Zimmer bieten einen idyllischen Blick auf den Fuschlsee.

# Seehotel Grundlsee

8993 Grundlsee, Mosern 22 • 03622 860444
www.seehotel-grundlsee.at • willkommen@seehotel-grundlsee.at

Ein schönes Kleinod am Ufer des „Steirischen Meeres" ist das Seehotel Grundlsee. Hier werden Ausseer Tradition, puristisches Design und luxuriöse Ausstattung harmonisch kombiniert. Vom Wellnessbereich aus wird man mit Panoramablick auf den See und das Tote Gebirge belohnt. Herrlich ist es außerdem, dass man nach dem Schwitzen in der Sauna sofort ins kühle Nass springen kann. Wer etwas Außergewöhnliches erleben möchte, probiert das Plättenfrühstück: ein kulinarischer Start in den Morgen auf einem traditionellen Holzboot. Um die Gegend zu erkunden, ist das Seehotel ebenfalls der ideale Ausgangspunkt.

# Fischer am See

6611 Heiterwang, Fischer am See 1 • 05674 5116
www.fischeramsee.at • hotel@fischeramsee.at

Ruhesuchende werden sich im Hotel Fischer am See vom ersten Moment an wohlfühlen. Die Lage am malerischen Heiterwanger See, umgeben von Bergen und Wäldern, ist ideal, um abzuschalten und seine Akkus aufzuladen. Hier wird die Philosophie der „neuen Einfachheit" gelebt, die darauf abzielt, das innere Wohlbefinden zu stärken. Dies ist wunderbar in der Vitalitätswelt mit Sauna und Panoramaruheraum möglich oder aber in einem der zeitlos eingerichteten Zimmern, bei denen man zwischen den Kategorien „Klarheit" (modern) und „Nestwärme" (traditionell) wählt. Passagierschiffe ermöglichen Ausfahrten auf den See.

# Seebrunn Ⓝ

5302 Henndorf am Wallersee, Fenning 7a • 06214 20622
www.seebrunn.com • office@seebrunn.com

Im Hotel Seebrunn nächtigt man in besonderem Ambiente. Die Zimmer sind mit dunklen Holzelementen und einem auffälligen Boden in Leopardenmuster eingerichtet. Die Lage direkt am Wallersee und nahe Salzburg eignet sich sowohl für einen gemütlichen Familienurlaub als auch für einen kurzen Businesstrip. Erholung finden die Gäste am See oder im Wellnessbereich; im Fitnessraum oder auf den nahe gelegenen Golfplätzen kann man sich auspowern. Die Ausstattung des Hotels ist zwar nicht auf dem neuesten Stand, was aber von der Herzlichkeit und Gastfreundschaft des Personals ohne Weiteres wettgemacht wird.

# Alpenhotel Kitzbühel am Schwarzsee Ⓝ

6370 Kitzbühel, Seebichlweg 37a • 05356 642540
www.alpenhotel-kitzbuehel.at • info@alpenhotel-kitzbuehel.at

Erst kürzlich wurde das Alpenhotel Kitzbühel umgebaut und erweitert. Das Vier-Sterne-Superior-Haus empfängt seine Gäste in unmittelbarer Lage am Ufer des Schwarzsees und bietet so eine idyllische Auszeit. Die Zimmer und Suiten mit vielen natürlichen Materialien verweisen an alpine, ortstypische und moderne Charakteristika. Entspannung verspricht der Wellnessbereich mit beheiztem Infinitypool. Das Wellnessen und die vielen Freizeitmöglichkeiten in der Umgebung machen hungrig – da schaffen die regionalen Spezialitäten im hoteleigenen Restaurant Abhilfe.

# Das Seepark Ⓝ

9020 Klagenfurt, Universitätsstraße 104 • 0463 20 44 99 90
www.dasseepark.at • info@seeparkhotel.at

Im Hotel Das Seepark in Klagenfurt erwartet Gäste mehr als nur ein klassischer Kärntner Badeurlaub. Denn neben den vielen Freizeitmöglichkeiten am Wörthersee, darunter Segeln, Wasserski und Tauchen, bietet das Resort zig weitere an. Ruhesuchende werden beim Wellness- und Yoga-Angebot fündig, Genussmenschen im Restaurant Laguna. Dabei spricht man im Vier-Sterne-Hotel alle gleichermaßen an: Singles, Paare und die ganze Familie. Obwohl sich ein Sommerurlaub dank der Lage am See anbietet, ist ein Aufenthalt im Winter (Stichwort: Winterwellness) genauso empfehlenswert.

# Wellnessresort Amerika-Holzer am See

9122 Klopeiner See, Am See XI/4 • 0 42 39 22 12
www.amerika-holzer.at • hotel@amerika-holzer.at

Wer auf der Suche nach Südsee-Feeling mit Alpenpanorama ist, der ist im Wellnessresort Amerika-Holzer am See genau richtig. Am großzügigen Badestrand direkt am Klopeiner See, dem wärmsten Badesee Europas, in der Seesauna oder im Poolbereich mit Innen- und Außenbecken kann man die Seele baumeln lassen. Das Hotel hat allerdings auch zahlreiche Freizeitmöglichkeiten im Programm. Kinder erfreuen sich am Spielplatz, am Trampolin oder an der Sandkiste, aber auch Tennisplätze sowie ein Fitnessraum stehen zur Verfügung. Ein Casino sorgt nach dem Dinner im Restaurant für zusätzliche Abendunterhaltung.

# Linde

9082 Maria Wörth, Lindenplatz 3 • 0 42 73 22 78 • 0664 181 95 59
www.hotellinde.at • info@h-linde.at

In unvergleichlicher Lage auf der Halbinsel von Maria Wörth findet man das Hotel Linde, das seine Gäste mit familiärer Atmosphäre und weitläufigem Seeblick begrüßt. Ob Doppel- oder Familienzimmer, See-Appartement oder Linde-Villa – elegant und komfortabel sind sie alle. In der eigenen Wasserskischule borgt man sich ein Kajak, ein SUP oder ein Tretboot aus und macht sich auf zu Abenteuern auf dem Wörthersee. Kinder haben Spaß beim Bananefahren oder toben sich im Spielraum aus. Während im Seerestaurant frischer Fisch auf den Tisch kommt, ist die Seebar der Hotspot für Aperitif und Sushi.

Blick über den Klopeiner See in Kärnten

# Seewirt Mattsee
## Kuschelhotel & SPA am See

5163 Mattsee, Seestraße 4 • 6217 52 71
www.seewirt-mattsee.at • hotel@seewirt-mattsee.at

Mitten im wunderschönen Salzburger Land liegt das Vier-
Sterne-Erwachsenenhotel Seewirt Mattsee. Hier verbringt
man gemeinsam mit seinem Partner romantische Stunden in
stilvollen Zimmern und Suiten und genießt zahlreiche Inklusivleistungen. Im Restaurant am See serviert Haubenkoch
Helmut Blüthl kulinarische Köstlichkeiten aus der Region.
Entspannung vom Feinsten findet man im Panoramapool
oder bei einer Massage. Den Abend können die Gäste in
der Bar & Lounge ausklingen lassen. In diesem Hotel nimmt
man sich Zeit für sich und kann kleine und große Träume
ohne Alltag und Kinder wahr werden lassen.

# See-Villa

9872 Millstatt am See, Seestraße 68 • 0 47 66 21 02
www.see-villa.at • kontakt@see-villa.at

Das orange gestrichene Haus erhebt sich direkt am Millstätter See und bietet seinen Gästen eine harmonische Auszeit. Das gelingt einerseits mit der Gastfreundschaft seitens des Personals, andererseits aufgrund der hochkarätigen Angebote im Hotel selbst. Von sportlichen Aktivitäten wie Yoga oder diversen Wassersportarten bis hin zu genussvollen Programmpunkten bleiben keine Wünsche offen. Für Letztere sorgt das Restaurant, wo hauptsächlich auf frische Produkte – etwa fangfrische Fische und Gartenkräuter – gesetzt wird. Dinieren kann man auch direkt am Wasser auf der Terrasse. Traumhaft!

# Villa Postillion am See

9872 Millstatt am See, Kaiser-Franz-Josefstraße 106 • 0 47 66 25 52
www.villa-postillion.at • info@villa-postillion.at

Schlicht und schön liegt die Villa Postillion in einmaliger Waterfront-Lage direkt am Millstätter See. Das Hotel ist ein Haus mit Seele und Geschichte, die man an zahlreichen Ecken entdecken kann. Täglich landen frisch gefangene Fische auf den Tellern der Gäste, die die regionale Küche und gelebte Slow-Food-Tradition schätzen. Aber auch die Moderne hat hier längst Einzug gehalten. Der beheizte Infinitypool und der Spabereich mit Seesauna und Frischluftgrotte sorgen für gemütliche Stunden. Aktiv auf See und Berg ist man bei geführten Skitouren oder Soul-Sport-Momenten wie Yoga oder Surfen.

# Aichinger
Boutique Hotel

4865 Nußdorf am Attersee, Am Anger 1 • 0 76 66 80 07
www.hotel-aichinger.at • office@hotel-aichinger.at

Eine 200-jährige Geschichte begleitet das Boutiquehotel Aichinger, das damit zu den ältesten Gastwirtschaftsbetrieben am Attersee zählt. Das Thema Genuss zieht sich wie ein roter Faden durch diese Zeit. Diesen finden die Gäste im Haubenrestaurant Das Bräu, in dem überlieferte Rezepte mit einem Schuss Moderne versehen werden, und im Fine Dining Beach Club Achterdeck. Ruhe, Natur und die Aussicht auf das glasklare Wasser des Sees genießt man am Seebadeplatz, im Wellnessbereich oder im paradiesischen Poolgarten mit beheiztem Außenbecken.

# Das Grafengut ⓝ

🏅 Entdeckung des Jahres 2024

4865 Nußdorf am Attersee, Dorfstraße 65 • 0 76 66 84 14
grafengut.com • office@grafengut.com

Einfach idyllisch! Im Baumschatten auf einer Hängematte genießt man bei traumhaftem Seeblick die heißen Sommertage. Zum Abkühlen schwimmt man ein paar Züge im Attersee oder genehmigt sich einen erfrischenden Eiskaffee auf der Hotelterrasse. Bei grauem Wetter sorgen knallige Wandfarben, gemusterte Stoffe und zahlreiche Bilder und Kunstwerke im Inneren des historischen Hauses für Aufmunterung. Unser Tipp: Auf der Suche nach Ruhe und Zweisamkeit verbringt man seinen Urlaub im Bootshaus, welches zu einem urig-gemütlichen Apartment mit exklusivem Seezugang und Sonnendeck umfunktioniert wurde.

Herbst in Pörtschach am Wörthersee

# Seehotel Einwaller Ⓝ

6213 Pertisau, Seepromenade 15 • 0 52 43 53 66
www.einwaller.at • info@einwaller.at

Eingebettet in eine fulminante Berglandschaft, befindet sich Tirols größter See, der Achensee. Direkt dort liegt das Seehotel Einwaller. Das Hotel trumpft mit moderner Einrichtung, einem Rooftop-Spa sowie einem privaten Badesteg auf. Diese Traumlage in Pertisau schafft Ruhesuchenden wie auch Aktivurlaubern eine wunderschöne Auszeit. Letztere werden beim Wassersport auf dem See und bei den umliegenden Wander- und Kletterangeboten fündig. Der Ruhebereich im vierten Stock – der im Übrigen einen beeindruckenden Blick eröffnet – und die Yoga-Angebote sorgen für Entspannung.

# Parkhotel Pörtschach Ⓝ

9210 Pörtschach, Hans-Pruscha-Weg 5 • 0 42 72 26 2 10
www.parkhotel-poertschach.at • office@parkhotel-poertschach.at

Ein Hotel am See, das zum Urlauben geradezu prädestiniert ist: Das Parkhotel Pörtschach hat eine Halbinsellage am Wörthersee und ermöglicht den Gästen das Sonnen und Baden am privaten Badestrand. Neben den Freizeitaktivitäten auf dem Wasser hält auch das Hotel selbst ein großes Sportangebot für Groß und Klein bereit. Von allen 195 renovierten Zimmern aus genießt man einen phänomenalen Blick auf den See. Im Restaurant werden regionale Speisen angeboten, die bei Schönwetter auf der sonnigen Seeterrasse serviert werden. Außerdem empfehlenswert: ein romantischer Spaziergang an der Uferpromenade.

# Seehotel Dr. Jilly

9210 Pörtschach, Alfredweg 5–7 • 0 42 72 22 58
www.hotel-jilly.at • seehotel@jilly.at

Im Seehotel Dr. Jilly wird ein Badetag zum entspannten Vergnügen. In einer der schönsten Buchten des Wörthersees gelegen, ist der Blick auf das Wasser immer mit dabei. Heiße Sonnentage und Badespaß genießen die Gäste am eigenen Strandabschnitt, an kühleren Tagen ist der Spa- und Wellnessbereich ideal für gemütliche Stunden beim Saunieren oder Entspannen. Den Morgen kann man beim Yoga auf dem Steg beginnen, danach bietet das Hotel eine Vielzahl an Erlebnismöglichkeiten wie ein Picknick am See, Private Dinner auf dem Steg, oder Wein-Tastings. Ein Essen im Restaurant Jilly Beach runden das Angebot ab.

# Werzers Hotel Resort Pörtschach

9210 Pörtschach, Werzerpromenade 8 • 0 42 72 22 31
www.resort.werzers.at • resort@werzers.at

Entspannung, Genuss und Bewegung – so lautet die Dreieinigkeit in Werzer's Hotel Resort. Erstere stellen eine Wellnessoase mit Saunen, Indoorpool und beheiztem Becken im See sowie ein großer Badestrand mit Ausblick sicher. Den Genuss liefern drei Restaurants: das Seerestaurant mit Kärntner und internationalen Speisen, das À-la-carte-Restaurant Anna W., das sich abends in eine Gin-Bar verwandelt, und das Badehaus, in dem raffinierte Kulinarik auf den Tisch kommt. Zahlreiche Wasseraktivitäten, eine Tennisanlage und Golfplätze erfreuen Sportlerherzen.

# Hotel Schloss Seefels

9212 Pörtschach, Techelsberg am Wörthersee, Töschling 1 • 0 42 72 23 77
www.seefels.at • office@seefels.at

Darf es etwas ausgefallener sein? Nach einem Aufenthalt im
Schlosshotel Seefels ist man mit Sicherheit inspiriert: Das
avantgardistische Design mit exotischen Elementen, die
individuelle Gestaltung der 68 Zimmer und Suiten nach insgesamt dreizehn Farbkonzepten sowie die Kunstinstallation
der 21 Meter hohen Neonleiter am Turm des Schlosses können nur begeistern. Das Restaurant bietet eine herrliche Terrasse direkt am See und serviert das Schlossfrühstück à la
carte auf eigens entworfenem Porzellan. Im Spabereich entspannt man unter anderem in der Panoramasauna mit Blick
auf das Wasser.

# Strandhotel Sille

9081 Reifnitz, Wörthersee-Süduferstraße 108 • 0 42 73 22 37
www.strandhotel-sille.com • reservierung@hotel-sille.com

Im Strandhotel Sille wird der Urlaub zu einem unvergesslichen Erlebnis. In der Bucht von Reifnitz, am eigenen Strand,
lässt sich ein herrlicher Badetag mit der ganzen Familie
genießen. Der flache Seezugang ist auch für kleinere Kinder
gut geeignet, beim Hotel befindet sich außerdem das Was-
sersportzentrum, das tolle Sportmöglichkeiten und einen
Bootsverleih im Angebot hat. Oder man bricht zu einer Wan-
der- oder Radtour rund um den Wörthersee auf. Im Restaurant mit Seeterrasse stärkt man sich am Nachmittag bei
Kuchen aus der hauseigenen Konditorei, abends sind vor
allem die Fischgerichte ein Highlight.

# Katamaran

7071 Rust, Am Hafen 1 • 02685 24680
www.hotel-katamaran.at • office@hotel-katamaran.at

Unweit von der Ruster Altstadt, in traumhafter Lage am Schilfgürtel des Neusiedler Sees, befindet sich das im Stil einer Jacht gehaltene Hotel Katamaran mit seinen komfortablen Zimmer, von denen man einen herrlichen Blick auf den Hafen genießt. In den Tag startet man beim Frühstück auf der Sonnenterrasse, bevor man eine Radtour um den See in Angriff nimmt. Zum Baden geht man wenige Schritte bis zum Seebad Rust, Kinder werden einen Ausflug in den nahe gelegenen Family Park zu schätzen wissen. Abends speist man im Seerestaurant Katamaran direkt am See und lässt den Abend an der Bar ausklingen.

# Hotel Im Weissen Rössl

5360 St. Wolfgang, Markt 74 • 06138 23060
www.weissesroessl.at • welcome@weissesroessl.at

Ob bei Paaren, Familien oder Erholungsuchenden – das historische Hotel Im Weissen Rössl erfreut sich bei allen großer Beliebtheit. Das verwundert nicht, wenn man bedenkt, was geboten wird. Die Lage direkt am Wolfgangsee ermöglicht den eigenen Seezugang, das Spa im See mit schwimmendem Whirlpool und ganzjährig beheiztem Seebad ist im Sommer wie im Winter ein Highlight. Man nächtigt in individuell eingerichteten Zimmern oder sucht Privatsphäre in eleganten Appartements. Besonders stolz ist man auf das haubenprämierte Restaurant Kaiserterrasse und den Weinkeller, der 8000 edle Tropfen beherbergt.

# Landhaus zu Appesbach

5360 St. Wolfgang, Au 18 • 06138 2209
www.landhauszuappesbach.at • willkommen@landhauszuappesbach.at

Das Landhaus zu Appesbach, ein über 100 Jahre altes eng-
lisches Herrenhaus, besticht mit seinem royalen Flair, büßt
jedoch dadurch nichts an Gemütlichkeit ein. Von Efeu und
wildem Wein bewachsen, strahlt das Haus Charakter und
Seele aus. Sowohl die stilvollen Zimmer und Suiten als auch
die herrliche Terrasse liefern einen tollen Ausblick auf das
Panorama des Wolfgangsees. Auf dem und um den See gibt
es zahlreiche Möglichkeiten, seine Freizeit aktiv oder ent-
spannend zu gestalten. Im Restaurant und an der Strandbar
lässt sich hervorragend speisen. Für Pärchen bietet sich ein
romantisches Picknick an.

# Seevilla Wolfgangsee ⓝ

5360 St. Wolfgang, Markt 17 • 06138 20055
welcome@seevilla.co.at • www.seevilla-wolfgangsee.at

Am Wolfgangsee, kann man so richtig abschalten. Das Hotel
Seevilla ist dabei eine tolle Unterkunft, um die Umgebung
um den See zu entdecken. Aber auch das Haus selbst ist
mit seiner liebevollen Einrichtung und der schönen Aussicht
oder die umliegenden Berge eine Reise wert. Die Zimmer
sind klassisch und modern eingerichtet und schaffen durchwegs Gemütlichkeit. Highlights sind die hauseigene Sonnenterrasse sowie das Restaurant, das dank der Panoramafenster ebenfalls einen phänomenalen Blick eröffnet. Zu
Tisch kommt eine vielversprechende bodenständige Küche
von Küchenchef Christian Rescher.

# Kollers

9871 Seeboden, Seepromenade 2–4 • 04762 82000
www.kollers.at • info@kollers.at

Im Winter nach einem aktiven Tag im Schnee im See zu baden, muss nicht nur etwas für Hartgesottene sein. Zumindest nicht im Hotel Kollers, das mit einem beheizten Schwimmbereich im See für ganzjährigen Badespaß sorgt. Ein Saunahaus und ein Wellnessschiff mit Sonnendeck laden zum Relaxen ein. Wer die Bewegung schätzt, findet diese in der hauseigenen Wasserskischule oder leiht sich kostenlos ein Rad zur Seeumrundung. Man nächtigt in stilvollen Zimmer und Suiten, mietet das Ferienhaus oder das luxuriöse Alm-Chalet. Highlight für Verliebte: ein „Dinner for two" auf einer Palmeninsel mitten auf dem See.

# Seespitz

6100 Seefeld, Innsbrucker Straße 1 • 0 52 12 22 17
www.seespitz.at • info@seespitz.at

Naturbelassenheit, schlichte Eleganz und alpine Gemütlichkeit strahlen die Zimmer und Suiten des Vier-Sterne-Superior-Hotels aus. Durch die großen Fenster blickt man auf
den idyllischen Seefelder Wildsee, der sich in den Sommermonaten hervorragend zur Abkühlung eignet. An kälteren
Tagen zieht es die Gäste in den beheizten Outdoorpool,
das Dampfbad und die Saunalandschaft. Für das kulinarische Wohlbefinden sorgt das engagierte Küchenteam. Das
umfangreiche Frühstücksbuffet bietet sowohl Herzhaftes als
auch Süßes und alles, was das Herz begehrt.

# Gault&Millau

## Genussmesse, Weinfest und vieles mehr...

Alle Tickets zu unseren kulinarischen Events auf gaultmillau.at

# Seehotel Das Traunsee

4801 Traunkirchen, Klosterplatz 4 • 07617 2216
www.dastraunsee.at • traunsee@traunseehotels.at

Selten wird man in einem Hotel so herzlich willkommen geheißen wie im Seehotel der Familie Gröller. Mit viel Herzblut und Liebe zum Detail wurden die wenigen Zimmer und Suiten – alle mit Blick auf den Traunsee und manche davon sogar mit eigenem Seezugang – erst kürzlich erneuert und versprühen eine Wohlfühlatmosphäre. Das Hotel zeichnet sich auch durch seine Kulinarik aus. Mit Lukas Nagl, dem Gault&Millau „Koch des Jahres 2023", genießen die Gäste im Restaurant Bootshaus geschmackliche Kompositionen aus österreichischer Tradition mit asiatischem Feinschliff.

beide Fotos © traunseehotels.at Foto Christof Wagner

# Seehotel Jägerwirt

8864 Turrach, Jägerwirtsiedlung 63 • 0 42 75 82 57
www.seehotel-jaegerwirt.at • urlaub@seehotel-jaegerwirt.at

Das Seehotel Jägerwirt steht für einen erholsamen Familienurlaub am Turracher See. In den Nockbergen liegen Abenteuer und Entspannung vor der Haustüre und garantieren
abwechslungsreiche Tage für Groß und Klein. Während die
Erwachsenen im Zirben-Spa mit Pools und Saunalandschaft
relaxen oder sich im Private-Spa eine Massage gönnen,
können sich die Kinder im „Kitz Club" an der Kletterwand,
im Bällebad oder auf der Riesenrutsche auspowern. Auch
die Kulinarik kommt nicht zu kurz. So wird auf hochwertige
Kochkunst mit Produkten wie etwa Forellen aus dem Turracher See und Wild aus Eigenjagd Wert gelegt.

© Franz Gerdl / Kärnten Werbung

Velden am Woerthersee

# Seegasthof Stadler

4866 Unterach am Attersee, Stockwinkel 1/3 • 0 76 65 83 46 • 0664 147 31 33

www.seegasthof-stadler.at • info@seegasthof-stadler.at

Der Attersee ist ein Eldorado für Wasserfreuden und Wassersport und der Seegasthof Stadler somit das perfekte
Domizil für einen Badeurlaub der Extraklasse. Die Alleinlage
am See macht das Hotel zu einem Rückzugsort inmitten der
Natur, an dem man den Alltag hinter sich lassen kann – sei
es beim Entspannen am Privatstrand, im neuen Wellnessbereich oder auf dem sonnigen Badesteg. Mit dem Ruderboot,
auf Wasserskiern oder mit dem Tretboot lässt sich der Attersee auf sportliche Weise erkunden, auch nächtliche Tauch-
gänge werden angeboten. Das kulinarische Angebot kann
sich ebenfalls sehen lassen.

# Seehotel Europa

9220 Velden am Wörthersee, Wrannpark 1–3 • 0 42 74 27 70

www.seehotel-europa.at • seehotel.europa@wrann.at

Zwischen einem großen Park mit altem Baumbestand und der
Veldener Bucht findet man im idyllischen Seehotel Europa
das pure Urlaubsglück. Drinnen wartet ein großzügiges
Wellnessangebot mit Panoramahallenbad und Whirlpool,
draußen macht man es sich am hoteleigenen Badestrand
gemütlich oder schwitzt in der Seesauna. Für Wasserspaß ist
ebenfalls gesorgt. Ob beim Wasserski, Wakeboarden, Fall-
schirmfliegen, Boot- oder Kajakfahren – Aktivurlauber haben
zahlreiche Möglichkeiten, den Wörthersee zu erleben. Oder
wie wäre es mit einer Seeumrundung auf dem Fahrrad? Der
kostenlose Radverleih macht's möglich.

# Karnerhof

Genießerhotel

9580 Villach-Drobollach am Faaker See, Karnerhofweg 10 • 04254 21 88

www.karnerhof.com • hotel@karnerhof.com

Der malerische Faaker See spielt im Karnerhof eine große Rolle. Nahezu alle Zimmer emöglichen einen herrlichen Ausblick auf das türkisblaue Wasser, auf der Seeterrasse kann man die Seele baumeln lassen und das SEEMOTIONEN-Spa mit Infinitypool und Panoramasauna ist der ideale Ort für alle, die auf der Suche nach Entspannung sind. Das Hotel bietet außerdem vielfältige Aktivitäten wie Surfen, eine Seeüberquerung oder einen Bootsverleih an. Familien mit Kindern relaxen im BAUM-Spa mit Planschbereich und Seebad. Als eines der besten Gourmethotels Kärntens punktet der Karnerhof auch mit feiner Kulinarik.

# Nils am See Ⓝ

7121 Weiden am See, Seepark-Feriendorf 1 • 02167 434 340

www.nilsamsee.at • reservations@nilsamsee.at

SEEnsucht? Am Weidener Ufer des Neusiedler Sees wartet der perfekte Rückzugsort für ruhesuchende und kulinarikaffine Naturliebhaber. Die erst kürzlich errichteten Bungalows versprühen Wohlfühlatmosphäre und zeichnen sich nicht nur durch die hochwertige Ausstattung, sondern auch durch den eigenen Seezugang aus. Vom gemütlichen Boxspringbett zum Frühstücksbuffet und gleich weiter auf die Sonnenliege, genießt man die Seeluft und beobachtet Segler und Windsurfer. Nachmittags lockt der Duft nach Kaffee und hausgemachten Mehlspeisen ins Café Luis.

Faaker See Luftaufnahme Schilfkanal

# Geniesserhotel Die Forelle

9762 Weissensee, Techendorf 80 • 0 47 13 23 56 • 0676 706 55 01
www.forellemueller.at • info@dieforelle.at

Am Weissensee stehen im Genießerhotel Die Forelle alle
Zeichen auf Erholung und Genuss. Erstere findet man im
Wellnessbereich mit seinen vier Saunen und vier Ruheräumen mit Blick in den Weissenseer Naturpark, aber auch in
den geschmackvoll eingerichteten Zimmern und Suiten.
Aktivsein ist hier ebenfalls möglich. Zahlreiche Angebote
wie etwa Wirbelsäulengymnastik, Rodeln oder Eisstock-
schießen sind bereits im Hotelpreis enthalten. Haubengekrönte Kreationen von Gastgeber Hannes Müller kommen
abends auf den Tisch. Unter dem Motto „Berg. See. Küche"
stehen traditionelle Produkte der Region im Mittelpunkt.

beide Fotos © Lukas Kirchgasser

# Seehotel Enzian

9762 Weissensee, Neusach 32 • 0 4713 22 21
www.seehotelenzian.at • office@seehotelenzian.at

Im Seehotel Enzian werden den Gästen unvergleichliche Urlaubstage beschert. Dafür sorgen einerseits die ruhige Lage am Ufer des Weissensees, umgeben vom Naturpark, andererseits die zahlreichen Annehmlichkeiten des Hauses. Das See-Spa mit Dampfbad, Panoramaruheraum und Seesauna ist ein Garant für pure Erholung. Am Privatbadestrand lässt es sich ebenso gut entspannen oder aber man leiht sich ein Boot, um den See zu entdecken. Ein reichhaltiges Frühstück, eine kleine Mittagskarte sowie das Fünf-Gänge-Wahlmenü bieten kulinarische Genüsse, bevor man es sich an der Kaminbar gemütlich macht.

# Strandhotel am Weissensee

9762 Weissensee, Neusach 18 • 0 4713 22 19
www.strandhotel-weissensee.at • info@strandhotel-weissensee.at

Körper, Geist und Seele verwöhnen – das hat sich das Strandhotel am Weissensee zur Aufgabe gemacht. Angefangen beim See-Spa mit Saunen und Sonnendeck bis hin zu zahlreichen Retreat-Programmen rund um Persönlichkeitsentwicklung und Bewusstseinsentfaltung, können sich die Gäste eine Auszeit vom Alltagsstress nehmen. Dazu passend ist im ersten rein vegetarischen Genusshotel auch die Kulinarik ausgelegt. Facettenreiche pflanzliche Genüsse aus biologischer Landwirtschaft stehen im Mittelpunkt. Für einen Urlaub mit der Großfamilie oder mit Freunden eignet sich das Seehaus mit privatem Badesteg bestens.

# Grand Hotel Zell am See

5700 Zell am See, Esplanade 4–6 • 06542 7880
www.grandhotel-zellamsee.at • info@grandhotel-zellamsee.at

Eingerahmt vom Steinernen Meer und den Hohen Tauern, in einzigartiger Lage auf einer Halbinsel am Zeller See, liegt das Grand Hotel Zell am See. Ein eigener Strand mit Liegewiese verspricht entspanntes Sonnenbaden, in zwei Wellnessbereichen finden alle Gäste etwas, das ihrem Geschmack entspricht. Das Classic-Spa empfiehlt sich für die ganze Familie, im Adults-only-Grand-Spa erfreut man sich am Panoramaausblick, an Wellnessbehandlungen und an einer großzügigen Saunalandschaft. Im Restaurant stehen abends drei Menüs zur Auswahl: „Klassische Küche", „Health Cuisine" oder eine vegetarische Option.

Zell am See Panorama

# Seehotel Bellevue

5700 Zell am See, Seeuferstraße 41 • 0 65 42 21 8 28
www.seehotel-bellevue.at • info@seehotel-bellevue.at

Einmalige Ausblicke über See, Berge und die Stadt eröffnen sich einem nicht von überall. Doch dies bleibt bei Weitem nicht das einzige Highlight des Seehotels Bellevue.
Hier wurde ein Konzept geschaffen, das Geschichte und
Moderne miteinander kombiniert. Traumhaft die Zimmer,
Suiten und Apartments, ein Ort der Ruhe und Kraft der Well-
ness- und Spabereich „Laissez Faire", den man gerne nach
einem aktiven Tag aufsucht. Kulinarische Genüsse werden
in den Restaurants „Seensucht" und der Seeterrasse „See
la Vie" geboten, der Beachclub Vue ist nicht nur für Badespaß, sondern auch für einen kühlen Drink gut.

CHALETS

# Chalet Bischoferalm

6236 Alpbach, Außerbischofen 131 • 0676 502 69 45
www.luxuschalet-tirol.at • info@luxuschalet-tirol.at

Anspruchsvolle Reisende, die Privatsphäre schätzen und
dennoch nicht auf zahlreiche Annehmlichkeiten verzichten
wollen, werden gerne in das Chalet Bischoferalm zurück-
kehren. Das luxuriöse Anwesen thront auf 1350 Höhenmetern über dem Alpbachtal und kann bis zu 20 Personen in
seinen Suiten und Doppelzimmern beherbergen. In dieser
abgeschiedenen Bergidylle sammelt man Kraft für den Alltag – entweder im Spa, das mit Sauna und einem herrlichen
Whirlpool ausgestattet ist, oder im gemütlichen Wohnbe-
reich mit Kamin und Ausblick auf die Bergwelt.

© SalzburgerLand Tourismus

Loseggalm mit der Bischofsmütze im Hintergrund,
Annaberg-Lungötz

# Luxuslodge Zeit zum Leben

5524 Annaberg, Steuer 88 • 0664 423 26 62
www.luxuslodge.at • info@luxuslodge.at

In den drei Chalets der Luxuslodge Zeit zum Leben genießt man einzigartige Momente. Entweder man bleibt ganz für sich oder man nimmt den Service eines Vier-Sterne-Hotels in Anspruch. Wie wäre es zum Beispiel mit einem Dinner vom Privatkoch oder mit einer Massage? Entspannung findet man auch im Wellnessbereich oder am Kamin des komfortablen Wohnzimmers. Kulinarikbegeisterte kommen hier ebenfalls auf ihre Kosten: angefangen beim Frühstückskorb mit regionalen Spezialitäten über einen Fondue-Abend bis hin zum kompletten Gourmeturlaub. Adrenalinjunkies buchen das Abenteuerpaket mit Helikopterflug.

# LaPosch
## Dein Bergaway

6633 Biberwier, Schmitte 12 • 05673 21021
www.laposch.at • info@laposch.at

„Bergaway" nennt sich das Chalet-Resort LaPosch, ein Rückzugsort eingebettet in die Bergwelt der Tiroler Zugspitz Arena. Die 16 individuell gestalteten Chalets begeistern mit viel Komfort und Liebe zum Detail. Einige Hütten liegen direkt an einem Bach, andere haben Zugang zum Naturbadesee mit Karibik-Feeling. Der Rundum-Verwöhnservice trägt dazu bei, dass man sich einfach nur zurücklehnen kann. Ein À-la-carte-Frühstück oder ein Hütten-Dinner können direkt ins Chalet bestellt werden. Oder wie wäre es mit einer privaten Yogaeinheit? Im Adults-only-Chaletdorf erlebt man all das und noch einiges mehr.

# Waldchalets Brandnertal ⓝ

6708 Brand, Schedlerhof 34 • 0664 884 694 01
waldchalets-brandnertal.at • servus@s942574125.online.de

Unter Lärchen am Waldrand im Brandnertal gelegen, finden sich fünf Waldchalets wieder. Dank ihrer natürlichen Materialien und der alpinen Architektur schmiegen sie sich förmlich in die Landschaft ein. Die Form der Chalets sorgt ebenso für eine heimelige Atmosphäre, bei der man dank der Panoramafenster die Natur stets im Blick hat. Außerdem ist man als Gast komplett unabhängig: Gekocht wird in der voll ausgestatteten Küche oder auf dem Grillplatz. Durch die Nähe zur Bergbahn Brandnertal benötigt man für diverse Aktivitäten kein Fahrzeug. Ein Kinderspielplatz ermöglicht den Kleinen Abwechslung.

# Landschützer Bergdorf Riesner

8953 Donnersbach, Donnersbachwald 236 • 0 63 80 40 0 50 • 0676 447 60 70
www.landschuetzer.at • office@bergdorf-riesner.at

Das Bergdorf Riesner hat alles, was man für einen gelungenen Winterurlaub benötigt. Die Ruhe und Natur lassen sich auch im Sommer hervorragend genießen. Die elf Chalets, in denen bis zu acht Personen nächtigen, sind sowohl familienfreundlich als auch für Hundebesitzer bestens ausgestattet. Vierbeiner werden hier auf Wunsch rundum versorgt – sei es mit dem Gassi-Service oder mit Dog-Sitting. Wem der Kachelofen als Entspannungsort nicht ausreicht, der bucht ein Wellness-Chalet mit Whirlpool und Sauna. Auch kulinarisch darf man sich freuen: Im Winter sind ein Frühstück und ein Mittagssnack inklusive.

# Hollmann am Berg

9565 Ebene Reichenau, Turracher Höhe 163–166 • 05 777 83 00
www.crazyhollmann.com • hello@crazyhollmann.com

Sie hören auf die klingenden Namen Luki, Franzi und Toni. Die Rede ist von den drei charmanten Hütten des Feriendorfs Hollmann am Berg, in denen bis zu zehn Personen Platz finden – Sauna, eine eigene Terrasse, Bibliothek, Spielesammlung und eine wundervolle Aussicht inklusive. Verständlich, dass es einem nicht leicht fällt, das gemütliche Chalet zu verlassen – genau dafür gibt es den „Full Fridge Service". Der kleine Dorfplatz mit Brunnen und Feuerstelle lädt zum entspannten Zusammensitzen ein, Aktivurlauber schätzen die Skilifte, Langlaufloipen und Wanderwege direkt vor der Haustüre.

# Winzarei

♟ Ambiente Award 2024

8461 Ehrenhausen, Zieregg 13 • 03453 4101 • 0664 884 390 40
www.winzarei.at • welcome@winzarei.at

Die Winzarei der Familie Tement in Ehrenhausen ist eine ganz besondere Unterkunft. Inmitten von Weinreben, mit einem phänomenalen Blick auf die Lagen des Winzerhofs, stehen die alten Gutshäuser, die in individuelle Suiten umgebaut wurden. Exemplarisch war bei der Modernisierung der Einsatz bzw. die Bewahrung des natürlichen Materials. Holz und Stein in Kombination mit viel Licht haben es geschafft, einen Ort der Entschleunigung zu schaffen. Morgens genießt man einen mit regionalen Köstlichkeiten gefüllten Frühstückskorb, abends die großartigen Tement-Weine. Außerdem ein Highlight: Die Infinity-Pools.

# Geinberg5 Private SPA Villas

4943 Geinberg, Thermenstraße 13 • 0 77 23 850 155 55
www.geinberg5.com • office@geinberg5.com

Wer auf der Suche nach einem exklusiven Urlaubserlebnis ist oder einen besonderen Anlass zelebrieren möchte, wird mit dem Wellnessresort Geinberg5 Private SPA Villas glücklich. Hier beeindrucken die luxuriöse Ausstattung sowie der Service. Jede der stilvollen Suiten und Villen ist mit einem eigenen Wellnessbereich ausgestattet, der eine Badewanne, eine Sauna, ein Dampfbad, einen Außenwhirlpool und einen offenen Kamin umfasst. Außerdem nutzt man selbstverständlich auch die beeindruckende Thermenwelt. Für kulinarische Hochgenüsse sorgt das Zwei-Hauben-Restaurant AQARIUM.

Großarl Almenweg

# Feriendorf Holzleb'n

5611 Großarl, Unterbergstraße 1 • 06414 2130 • 0664 889 275 17
www.holzlebn.at • feriendorf@holzlebn.at

Abenteuerlustige Familien kommen gerne ins Feriendorf Holzleb'n. Denn der Komfort in den großzügigen Chalets und das Angebot können sich sehen lassen. Traditionell und modern gestaltet, ist jedes Haus mit Sauna und Außenbadewanne ausgestattet. Man verpflegt sich entweder selbst oder lässt sich das Almfrühstück oder das Abendessen direkt ins Chalet bringen. Im Haupthaus steht auch ein separater Wellnessbereich mit Whirlpool zur Verfügung. Zahlreiche Aktivitäten versprechen auch viel Abwechslung für Kinder: Sei es beim Ponyreiten, beim Mithelfen auf dem Bauernhof oder bei einer Nacht im Heustadl.

# Kitz Boutique Chalet

6365 Kirchberg in Tirol, Klausner Höhe 19
www.kitzboutiquechalet.com • info@kitz-boutique-chalet.com

Die praktische Ski-in/Ski-out-Lage zur Talstation Fleckalmbahn macht das Kitz Boutique Chalet zu einer tollen Unterkunft für aktive Reisen in die Kitzbüheler Alpen. Das Häuschen bietet insgesamt 14 Personen Platz und ist im gemütlichen und gleichzeitig modernen Alpenstil ausgestattet. Je nach Bedarf können Gäste entweder das gesamte Chalet mit sieben Doppelzimmern oder auch nur einzelne Zimmer buchen. Ein persönlicher Koch sorgt auf Wunsch für abendliche Fünf-Gänge-Menüs. Außerdem können auch Schönheitsanwendungen und Massagen in den eigenen vier Wänden gebucht werden.

# Bühlhof Penthouse

6764 Lech am Arlberg, Strass 328 • 0 55 83 28 59 • 0660 225 23 03
www.buehlhof.com • office@buehlhof.com

Außen bleibt die traditionelle Architektur von Lech bewahrt, innen erstrahlt das Penthouse in elegantem Design und moderner Ausstattung. In einer der exklusivsten Residenzen des Orts können bis zu 12 Personen in den sechs De-luxe-Schlafzimmern mit eigenem Bad untergebracht werden. Nachdem man direkt von der Piste vor die Haustüre abgeschwungen hat, erholt man sich im privaten Spabereich mit Sauna und Outdoor-Hot-Tub oder nutzt den Fitnessraum, um aktiv zu bleiben. Das Penthouse kann auf Selbstversorgerbasis gemietet werden, aber auch eine Verpflegung mit Frühstück oder Halbpension ist möglich.

# Chalet 1551

6764 Lech am Arlberg, Oberlech 747 • 0676 643 40 60
www.chalet1551.com • info@chalet1551.com

Das Chalet 1551 ist eine Unterkunft der Extraklasse mit maximalem Komfort. Direkt an den Pisten des Arlbergs gelegen, ist es die perfekte Location für einen luxuriösen Winterurlaub. Ein sechsköpfiges Team, darunter ein privater Koch, ein Butler sowie ein Chauffeur, kümmert sich um das Wohlergehen der Gäste. Jeder findet hier seinen ganz persönlichen Wohlfühlort – sei es im gemütlichen Wohnzimmer mit Kamin, an der Cocktailbar oder im Spabereich. Dieser begeistert durch einen Pool mit Blick auf die Berge. Die Sauna, der Jacuzzi und das Dampfbad sind Plätze, an denen herrlich relaxt werden kann.

# Chalet 1597

6764 Lech am Arlberg, Stubenbach 29 • 0041027 776 21 64
www.brambleski.com • info@brambleski.com

Mit viel Liebe zum Detail wurde dieses im 16. Jahrhundert erbaute Haus renoviert und liefert nun als Chalet 1597 die besten Voraussetzungen für einen gelungenen Winterurlaub. Vor allem in der urigen Steinhöhle und im Weinkeller ist die Geschichte des Hauses spürbar. Heimgekehrt von einem Tag auf der Piste, können die Gäste die müden Knochen im Spabereich regenerieren oder die letzten Sonnenstrahlen auf der Terrasse einsaugen. Im Speisesaal mit offenem Kamin nimmt man stilgerecht an der Tafel das Abendessen ein – entweder selbst gekocht oder mit dem gebuchten Cateringpaket.

# The Arula Chalets

6764 Lech am Arlberg, Oberlech 706 • 0664 140 70 74
www.arulachalets.com • office@arulachalets.com

Den Skitag direkt von der Haustüre weg starten und nachmittags in ein einzigartiges Refugium heimkehren: Die beiden Arula Chalets lassen diesen Traum wahr werden. In Chalet 1 finden bis zu 22 Gäste Platz, das Chalet 2 beherbergt bis zu acht Gäste. Das Großartige: Die zwei Häuser können miteinander verbunden werden und eignen sich für große Familien, Gruppen oder Firmenevents. Die Ausstattung und der Service können sich sehen lassen: In jedem Haus gibt es einen Spabereich, einen Partyraum, ein Heimkino und einen Weinkeller. Privatköche sind für das Dinner verantwortlich.

# Priesteregg Premium Eco Resort

5771 Leogang, Sonnberg 22 • 06583 82550
www.priesteregg.at • bergdorf@priesteregg.at

Das Priesteregg Premium Eco Resort ist ein Kleinod, das seinesgleichen sucht. Das Chaletdorf in den Bergen Leogangs bietet höchsten Komfort und Luxus, ohne protzig zu sein. 16 verschiedene Chalets und zwei Villen befinden sich im Dorf, die jeweils unterschiedlich ausgestattet sind. Das Priesteregg Bad dient als Rückzugsort, wo man sich entspannen kann: auf der Infinityterrasse, in der Zirbenholzsauna oder bei einer der vielen angebotenen Massagen. In kulinarischer Hinsicht können sich Gäste bequem im Chalet oder in „Huwi's Alm" verköstigen lassen.

# Senhoog

5771 Leogang, Sonnberg 124 • 00494651 88 65 90 04
www.senhoog.com • info@senhoog.com

Alles können, nichts müssen – so lautet die Philosophie von Edeltraud und Lutz Sperr, den Gastgebern der zwei luxuriösen Senhoog-Chalets „Gipfelkreuzliebe" und „Bergwärtsgeist". Als langjährige Gastronomen und Hotelbesitzer wissen die beiden, worauf die Gäste Wert legen, und bieten erstklassigen Service wie einen Shuttleservice, einen Hundesitter, Massagen oder Dinner mit Private Chef im Chalet. Täglich wird ein Gourmetfrühstück serviert, danach verbringt man einen entspannten Tag im Private-Spa mit Sauna, Hot Tub und Infinitypool oder nutzt die Zeit zum Aktivsein in der Natur.

# Country Suites

5571 Mariapfarr, Bruckdorf 636 • 0676 447 6070
www.landschuetzer.at/de/country-suites-mariapfarr • info@countrysuites.com

Die Country Suites in Mariapfarr verbinden die private Atmosphäre eines Chalets mit dem Service eines Luxushotels. Ein altes Stallgebäude wurde liebevoll renoviert, mit besonderem Augenmerk darauf, den Charme des historischen Gebäudes zu bewahren. Darin befinden sich die beiden eleganten Unterkünfte, in denen man dank eigener Küche und privatem Wellnessbereich mit Whirlpool, Sauna und Relaxdusche unter sich bleiben und die ländliche Idylle genießen kann. Im Sommer wie im Winter sind die Country Suites der ideale Ausgangspunkt für zahlreiche unterschiedliche Sportaktivitäten.

# Chalet Grand Flüh

6672 Nesselwängle, Nesselwängle 146 • 0676 673 5787
www.chalet-grand-flueh.at • info@chalet-grand-flueh.at

Wenn die gemütliche Atmosphäre eines Altholz-Chalets mit modernster Ausstattung Hand in Hand geht, dann befindet man sich wahrscheinlich in einem der drei Häuser des Chalet-Grand-Flüh-Ensembles. Paare erleben im Tiny-Chalet eine romantische Zeit, das Kuschel-Chalet mit Hot-Pool im Garten und Sauna bietet zwei bis vier Personen Platz für traumhafte Tage. Für größere Gruppen eignet sich das Wohlfühl-Chalet, in dem bis zu sechs Gäste nächtigen und sich am privaten Spabereich mit Schwebeliegen erfreuen können. Auf Wunsch werden ein Leihkoch, ein Einkaufsservice und Wellnessbehandlungen organisiert.

# Naturdorf Oberkühnreit

5741 Neukirchen am Großvenediger, Marktberg 143 • 0664 104 5615
www.naturdorf-neukirchen.at • info@naturdorf.at

Naturliebhaber und Sportbegeisterte schätzen die idyllische Lage des Naturdorfs Oberkühnreit, aber auch die zauberhaften Hütten und Chalets für bis zu acht Personen, die keine Wünsche offenlassen. Paare genießen im Romantikchalet eine ungestörte Zeit, das Penthouse und das Chalet Oberkühnreit verfügen sogar über eine eigene Sauna. Ein Schwimmteich sowie eine Zirbensauna stehen allen Gästen zur Verfügung. Die Gegend um Neukirchen am Großvenediger hält eine Vielzahl an Freizeitaktivitäten bereit, aber auch im Naturdorf kann man einiges erleben, etwa Reiten gehen oder an einem Jodelkurs teilnehmen.

# Chalet Plauderei

5722 Niedernsill, Sonnberg 9 • 0049 163 784 48 13
www.plauderei.at • info@plauderei.at

Das Chalet Plauderei bietet auf drei Ebenen jede Menge Highlights: angefangen beim edlen Design und den hochwertigen Materialien bis hin zur exquisiten Ausstattung und zu den zahlreichen Orten, an denen man ganz stressfrei entspannen und die Zeit genießen kann. Einer davon ist der großzügige Wellnessbereich, der mit Zirbensauna, Dampfbad und einem Außenwhirlpool punktet. Grillbegeisterte können sich in der Grillhütte „Kota" austoben, bevor man abends im Stüberl beieinander sitzt und schließlich in einem der vier individuell eingerichteten Schlafzimmer Energie für den kommenden Tag sammelt.

# Pures Leben Stadl Wuggitz

8455 Oberhaag, Altenbach 79 • 0664 215 5044
www.puresleben.at • info@puresleben.at

Ein fast 200 Jahre alter Heuspeicher wurde liebevoll revitalisiert und als einzigartiges Chalet für zwei Personen neu erfunden. Außen blieb die urige Holzfassade erhalten, innen wird Tradition mit modernem Design kombiniert. Die ungestörte Lage in der Natur sorgt für traumhafte Aussicht auf die Hügel der Südsteiermark. Diese genießt man an der Fensterfront mit Sitzbank oder auf der Terrasse. Für den Wellnessfaktor sorgen ein beheizter Außenpool sowie eine hauseigene Sauna. Das Frühstück ist inklusive und wird jeden Morgen geliefert. Auch ein Essensservice mit dreigängigem Menü kann gebucht werden.

# Chalet Mimi

6764 Oberlech, Oberlech 141 • 0664 140 7074

www.chaletmimi.com • office@chaletmimi.com

Im exklusiven Skiort Lech wird das luxuriöse Chalet Mimi höchsten Urlaubsansprüchen gerecht. Alpine Tradition steht im Mittelpunkt, so finden vor allem heimische Materialien Verwendung in der Gestaltung des Hauses. Ein eigener Butler sorgt für perfekten Service rund um die Uhr und kümmert sich um die Bedürfnisse der bis zu 14 Gäste. Dank Chauffeur kann man das Auto getrost stehen lassen und ein privater Koch bereitet österreichische Klassiker sowie internationale Gerichte zu. Die Spa-Area punktet mit Biosauna, Whirlpool und Vital-Bar. Im 14 Meter langen Pool zieht man entspannt seine Bahnen.

# Chalet N

6764 Oberlech, Oberlech 50 • 0 55 83 37 9 00

www.chalet-n.com • office@chalet-n.com

Die Ursprünglichkeit des Arlbergs, gepaart mit Luxus, erlebt man im Chalet N. Materialien der Region, modernste Ausstattung und privater Service, der seinesgleichen sucht, machen dieses Haus zu einem exklusiven Urlaubsrefugium. In den zehn Suiten finden bis zu 22 Gäste Platz, ein 24-Stunden-Concierge erfüllt alle Wünsche. Der Wellnessbereich bietet nicht nur Saunen und eine Poollandschaft, sondern auch einen Personal Trainer. Rund um die Uhr kann man sich kulinarisch verwöhnen lassen. Speziell im Winter wird der Aufenthalt am Arlberg mit seinem Outdoorangebot zum Erlebnis.

# ALMDORF „Seinerzeit" Ⓝ

Das Original

9564 Patergassen, Vorderkoflach 36 • 0 42 75 72 01
www.almdorf.com • welcome@almdorf.com

Im Almdorf „Seinerzeit" urlaubt man auf 1400 Metern, umgeben von der Kulisse des Biosphärenparks Nockberge. Gäste können entweder die Ruhe der Natur genießen oder auch die vielen Aktivitäten im Dorf austesten: vom vielseitigen Alm-Spa über Wassersport im Falkertsee bis hin zu Wanderungen. Anschließend schaffen die mit höchstem Komfort ausgestatteten Chalets den entsprechenden Rückzugsort. Gespeist wird entweder in einem der drei Restaurants beziehungsweise Wirtshäuser oder auch im Chalet – denn die traditionellen Hüttengerichte werden auf Anfrage auch in die eigenen vier Wände geliefert.

# Landgut Moserhof

9816 Penk/Mölltal, Moos 1 • 0 47 83 23 00 • 0664 454 265
www.landgut-moserhof.at • info@landgut-moserhof.at

Wie gut sich ein Urlaub auf dem Bauernhof mit den Annehmlichkeiten eines Luxusurlaubs verbinden lässt, zeigt das Landgut Moserhof. Umgeben von den Hohen Tauern liegt dieses Chaletdorf, direkt am Fluss und mit Naturbadeteich. Zur Auswahl steht eine Vielzahl an Unterkünften – von der gemütlichen Ferienwohnung über urige Chalets und Premium-Chalets mit privatem Spa bis zu Luxus-Chalets in Alleinlage auf dem Berg. Für Entspannung wird im Wellnessbereich gesorgt, Kinder erkunden den Biobauernhof oder probieren sich im Reiten. Einmal pro Woche wird der Holzbackofen angeheizt und zum Brotbacken geladen.

# Almdorf Reiteralm

8973 Pichl bei Schladming, Preunegg 66 • 06454 724440
www.almdorf-reiteralm.at • info@almdorf-reiteralm.at

Familien, Paare und sportbegeisterte Gruppen werden im idyllischen Almdorf Reiteralm ihr perfektes Feriendomizil finden. Die unterschiedlichen Chalets erfüllen alle Ansprüche, um einen erstklassigen Urlaub hoch über Schladming zu erleben. Ungestörte Zweisamkeit ist in den Kuschel-Chalets mit Adults-only-Badeteich möglich, in der Komfort-Almhütte Dachstein finden sogar bis zu 18 Gäste Platz. In der eigenen kleinen Wellnessoase mit Sauna und Hot-Pot tankt man neue Energie für den nächsten Tag eines abwechslungsreichen Urlaubs in der Region Schladming-Dachstein.

# Sporer Alm

6280 Rohrberg / Zillertal, Rohrberg 107 • 0664 144 2020
www.sporer-alm.com • info@sporer-alm.com

Ankommen, wohlfühlen und genießen! Im Zillertal stehen die vier heimeligen Chalets der Sporer Alm, die die Atmosphäre einer Berghütte mit modernem Luxus kombinieren. Auf Wunsch startet man mit einem Frühstückskistl in den Tag, mittags oder abends kann man sich von einem Koch im Chalet kulinarisch verwöhnen lassen. Die top ausgestattete Küche lädt auch Hobbyköche dazu ein, eigene Kreationen auszuprobieren. Sitzt man dann mit einem Glas Wein am knisternden Kachelofen, freut man sich bereits auf den nächsten Tag, den man im Chalet mit Sauna, Whirlpool und Naturbadeteich verbringen darf.

# Luxuschalet Schmiedalm

5754 Saalbach/Hinterglemm, Schwarzacherweg 40 • 0 65 41 66 33
www.unterschwarzach.at • info@unterschwarzach.at

Auf einem sonnigen Plateau des Zwölferkogels kann man den Traum von der edlen Variante eines Almurlaubs wahr werden lassen. Das Luxuschalet Schmiedalm macht es möglich, eine besondere Auszeit zu genießen. Bis zu zehn Personen finden hier ihr ganz persönliches Hideaway. Direkt an der Piste gelegen, trifft man sich nach einem Skitag in der Sauna, auf der beheizten Terrasse oder im Außenpool. Kulinarisch wird man ebenfalls bestens verpflegt, wenn man sich nicht selbst darum kümmern möchte. Für das Frühstück kommen die Produkte vom Bauernhof, abends kann man sich vom Restaurant „Galerie" beliefern lassen.

© saalbach.com, Daniel Roos

Landschaft Saalbach Hinterglemm

# Chalet Artemis

6580 St. Anton am Arlberg, Nassereiner Straße 84 • 004407497 628064
www.chaletartemis.com • info@chaletartemis.com

Privatsphäre und Exklusivität zählen zu den Gründen, warum man sich für einen Urlaub im Chalet entscheidet. Am Arlberg können dies bis zu 12 Personen im großzügigen Chalet Artemis erleben. Geselliges Verweilen ist in den Wohnbereichen möglich, im Wellnessbereich warten Pool, Jacuzzi und Sauna darauf, den Gästen Genuss für Körper und Seele zu bescheren. Das Highlight ist jedoch der persönliche Service. Sei es der Private Chef, der alle kulinarischen Wünsche erfüllt, ein Chauffeur oder die professionelle Kinderbetreuung. Nach einem erfolgreichen Tag lädt das hauseigene Kino zu Filmabenden ein.

# Kauz Design Chalets

5582 St. Michael im Lungau, Katschberg 654 • 04734 83888 • 0676 845 115 286
www.kauz-katschberg.at • hello@kauz-katschberg.at

Heimische und natürliche Materialien waren den Gastgebern Denise und Seppi Bogensperger bei der Gestaltung ihrer Kauz Design Chalets wichtig – und so fügen sich die beiden Häuser perfekt in die Natur ein. Im kleineren Chalet können bis zu acht Personen nächtigen, das größere bietet für 14 Gäste ausreichend Platz. Gemeinsam ist ihnen die Topausstattung, die stilvolle Einrichtung im skandinavischen Design sowie der eigene Wellnessbereich mit Zedernholzsauna, in den man sich wunderbar nach einem Skitag zurückziehen kann. Auch Haustiere und Kinder sind herzlich willkommen.

# Gault&Millau

# Süße
# Säure
# & Tannine

Alle News rund um österreichische Weine
im Newsletter und auf gaultmillau.at

# Golden Hill Country Chalets & Suites

8505 St. Nikolai im Sausal, Steinfuchsweg 2/Waldschach • 0650 350 5936
www.golden-hill.at • welcome@golden-hill.at

Ein Private-Hideaway für all jene, die das Besondere suchen, findet sich in der Südsteiermark. Die Golden Hill Country Chalets & Suites begeistern mit außergewöhnlicher Architektur und vielen Annehmlichkeiten. Zur Auswahl stehen fünf exklusive Country-Chalets, ein Premium-Chalet und das luxuriöse Panorama-Loft für zwei Personen. Jedes Haus ist mit einem privaten Spa ausgestattet. Nachdem die Gegend für den Wein bekannt ist, sollte man sich eine Verkostung nicht entgehen lassen. Wer sich abends rundum verwöhnen lassen will, gönnt sich ein Dinner aus der Küche von Gastgeberin Barbara Reinisch.

# Bergwiesenglück

## Boutique Hotel Chalets und Suites

6553 See/Paznaun, Neder 400 • 05441 20077 • 0664 881 891 16
www.bergwiesenglueck.at • info@bergwiesenglueck.at

Fernab von der Hektik des Alltags, mit traumhaftem Blick über die Tiroler Berge, bietet das Chaletdorf Bergwiesenglück die perfekte Kulisse für einen Highlight-Urlaub in der Nähe von Ischgl. Der elegante und private Rückzugsort umfasst zwölf großzügige Chalets und zwei Luxussuiten, jeweils mit privater Sauna. Auf dem Dach des Haupthauses befindet sich außerdem ein beheizter Infinitypool. Im Spielstadl können die Kinder nach Lust und Laune toben, in einigen Chalets sind auch Hunde erlaubt. Kulinarisch erfreut authentische Tiroler Küche. So wird der Urlaub für die ganze Familie zum Genuss.

# Beim Hochfilzer

## Hotel & Premium-Chalets

6306 Söll, Reit 1 • 05333 5491
www.hochfilzer.info • info@hochfilzer.info

Bei einem Aufenthalt Beim Hochfilzer muss man sich zunächst entscheiden, ob man lieber im Hotelzimmer oder im luxuriösen Premium-Chalet mit Platz für bis zu sechs Personen und einem eigenen Spabereich nächtigen möchte. Die Zimmer bestechen durch ihre liebevolle Gestaltung mit Lärchenholz. Dieses sorgt für ein besonderes Raumklima und einen gesunden Schlaf. In der Genussstub'n erwarten einen kulinarische Höhepunkte wie das fünfgängige Abendmenü sowie herrliche Grillabende. Und wer die Köstlichkeiten auch gerne zu Hause zubereiten will, kann dies vor Ort in einem Kochkurs erlernen.

# Anno Dazumal

6293 Tux, Lanersbach 456 b • 05287 877830
www.annodazumal.at • info@annodazumal.at

Wer auf der Suche nach Ruhe und Entspannung in einer urigen Almhütte ist, für den ist das Anno Dazumal genau das Richtige. Die Häuser sind gemütlich-rustikal eingerichtet, für mehr Platz bucht man eines der zweistöckigen Chalets. Die unmittelbare Nähe zu den Eggalmbahnen macht dieses Berghüttendörfl sowohl im Sommer als auch im Winter zur idealen Destination. Das Frühstück nimmt man entweder am Buffet in der Dorfbar Ratschkathl ein oder man lässt sich die Speisen ins Chalet servieren. In der Alpinvital-Badehütte relaxt man nach aktiven Stunden in der Sauna, im Ruheraum oder im beheizten Außenpool.

# INNs HOLZ
Chaletdorf

4161 Ulrichsberg, Schöneben 10 • 07288 70600
www.innsholz.at • info@innsholz.at

Auf der Waldlichtung des Böhmerwalds im Mühlviertel gelegen, dürfen sich Gäste im Inns Holz über eine erholsame Auszeit voller Wellness, Entspannung und Genuss freuen. Neben den bekannten Annehmlichkeiten – den schön gestalteten Chalets und Zimmern und der Nähe zu Wander- und Radwegen sowie Skipisten – wurde das Areal jüngst um einen 300 m² großen, zusätzlichen Wellnessbereich erweitert. Highlights hier sind der Indoorpool mit offenem Kamin und die Waldblick-Panoramalounge. In den Restaurants und in der Bar des Resorts kommen Gäste mit regionalen Köstlichkeiten auf ihre kulinarischen Kosten.

# Lehenriedl

5602 Wagrain, Lehenriedl 15 • 0 64 13 84 62
www.lehenriedl.at • info@lehenriedl.at

In privater Atmosphäre verbringt man erholsame Tage in einem der drei Chalets des Lehenriedl. Zwei bis sechs Personen finden darin Platz – ideal für eine gemütliche zu zweit oder einen Aktivurlaub mit der Familie. Inmitten der Berge gelegen, starten Wander- und Radwege direkt von der Haustüre weg. Die Lage auf einem Sonnenplateau verspricht auf der Liegewiese ganztags warme Stunden. Abkühlung bringt der große Badeteich. Auch in der Sauna, die jedem Chalet eigen ist, lässt sich wunderbar entspannen. Wer sich morgens nicht um Verpflegung kümmern möchte, bestellt den Genussfrühstückskorb direkt ins Haus.

# Alpegg Chalets

6384 Waidring, Alpegg 13 • 0650 587 5872
www.alpegg.com • info@alpegg.com

Zahlreiche Plätze laden in den Alpegg Chalets zum Runterkommen ein. Man lässt die Seele in der Hängematte auf der Sonnenterrasse baumeln, schwitzt mit Ausblick auf die Kitzbüheler Alpen in der Sauna, erfrischt sich im Biotop oder genießt uriges Badevergnügen im Holzbadefass. Die drei naturbelassenen Holzhäuser Berg.Heimat, Berg.Kunst und Berg.Pioniere bestechen durch ihr offenes Ambiente dank großer Fenster und schaffen so eine angenehme Wohlfühlatmosphäre. Etwas ganz Besonderes wird der Urlaub, wenn man sich die private Köchin gönnt, die regionale Drei-Gänge-Menüs direkt im Chalet zubereitet.

# Goldener Ochs ⓝ

4820 Bad Ischl, Griesgasse 1 • 06132 235 29
www.goldenerochs.at • office@goldenerochs.at

Wer sich nach einer Auszeit im Salzkammergut sehnt, ist beim Goldenen Ochs wortwörtlich „goldrichtig". Hier übernachtet man einerseits zentral, andererseits genießt man dank der Naturnähe dennoch jede Menge Ruhe und Heimeligkeit. Das Hotel am Ufer des Traunflusses in Bad Ischl setzt auf Tradition, aber ohne konservativ zu sein. Von außen erfreut man sich am Charme vergangener Tage, das Innere ist zu großen Teilen modernisiert und geschmackvoll eingerichtet. Die Zimmer sind mit viel Liebe fürs Detail designt und auch kulinarisch kommt man im hoteleigenen Restaurant ganztags auf seine Kosten.

# Schlosshotel Dörflinger ⓝ

6700 Bludenz, Schloss-Gayenhof-Platz 5 • 05552 63 016
www.schlosshotel.cc • welcome@schlosshotel.cc

Ganz im Westen Österreichs thront das Schlosshotel Dörflinger über der Alpenstadt Bludenz. Dank der Hanglage wird den Gästen sowohl von der Terrasse als auch von den Zimmern aus ein einmaliges Panorama eröffnet. Im hauseigenen Restaurant werden Gerichte mit alpinen, mediterranen und orientalischen Akzenten serviert. Ein Highlight sind die Fondue-Abende, die von montags bis samstags angeboten werden. Abgerundet wird das Programm von zahllosen Freizeitmöglichkeiten: Mit sechs Golfplätzen, mehreren Seilbahnen und Skigebieten in unmittelbarer Nähe ist ein abwechslungsreicher Urlaub garantiert.

# Germania ⓝ

6900 Bregenz, Am Steinenbach 9 • 05574 42766
www.hotel-germania.at • office@hotel-germania.at

Unweit der Uferpromenade des Bodensees, zwischen Berg, See und Stadt, befindet sich das Hotel Germania. Das Cityhotel in Bregenz ist ein idealer Ausgangspunkt für jegliche Unternehmungen – von Wanderungen auf den Pfänder über Schwimmen und Segeln bis hin zum Erkunden der idyllischen Vorarlberger Hauptstadt. Die 38 Zimmer des Hotels sind schlicht eingerichtet, bieten aber alles, was benötigt wird. In der Früh kann entweder im Restaurant oder im freundlichen Gastgarten gefrühstückt werden. Die „City Bar" oder auch der kleine „City Spa" bieten Erholung nach einem ereignisreichen Tag.

# Weisses Kreuz ⓝ

6900 Bregenz, Römerstraße 5 • 05574 49880
www.hotelweisseskreuz.at • hotelweisseskreuz@kinz.at

Im Hotel Weisses Kreuz übernachtet man inmitten der Landeshauptstadt Bregenz. Neben einer Vielzahl an Shoppingmöglichkeiten, Restaurants und Bars befindet sich auch der schöne Bodensee in unmittelbarer Gehweite. Insbesondere im Sommer – zu Festspielzeiten – bietet sich ein Besuch an, hier sollte man aufgrund der hohen Buchungslage aber rasch sein. Die Zimmer sind schlicht und komfortabel eingerichtet und bieten Familien mit Kindern, aber auch Paaren oder Alleinreisenden ausreichend Platz. Das herzliche Personal ist bei Belangen gerne behilflich, auch das Frühstück lässt keine Wünsche offen.

# BOUTIQUEHOTEL DOM Ⓝ
## im Palais Inzaghi

8010 Graz, Bürgergasse 14 • 0316 82 48 00
www.domhotel.co.at • domhotel@domhotel.co.at

Das kleine, aber feine Boutiquehotel Dom in der Grazer Altstadt verfügt über 29 individuell ausgestattete Zimmer. Sowohl die Einzelzimmer und Doppelzimmer als auch die besonders geräumigen Suiten mit eigener Dachterrasse und Whirlpool sind mit viel Detailliebe eingerichtet und vermitteln einen ganz eigenen Charakter. Das Boutiquehotel Dom, das sich hinter den Mauern des Palais Inzaghi verbirgt, verfügt zudem über ein einladendes Restaurant mit Fensterdach. Dort kann man sich – entweder als Urlauber oder Geschäftsreisender – beim morgendlichen Frühstück optimal für den Tag stärken.

# Das Weitzer Ⓝ

8020 Graz, Grieskai 12–14 • 0316 70 30
www.hotelweitzer.com • hotel@weitzer.com

Zwischen Kunsthaus, Schloßberg und Murinsel befindet sich das Hotel Das Weitzer. Eine Stadtvilla mit Geschichte, 204 Zimmern mit Wohlfühlcharakter und gleich neben dem Grazer Uhrturm – mit der besten Aussicht der Stadt. Den 360-Grad-Panoramablick genießt man schwitzend in der finnschen Dachsauna – eine Besonderheit, die man sich nicht entgehen lassen sollte. Etwas klassischer geht es im Traditionskaffeehaus im Erdgeschoss zu. Hier bestellt man in üblicher Manier traditionelle Kaffeehausspezialitäten. Zum kleinen Braunen und zum gezogenen Apfelstrudel gesellt sich eine Tageszeitung.

# Lendhotel

8020 Graz, Grüne Gasse 2 • 0316 71 70 00
www.lendhotel.at • office@lendhotel.at

Während in den meisten Hotels dem Flur recht wenig Beachtung geschenkt wird, zeichnen sich die Gänge des Lendhotels durch eine Kunstsammlung aus. Zu bestaunen ist auch die Aussicht von der Dachterrasse. Und auch das Frühstück kann sich sehen lassen. Frisches Obst, ein ofenfrisches Croissant, Käsespezialitäten – oder doch lieber ein Schwarzbrot mit Spiegelei und Schnittlauch. Die Zimmer variieren in Größe und Design. Im Mittelpunkt stehen jedoch die Kunstobjekte. Das ansonsten eher schlicht gehaltene, aber dennoch sehr gemütliche Mobiliar bietet die perfekte Bühne, um diese gekonnt in Szene zu setzen.

# Wiesler

8020 Graz, Grieskai 4–8 • 0316 70 6 60
www.hotelwiesler.com • info@hotelwiesler.com

Im Grandhotel Wiesler nächtigen die Gäste keineswegs in eintönigen 0815-Zimmern. Stattdessen lauscht man dem Knistern des Kamins im Chesterfield-Sessel, bevor man sich anschließend ein heißes Bad genehmigt. Die Kunst der Entspannung liegt im Moment – und Kunst findet man im Wiesler reichlich vor. Während Clemens Hollerer die hohen Decken des Foyers dramatisch in Szene setzt, wurde Zimmer 500 dem wohl bekanntesten Street-Art-Künstler, Bansky, gewidmet. Die vertrauten Schablonengrafittis zieren nicht nur die Wände: Auf den zweiten Blick findet man die Sprühkunst auch an außergewöhnlicheren Orten vor.

# Kontor
## Boutiquehotel

6060 Hall in Tirol, Unterer Stadtplatz 7a • 05223 238 01
www.hotel-kontor.at • info@hotel-kontor.at

Das einstige Handelshaus der Haller Altstadt wurde 2018 von Ursula und Marek in Eigenregie restauriert. Mit Stuck besetzte Decken, große Fenster und ein wunderschöner Echtholzboden sind geblieben. Auf Schnickschnack, knallige Farben und überflüssiges Mobiliar wurde bewusst verzichtet. Die Zimmer überzeugen mit schlichter Eleganz und bieten ausreichend Platz für die komfortablen Boxspringbetten. Im gläsernen Aufzug geht es zum Frühstück in den Barocksaal. Eine große Auswahl an losen Tees, selbst gebackenem Kuchen von Ursula und zahlreichen anderen Köstlichkeiten lässt die Mundwinkel heben.

# Das Innsbruck
## MICE-Location Boutique Convention

6020 Innsbruck, Innrain 3 • 0512 598 68 93
www.hotelinnsbruck.com • office@hotelinnsbruck.com

Innsbruck ist stilvoll, alpin, fast schon majestätisch. Diese Attribute findet man auch im gleichnamigen Hotel der Familie Ischia vor. Die Zimmer und Suiten bieten neben reichlich Platz und hochwertigem Design auch das nötige Maß an Gemütlichkeit. Für ein Stadthotel mehr als ungewöhnlich ist der weitläufige Spabereich. Mit finnischer Sauna, Erlebnisdusche, einem Ruheraum und Schwimmbad übertrifft er jegliche Erwartungen.

# Goldener Adler Ⓝ

6020 Innsbruck, Herzog-Friedrich-Straße 6 • 0512 571 11 10

www.goldeneradler.com • office@goldeneradler.com

Angefangen von der Lage in der Innsbrucker Innenstadt bis hin zur großen Gastlichkeit, ist der familiengeführte Goldene Adler eine großartige Unterkunft, um die Hauptstadt Tirols zu erkunden. Ein Highlight ist das Restaurant, das offenbar auch viele Stammgäste hat – eine Reservierung für ein abendliches Dinner ist deshalb empfehlenswert. Mit dem reichhaltigen Frühstück kann man bestens gestärkt den Tag antreten. Die Zimmer werden in unterschiedlichen Kategorien angeboten, sind vollends modernisiert und verfügen über ganz viel Gemütlichkeit. Ein Hotel, das man gerne wieder besucht.

# Kapeller

6020 Innsbruck, Philippine-Welser-Straße 96 • 0512 344 445

www.stadthotel-innsbruck.at • office@kapeller.at

Nur wenige Gehminuten vom Schloss Ambras entfernt, nahe der Innsbrucker Innenstadt, befindet sich das Kapeller. Die Unterkunft ist ein optimaler Kompromiss, wenn man nicht direkt in der Stadt, aber auch nicht weg vom Schuss übernachten möchte. Das Personal heißt die Gäste von Anbeginn mit großer Gastfreundschaft willkommen, gibt Insidertipps und erfüllt auch sonstige sämtliche Wünsche. Die Zimmer sind schlicht, aber höchst komfortabel eingerichtet. Beim großzügigen Frühstücksbuffet kann man sich bestens für einen ereignisreichen Tag, entweder in den Tiroler Bergen oder in der Altstadt, wappnen.

# STAGE 12 – Hotel by Penz

6020 Innsbruck, Maria-Theresien-Straße 12 • 0512 312 312
www.stage12.at • office@stage12.at

Das Goldene Dachl ist wohl das bekanntesten Wahrzeichen Innsbrucks und befindet sich ebenso wie das STAGE 12 inmitten der Altstadt zwischen Rathaus, Hofburg und Innbrücke. Neben seiner unschlagbaren Lage überzeugt das Boutiquehotel auch mit inneren Werten. Schlicht-elegantes Interieur, gemütliche Boxspringbetten und Echtholzparkett zählen zur Standardausstattung in jedem Zimmer. Jene in den oberen Stockwerken versprechen zusätzlich ein einzigartiges Bergpanorama. Darauf sollte man erst einmal anstoßen am besten in der Hotelbar.

# Boutique Hotel im Auracher Löchl

6330 Kufstein, Römerhofgasse 4 • 05372 62138
www.auracher-loechl.at • hallo@auracher-loechl.at

Eine Weltreise im Auracher Löchl! Im Tiroler Boutiquehotel liegen zwischen Indien, der Schweiz, Kanada und Kenia keine unzähligen Flugstunden, sondern nur wenige Schritte. Denn hier widmet man jeder Destination ein eigenes Zimmer im authentischen Stil. Das wahre Highlight des Hauses ist jedoch die Bar inmitten eines mehr als 600 Jahre alten Stollens. Als wäre das nicht schon einzigartig genug, schenkt man hier mehr als 1000 verschiedene Ginsorten aus und hält somit den Weltrekord für das größte Sammelsurium aufrecht – der Traum eines jeden Ginliebhabers!

# ARCOTEL Nike Ⓝ

4020 Linz an der Donau, Untere Donaulände 9 • 0732 76 2 60
nike.arcotel.com/de • nike@arcotel.com

Das Arcotel Nike befindet sich nahe der Kulturmeile und unweit der Linzer Altstadt. Mit Blick auf die Donau profitieren hier Gäste nicht nur von der Lage, sondern auch vom Angebot im Hotel. Am Morgen erwartet einen ein Frühstück, das über alles verfügt, was das Herz begehrt. Die zuvorkommenden Angestellten des Hotels gehen auf Nachfrage auch gerne auf zusätzliche Wünsche ein. Überhaupt ist das Personal sowohl im Restaurant Uferei als auch im restlichen Hotel überaus gastfreundlich und hilfsbereit. Die 174 Zimmer und die drei exklusiven Suiten sind komfortabel eingerichtet.

# Brandstätter Ⓝ

5020 Salzburg, Münchner Bundesstraße 69 • 0662 43 45 35
www.hotel-brandstaetter.com • info@hotel-brandstaetter.com

Das Hotel Brandstätter in Salzburg begeistert mit seinem gemütlichen Ambiente sowie der besonderen Gastfreundschaft. Sämtliche Zimmer sind stilvoll und mit individuellem Flair eingerichtet. Durch die günstige Lage nahe der Salzburger Altstadt und auch zur Natur erhalten Gäste eine enorme Bandbreite an Freizeitmöglichkeiten: vom Einkaufsbummel bis hin zur Biketour. Ein Hallenbad mit Gartenzugang und Saunabereich lässt einen nach ereignisreichen Tagen entspannen. Gute Geschmäcker gibt es im Restaurant des Hauses, wo österreichische Küche auf hohem Niveau serviert wird.

# Elefant

5020 Salzburg, Sigmund-Haffner-Gasse 4 • 0662 84 33 97
www.hotelelefant.at • reception@elefant.at

Mitten in der Fußgängerzone der Salzburger Altstadt schläft man im Hotel Elefant nur knapp 55 Meter von Mozarts Geburtshaus entfernt. Überhaupt ist die Gasse, in der sich das Haus befindet – die Sigmund-Haffner-Gasse – eine der traditionsreichsten der Stadt. Seit fünf Generationen werden hier Gäste, von Familien bis Geschäftsreisenden, von Familie Mayr empfangen und verköstigt. Die Zimmer des kleinen Hotels sind schön und hochwertig eingerichtet sowie in verschiedenen Kategorien, vom Einzelzimmer bis zur Suite, verfügbar. Sogar Hunde sind für einen überschaubaren Preis herzlich willkommen.

©Tourismus Salzburg, Foto: Breitegger Günter

Blick auf den Salzburger Dom vom Stieglkeller aus

# Goldener Hirsch ⓝ

5020 Salzburg, Getreidegasse 37 • 0662 843349
www.marriott.de

Traditionsreich, gastfreundlich und charmant ist der Goldene Hirsch in Salzburg. Die erstklassige Lage ist nur ein Grund, weshalb man hierhin reisen sollte, die Highlights finden sich im Haus wieder. Die 70 Zimmer und Suiten versprühen durch und durch Salzburger Stil und erinnern an die 600-jährige Geschichte – mit Originalstücken, handgefertigten Möbeln und lokalen Fleckenteppichen. Anspruchsvolle Reisende tauchen im Goldenen Hirsch in ein historisches Lebensgefühl ein, gepaart mit modernsten Annehmlichkeiten. Zwei Restaurants mit gehobener Küche und eine Bar runden das Angebot des Hauses ab.

# Goldgasse

5020 Salzburg, Goldgasse 10 • 0662 845622
www.hotelgoldgasse.at • info@hotelgoldgasse.at

Stil, Design und Luxus werden in den 16 Zimmern des Boutiquehotels Goldgasse miteinander vereint. Die begehrte Lage inmitten der Salzburger Stadtdomizile verspricht nicht nur außergewöhnliches Flair, sondern auch kurze Fußwege zum Salzburger Dom und zum historischen Geburtshaus Mozarts. Die Gäste der Goldgasse müssen sich morgens nicht an einem Frühstücksbuffet anstellen. Stattdessen werden frisch gebackene Croissants und Brot, Aufstriche und Marmeladen, Rohschinken und Räucherforelle sowie Eierspeisen und Kaffee direkt an den Tisch gebracht.

# Hotel & Villa AUERSPERG

5020 Salzburg, Auerspergstraße 61 • 0662 88 94 40
www.auersperg.at • info@auersperg.at

So nah und doch so fern. Auf dem Liegestuhl im romantisch angelegten Garten der Villa Auersperg vergisst man, dass man sich inmitten der Mozartstadt befindet. Vom regen Treiben und von hektischen Touristen hört und sieht man in dem historischen Gebäude nichts. Lediglich den Bienen, welche das umfangreiche Frühstückangebot um den hauseigenen Honig bereichern, lauscht man hier. Diverse Süßspeisen und verschiedene Aufstriche werden täglich frisch zubereitet. Auch den kleinen Spabereich mit Dachterrasse, Sauna und Dampfbad sollte man sich nicht entgehen lassen.

# Hyperion Salzburg

5020 Salzburg, Rainerstraße 4 • 0662 234 21 40
www.h-hotels.com • info@h-hotels.com

Das denkmalgeschützte Palais Faber erstrahlt im schlichten Sonnengelb in der Salzburger Neustadt und könnte ebenso entlang der Wiener Ringstraße neben Sacher, Imperial und Co stehen. Mit fünf Sternen ausgezeichnet, heben sich die Ansprüche und Erwartungen der Gäste an das Haus. Enttäuscht werden sie nicht. Die modernisierten Zimmer sind mit komfortablen Kingsize-Betten, wunderschönen Tapeten und bodentiefen Fenstern, die das Sonnenlicht einfangen, ausgestattet. Edel, aber keinesfalls erdrückend oder überladen. Auch kulinarisch hat das vielseitige Frühstücksbuffet einige Gaumenfreuden zu bieten.

# Krone 1512

5020 Salzburg, Linzer Gasse 48 • 0662 87 23 00
www.krone1512.at • hotel@krone1512.at

Die einzigartige Lage inmitten der Salzburger Fußgängerzone ist fast nicht zu überbieten. Kaum einen Fuß über die
Türschwelle gesetzt, befindet man sich im regen Treiben
der Mozartstadt und erreicht bekannte Wahrzeichen in
nur wenigen Minuten. Weitere Pluspunkte gibt es für die
geräumigen und vor allem hellen Zimmer sowie das Frühstücksbuffet. Der 80er-Jahre-Charme lässt die Gäste in
Erinnerungen schwelgen und versprüht etwas Heimeliges.
Gastfreundlichkeit und Zuvorkommenheit werden hier an
den Tag gelegt.

# Radisson Blu Altstadt Hotel

5020 Salzburg, Rudolfskai 28/Judengasse 15 • 0662 848 57 10
www.radissonhotels.com • info.altstadt@radissonblu.com

Ein gemütliches kleines Hotel mit Charme und Charakter
inmitten der Salzburger Altstadt. Das Personal zeigt bereits
beim Check-in große Gastfreundschaft und Hilfsbereit-
schaft, die einen als Gast während des Aufenthalts stets
begleiten. Das aus dem Jahr 1477 stammende Hotel erinnert
anhand der kunstvollen Stuckarbeiten und antiken Objekte
an vergangene Zeiten. Das, gepaart mit modernem Komfort,
schafft einen spannenden Mix. Im Hotelrestaurant Sympho-
nie werden österreichische Speisen serviert, die mit Blick
auf die Salzach genossen werden können. Auch Bar-Drinks
stehen auf der Karte.

# Wolf-Dietrich ⓝ

5020 Salzburg, Wolf-Dietrich-Straße 7 • 0662 871275
www.salzburg-hotel.at • office@wolf-dietrich.at

Das Wolf-Dietrich ist ein Hotel, das für Salzburg-Reisen wie gemacht ist. Wer die Mozartstadt entdecken möchte, braucht eine Unterkunft in der Altstadt und eine, die einem nach belebten Tagen Ruhe bietet. Im familiengeführten Hotel wird all das geboten. Die Altstadt und alle Sehenswürdigkeiten liegen nur ein paar Schritte vom Haus entfernt und sind somit in Gehweite zu erkunden. Bei den Zimmern kann zwischen mehreren Kategorien gewählt werden, von modern bis klassisch. Beim Wellnessen lässt sich hervorragend entspannen, bevor es am nächsten Tag, nach einem Frühstück, wieder in die Stadt geht.

# Palais 26

9500 Villach, Hauptplatz 26 • 04242 26101
www.palais26.at • office@palais26.at

Aus dem Hotel Post wurde das Palais 26. Der Namenswechsel sorgte in Villach für Aufruhr. Der hat sich inzwischen jedoch gelegt, denn die Vorzüge der alten „Post" sowie der bemalte Kachelofen, das Herzstück des Hauses, sind geblieben. Wer einmal im Palais 26 in Villach genächtigt hat, kommt immer wieder zurück. Warum? Die außergewöhnliche Lage inmitten der Fußgängerzone, das zuvorkommende Personal und ein Frühstücksbuffet in einem Ausmaß, welches man nur selten vorfindet, sprechen bereits für sich. On top gibt es einen Wellnessbereich, der sich über drei Etagen erstreckt.

# 25hours Hotel

beim MuseumsQuartier

1070 Wien, Lerchenfelder Straße 1–3 • 01 52 15 10
www.25hours-hotels.com/hotels/wien • wien@25hours-hotels.com

Der „Dachboden", die Bar im obersten Stockwerk des 25hours Hotel in Wien, gilt als beliebter Treffpunkt mit traumhaftem Ausblick und besten Drinks und zieht nicht nur die Hotelgäste, sondern auch die Locals an. Einen weiteren Pluspunkt erhält das Hotel für seine zentrale Lage. Unzählige Shoppingmöglichkeiten, Restaurants sowie Sehenswürdigkeiten verwandeln die Umgebung in einen der attraktivsten Stadtteile Wiens. Die sogenannten „Freiräume" bieten sowohl den Platz als auch die erforderliche Infrastruktur für neue Ideen. Meetings und Workshops können hier bei reichlich Tageslicht abgehalten werden.

# Altstadt Vienna

1070 Wien, Kirchengasse 41 • 01 522 66 66
www.altstadt.at • hotel@altstadt.at

Der urbane siebte Bezirk ist der perfekte Ausgangspunkt, um Wien und sein Lebensgefühl zu entdecken. Ein künstlerisches Juwel unter den Hotels ist in dieser Gegend das Altstadt Vienna in einem renovierten Patrizierhaus aus dem Jahre 1902. Die 62 Zimmer und Suiten sind individuell mit Designermöbeln und zeitgenössischer Malerei gestaltet und gleichen alle einem persönlichen Wohnzimmer. So kann jeder die Wiener Gemütlichkeit erleben. Das reichhaltige Frühstücksbuffet mit erstklassigen Produkten gilt als eines der besten der ganzen Stadt. Abends lädt die Bar im Roten Salon zum Verweilen ein.

# Artist Boutique Hotel ⓝ

1080 Wien, Buchfeldgasse 8 • 01 313 68
www.artist-hotel.at • info@artist-hotel.at

Das Artist Boutique Hotel hinter dem Wiener Rathaus zeigt sich frisch renoviert mit ansehnlichen Vintage-Pieces und vermittelt viel Gemütlichkeit. Jedes der 58 Zimmer ist einer bedeutenden Persönlichkeit gewidmet – von Romy Schneider über Niki Lauda und Gustav Klimt bis Bertha von Suttner –, die ebenfalls in einer Galerie an den Wänden des Eingangsbereichs zu sehen ist. Das Hotel soll die Kunst und Kultur der Stadt widerspiegeln. Die ungemein zentrale Lage im achten Wiener Bezirk macht das Haus zur idealen Unterkunft für einen Städtetrip in der Hauptstadt.

# Beethoven ⓝ

1060 Wien, Papagenogasse 6 • 01 587 448 20
www.hotelbeethoven.at • info@hotelbeethoven.at

Sechs Stockwerke wurden dem bekannten Komponisten gewidmet und erzählen allerhand Geschichten der damaligen Zeit. Mit viel Liebe zum Detail versuchte man nicht nur, die Zimmer, sondern auch das Stiegenhaus, die Gänge und die Papageno-Lounge in das Farbkonzept miteinzubeziehen. Als Herzstück des Hauses gilt jedoch die LVDWIG Bar, welche in den Sommermonaten um einen kleinen, aber sehr feinen Schanigarten erweitert wird. Die Einrichtung – vorwiegend aus Holz und Goldtönen bestehend – versprüht eine angenehme Wohlfühlatmosphäre.

# Boutiquehotel Stadthalle

1150 Wien, Hackengasse 20 • 01 982 42 72
www.hotelstadthalle.at • office@hotelstadthalle.at

Kleines Hotel, große Ziele! Bereits von Weitem fällt einem die begrünte Fassade ins Auge. Auch im Inneren setzt sich die Pflanzenvielfalt fort und endet schlussendlich mit herrlich duftendem Lavendel auf dem Dach, wo sich auch die Bienen des Hauses besonders wohlfühlen und der Honig für das Frühstück gewonnen wird. Apropos Frühstück: Dieses sollte man sich hier nicht entgehen lassen und bei schönem Wetter im gemütlichen Innenhof genießen. Vom Obst und Gemüse, welches saisonal stets wechselt, über frisches Brot bis hin zum weich gekochten Ei werden ausschließlich Produkte in Bioqualität angeboten.

# Daniel Wien

1030 Wien, Landstraßer Gürtel 5 • 01 901 3 10
www.hoteldaniel.com • hellovienna@hoteldaniel.com

Als das Daniel vor ein paar Jahren seine Türen öffnete, sprach man vorrangig über das markante Segelboot auf dem Dach. Das Kunstwerk von Erwin Wurm sorgt weiterhin für Gesprächsstoff, inzwischen jedoch ist das Wiener Hotel zu einem nachhaltigen und zukunftsträchtigen Vorbild herangewachsen. Zentral gelegen, möchte man meinen, dass Nachhaltigkeit hier nur schwer umsetzbar ist. Im Garten sowie auf dem begrünten Dach wachsen jedoch allerlei Zutaten für die Küche. Der Honig kommt von den eigenen Bienenstöcken und das Brot wird natürlich selbst gebacken. Die Stadt erkundet man auf dem ausgeborgten Fahrrad.

# Die Josefine

1060 Wien, Esterházygasse 33 • 01 58 8 70
www.hoteljosefine.at • bonjour@hoteljosefine.at

Im Hotel Die Josefine begibt man sich auf eine Zeitreise in die Roaring Twenties. Samtmöbel, surrealistische Malerei und ein Hauch von Gold lassen das Zeitalter von Perlenketten, Federboas und dem Charleston wieder aufleben. The Great Gatsby würde heutzutage in der Bel Étage der Josefine residieren und seine berauschenden Partys in der stilechten Bar bis in die frühen Morgenstunden feiern, bevor er sich in seine Suite zurückzieht. Gediegenere Gäste zieht es mit einem Old Fashion in die Phonothek. Im gemütlichen Sessel lauscht man Ella Fitzgerald oder schmökert durch die mehr als 3000 Schallplatten.

# DO & CO Hotel Vienna

1010 Wien, Stephansplatz 12 • 01 24 1 88
www.docohotel.com • hotel@doco.com

Im Do & Co Hotel Vienna am Wiener Stephansplatz wohnt man derart zentral, dass es kaum zu überbieten ist. Städtereisende werden hier gleichermaßen glücklich wie Geschäftsreisende, denn ebenso wie die Wiener Staatsoper oder die Hofburg sind auch zahlreiche Geschäfte rund um den Graben und die Kärntner Straße binnen Minuten zu erreichen. Die Ausstattung der Zimmer ist elegant und modern, von einigen Räumlichkeiten aus blickt man direkt auf den gegenüberliegenden Dom. Auf kulinarischer Ebene können Gäste zwischen zwei Restaurants wählen: einem mit Wiener und einem mit asiatischer Küche.

# Grand Ferdinand

1010 Wien, Schubertring 10–12 • 01 91 8 80
www.grandferdinand.com • welcome@grandferdinand.com

Das Grand Ferdinand heißt alle willkommen. Die Freundes-
gruppe auf Interrail-Trip nächtigt im Schlafsaal, welche
einem Zugabteil erster Klasse im Orient Express ähnelt.
Geschäftsreisende fühlen sich im Superior-Zimmer mit großem Schreibtisch wohl und das frisch vermählte Pärchen
stößt in der frei stehenden Badewanne mit Weitblick über
die Stadt auf ihre Hochzeitsreise an. Gutes Essen bringt
die Menschen zusammen und so treffen alle im Restaurant Meissl & Schaden auf ein Stück Wiener Tradition – das
berühmte Schnitzel mit luftiger Panade und Erdäpfelsalat –
aufeinander.

# grätzl hotel Meidlinger Markt

1120 Wien, Reschgasse 4 • 01 208 39 04
www.graetzlhotel.at • hello@urbanauts.at

Das Grätzlhotel am Meidlinger Markt beweist bereits seit
einigen Jahren, dass sich auch unkonventionelle Beherber-
gungen, abseits der Norm, größter Beliebtheit erfreuen.
Hier wird das Schaufenster zur Leseecke, von der aus man
das Treiben der Stadt beobachtet. Einen gewissen Hang
zur Offenheit muss man als Gast jedoch an den Tag legen,
selbst wenn der Schlafbereich durch einen blickdichten Vorhang abgetrennt ist. Das außergewöhnliche Hotel ist sicherlich nicht für jedermann geeignet. Wer Wien jedoch voll und
ganz erleben möchte, ist hier an der richtigen Adresse.

# greet Wien City Nord ⓝ

1210 Wien, Brünner Straße 67 a • 01 60 31 64 0
all.accor.com • HB8I6@accor.com

Das greet Wien City Nord ist ein neues Designhotel, das sich der Nachhaltigkeit verschrieben hat. Dieses Mantra ist im gesamten Haus spürbar, denn neben dem Mix aus Secondhand-Möbeln wird grundsätzlich auf nachhaltige Materialien zurückgegriffen – ganz getreu der Kreislaufphilosophie. Zusätzlich gibt es im greet eine „Second-Chance-Boutique", wo gebrauchte Gegenstände angeboten und sämtliche Erlöse an wohltätige Zwecke gespendet werden. Im 21. Wiener Gemeindebezirk gelegen, ist das Stadtzentrum binnen 30 Minuten zu erreichen.

# Henriette ⓝ
## Stadthotel Vienna

1020 Wien, Praterstraße 44–46 • 01 214 84 04
www.hotelhenriette.at • hello@hotelhenriette.at

Ankommen und aufatmen! Die Henriette ist bewusst, jung und grün. Das Stadthotel setzt auf Naturmaterialien und hält Abstand von Plastik und Chemikalien – das freut Allergiker gleichermaßen wie Mutter Natur. Das unausweichlich große und vor allem einzigartige Frühstücksangebot lässt sogar Langschläfer gut gelaunt früher aufstehen. Der Duft nach frisch gebackenem Kuchen und Brot liegt in der Luft. Das Biospiegelei brutzelt in der Pfanne und aus dem Entsafter kommen frisch gepresste Säfte in allen Farben des Regenbogens. Wer kann dazu schon Nein sagen?

# Hilton Vienna Park Ⓝ

1030 Wien, Am Stadtpark 1 • 01 71 70 00
www.hiltonhotels.de/oesterreich/hilton-vienna-park • info.viennapark@hilton.com

Das Hilton Vienna Park bietet ideale Bedingungen für einen Urlaub in Österreichs Hauptstadt. Dank der zentralen Lage am Wiener Stadtpark ist man als Gast innerhalb kürzester Zeit bei sämtlichen wichtigen Sehenswürdigkeiten. In den stilvoll gestalteten Zimmern und Suiten kann man das Erlebte in aller Gemütlichkeit Revue passieren lassen. Das hoteleigene Restaurant LENZ, das mit einer Haube ausgezeichnet ist, serviert eine abwechslungsreiche zeitgemäße Küche. Und wie wär's im Anschluss mit einem köstlichen Cocktail in der Bar?

# Hotel am Brillantengrund

1070 Wien, Bandgasse 4 • 01 523 36 62
www.brillantengrund.com • hotel@brillantengrund.com

Eine tolle Empfehlung für all jene, die in einem entzückenden Hotel in Wien mit Anbindung an das U-Bahn-Netz und an zahlreiche angesagte Lokale verweilen wollen, ist das Hotel am Brillantengrund. Urlaubsfeeling pur erlebt man im wohl charmantesten Innenhof der ganzen Stadt, während außerhalb das urbane Leben herrscht. Die Zimmer bestechen durch ihren individuellen Stil mit Fundstücken aus den 50er-Jahren und bieten genügend Raum zur Erholung. Einmalig ist das hoteleigene Restaurant, in dem köstliche philippinische Speisen aufgetischt werden. Sonntags gibt es auch ein philippinisches Frühstück.

# Hotel am Konzerthaus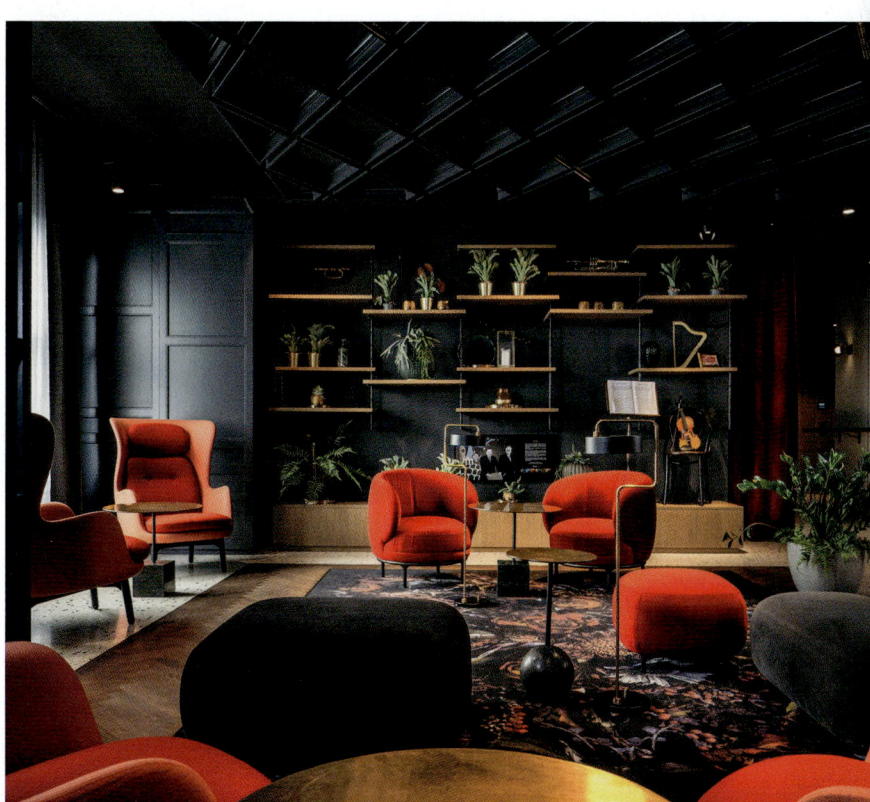

1030 Wien, Am Heumarkt 35–37 • 01 716 160
all.accor.com • h1276@accor.com

Das Hotel am Konzerthaus liegt im Geschäftsbezirk Wiens, direkt neben dem Heldendenkmal der Roten Armee und unweit des Schwarzenbergplatzes. Nicht nur die Lage, auch die elegante Ausstattung macht die Unterkunft mit ihren geräumigen, chic eingerichteten Zimmern perfekt für einen anspruchsvollen Wien-Aufenthalt. Der Name des Hotels ist insbesondere beim Blick auf die Zimmer Programm: Stilelemente mit markanten Eyecatchern aus dem Theater schmücken das Interieur. Ein weiteres Highlight ist definitiv das Frühstücksbuffet, bei dem man sich ausgiebig für einen Tag in der Stadt stärken kann.

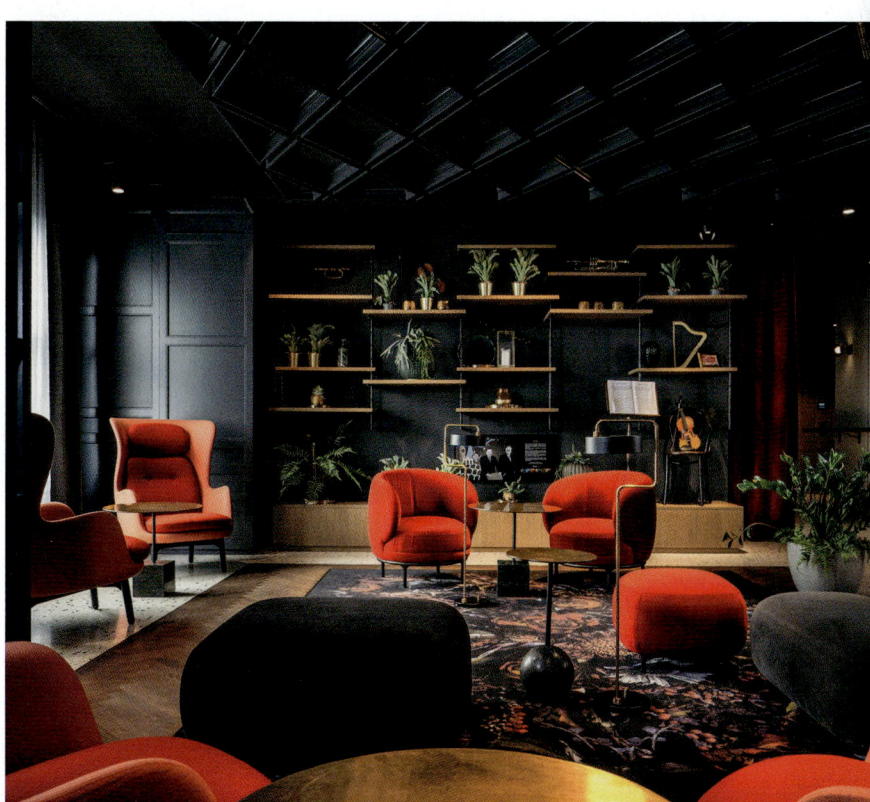

# Kaiserhof Wien

1040 Wien, Frankenberggasse 10 • 01 505 17 01
wien.hotel-kaiserhof.at • wien@hotel-kaiserhof.at

In einem historischen Gebäude im Herzen von Wien, findet man im Kaiserhof ein charmantes Hotel, das nicht nur Städtereisende begeistert. Auch Seminarteilnehmer fühlen sich hier rundum wohl. Die drei mit Stuckdecken verzierten hellen Räume sorgen für eine angenehme Atmosphäre und sind mit modernster Technik wie etwa einem interaktiven Präsentationsbildschirm ausgestattet. Nach einem ereignisreichen Tag zieht man sich in das elegante Zimmer zurück, sucht den sportlichen Ausgleich im Fitnessraum und lässt es sich im Restaurant bei österreichischen und internationalen Spezialitäten gut gehen.

# Kaiserin Elisabeth Ⓝ

1010 Wien, Weihburggasse 3 • 01 515 2 60
www.kaiserinelisabeth.at • info@kaiserinelisabeth.at

Wahrlich wie ein Kaiser nächtigt man in diesem Wiener Hotel. Seien es die edlen Zimmer, der umfassende Service oder auch die lange Tradition, auf die das Haus blickt: Das Hotel Kaiserin Elisabeth ist auf vielen Ebenen ein einzigartiges Hotel. Dazu kommt die hervorragende Lage inmitten des ersten Bezirks, die es Gästen ermöglicht, sämtliche Sehenswürdigkeiten zu Fuß zu erkunden. Die Zimmer sind prachtvoll – mit Altwiener Charme – ausgestattet, so hätten sie auch schon zu Kaisers Zeiten ausgesehen haben können. Ebenso die Frühstücksräumlichkeiten, wo morgens ein köstliches Buffet angeboten wird.

# Kärntnerhof

1010 Wien, Grashofgasse 4 • 01 512 19 23
www.karntnerhof.com • info@karntnerhof.com

Mit 44 Zimmern und Suiten und nur drei Gehminuten vom Stephansdom entfernt, ist der Kärntnerhof ein echter Geheimtipp. Die Einrichtung ist zeitlos-schlicht und mit einem Hauch von französischem Flair und Wiener Jugendstil. Die hellgrauen Wände werden durch zahlreiche Bilder und vergoldete Spiegel sowie brillante Luster aufgehübscht. Auch die Echtholzmöbel verleihen den Räumen die nötige Tiefe und Wärme. Das Highlight des Hauses befindet sich im obersten Stockwerk: Von der Dachterrasse überblickt man die Dächer der Altstadt sowie die barocken Türme der Universitätskirche.

# Le Méridien Wien

1010 Wien, Robert-Stolz-Platz 1 • 01 58 89 00
www.lemeridienvienna.com • info@lemeridien.com

An der Wiener Ringstraße gelegen, gegenüber der Staatsoper, kann man sich kaum einen besseren Ausgangspunkt für einen Besuch in der Hauptstadt vorstellen. Vom Souvenir bis zum Abendkleid wird man auf der Kärntner Straße fündig. Den Durst nach kulturellem Angebot stillt man in der Albertina und jenem nach etwas Süßem im Café Sacher bei einem Stück Torte. Neben seiner hervorragenden Lage überzeugt das Stadtpalais mit komfortablen Suiten. Frei stehende Badewannen im viktorianischen Stil, ein fabelhafter Ausblick und hochwertiges Design zeichnen das Fünf-Sterne-Hotel aus.

# Lindner Hotel Am Belvedere Ⓝ

1030 Wien, Rennweg 12 • 01 79 47 70
www.lindner.de • info@lindner.de

Das Lindner Hotel am Belvedere ist perfekt geeignet, um Wien zu erkunden: begonnen beim Frühstücksangebot, das sowohl reichhaltig als auch abwechslungsreich ist und optimal für den Tag wappnet, bis hin zu den Zimmern. Diese sind gut geschnitten, komfortabel und mit Liebe fürs Detail eingerichtet. Die Lage direkt am Schloss Belvedere lädt zu romantischen Spaziergängen durch den Schlosspark oder auch zur nahe gelegenen Karlskirche ein. Alle weiteren Sehenswürdigkeiten sind problemlos mit der Straßenbahn zu erreichen. Abends kann man den Tag an der Hotelbar – mit feinen Drinks – ausklingen lassen.

# magdas Hotel

1030 Wien, Ungargasse 38 • 01 720 02 88
www.magdas-hotel.at • info@magdas-hotel.at

Der dritte Wiener Gemeindebezirk vereint Wiens Geschichte mit urbanem Lifestyle. Zentrumsnähe, Grünflächen sowie zahlreiche Restaurants und Museen zeichnen die unmittelbare Umgebung des erst kürzlich eröffneten magdas Hotels aus. Nachhaltigkeit wird hier großgeschrieben. So entschied man sich gegen einen Parkplatz und verwandelte die Fläche im Handumdrehen in einen blühenden Garten. Sehen lassen können sich ebenso die individuell eingerichteten Zimmer sowie der großflächige Seminarbereich. Das Restaurant trifft mit seiner saisonal wechselnden Karte jeden Geschmack.

# Max Brown 7th District

1070 Wien, Schottenfeldgasse 74 • 01 376 10 70
www.maxbrownhotels.com • reservations.7d@maxbrownhotels.com

Der siebte Wiener Gemeindebezirk ist jung, bunt und neugierig – und so sind auch die Gäste des Max Brown. Die Zimmer erinnern an die erste eigene Wohnung: Neue Möbel und Sammlerstücke vom Flohmarkt treffen aufeinander. Manche Wände bekamen einen kräftigen Farbanstrich, andere ließ man in schlichtem Weiß. Eine große Zimmerpflanze im Terrakottatopf rundet das bunte Zusammenspiel ab. Der Duft von geröstetem Kaffee steigt einem morgens in die Nase. Folgt man diesem, findet man salzige und süße Frühstücksspezialitäten vor.

# pentahotel Wien

1050 Wien, Margaretenstraße 92 • 01 546 861 00
www.pentahotels.com • info.vienna@pentahotels.com

Schnell, einfach und am Puls der Zeit: Die Hotel-App ermöglicht einen flexiblen Check-in, informiert über das Hotel und berät gerne bei Fragen zum Wien-Aufenthalt. Kommunikative Gäste verzichten auf das Gadget und melden sich einfach bei der Bar. Auch Hunde sind herzlich willkommen. Die gemütliche Lounge-Atmosphäre des Eingangsbereichs setzt sich in den Zimmern fort. Kostenloses WLAN sowie Klimaanlage zählen zur Grundausstattung. Für das Extra an Komfort sorgen die überdimensionalen Betten und eine Regendusche im hochwertig eingerichteten Badezimmer.

# Ruby Lissi

1010 Wien, Laurenzerberg 2 • 01 205 551 80
www.ruby-hotels.com • info@ruby-hotels.com

Die Hotelbar des Ruby Lissi könnte man ebenso in New Orleans vorfinden. Echtholzsessel, Marmortische, Kronleuchter und ein gut bestückter Tresen laden zum Verweilen ein – nur gut, dass diese tatsächlich 24/7 geöffnet hat. Während man genüsslich am Drink seiner Wahl nippt, lauscht man dem abwechselnden Abendprogramm wie Livekonzerten, Poetry-Slam und Autorenlesungen. Die Kopfschmerzen des Vorabends vergehen bei frisch gepressten Säften, einer Tasse Kaffee und einem Vollkornbrot mit hausgemachtem Liptauer. Gestärkt bricht man zu Fuß auf und erkundet die unmittelbare Umgebung.

# Schani ⓝ

1100 Wien, Karl-Popper-Straße 22 • 01 955 07 15
www.schanihotels.com • reception@schanihotels.com

Wer auf der Suche nach einem unkomplizierten Hotelaufenthalt in Wien – ohne viel Schnickschnack – ist, ist bei den Schani-Hotels richtig. Jenes am Hauptbahnhof bietet sich dabei besonders für einen Städtetrip in der Hauptstadt an. Dass es das Hotel Schani gerne unkompliziert hat, zeigt sich bereits beim Einchecken, das ohne langen Lobby-Aufenthalt mit dem Smartphone vollbracht ist. Die Zimmertüre öffnet sich nach dem gleichen Prinzip. Ein weiteres Augenmerk legen die Schani-Häuser auf Nachhaltigkeit – im Vergleich zu herkömmlichen Hotels reduzieren sie ihren Energieverbrauch um rund 40 Prozent.

# Schani Salon

1070 Wien, Mariahilfer Straße 58 • 01 524 09 70
www.schanihotels.com/hotels/hotel-schani-salon • reception-salon@schanihotels.com

Ausgeschlafen aufwachen im gemütlichen Bett mit Blick auf die Kunstwerke Klimts, Wagners und Schiele kann man auch in diesem Jugendstilhaus auf der wohl pulsierendsten Shoppingmeile Wiens. Von dem Hauptstadtgetümmel bekommt man weder beim ausgewogenen Frühstück mit Croissant, weich gekochtem Ei und frischem Orangensaft noch im stilvollen Salon auch nur einen Mucks mit. Hier lauscht man lediglich den Klängen des beinahe antiken Plattenspielers und prostet sich mit dem Drink seiner Wahl zu. Fazit: Hier fühlt man sich pudelwohl.

# SO/VIENNA

1020 Wien, Praterstraße 1 • 01 90 61 60
www.so-vienna.com • sovienna@so-hotels.com

Das 18-stöckige Hochhaus ist ein wahrer Blickfang. Gekonnt fügt sich das Bauwerk in das urbane Stadtbild ein. Die moderne, in Schwarz- und Weißtönen gehaltene Einrichtung stellt die farbenfrohen Deckenkünste von Pipilotti Rist gekonnt in Szene. Staunend betrachten kann man den fabelhaften Ausblick über die Dächer Wiens – sowohl beim Frühstück im Morgenlicht als auch beim Vier-Gänge-Dinner von Haubenkoch Peter Duransky bei Sonnenuntergang und abendlichem Lichtermeer.

# Spiess & Spiess

1030 Wien, Hainburger Straße 19 • 01 714 85 05
www.spiess-vienna.at • hotel@spiess-vienna.at

Frühstücksliebhaber aufgepasst! Im Spiess & Spiess steht B&B wohl eher für Bed & Brunch, denn heiße Schokolade, frisch gepresster Orangensaft, saisonales Obst und Gemüse und vieles mehr stehen hier auf dem Programm. Nicht nur das umfangreiche Frühstücksangebot macht die Gäste glücklich: Im Saunabereich finden sie nach einem anstrengenden Tag in der Stadt die benötigte Ruhe und Entspannung, bevor sie abends zum Dinner ausschwirren. Lange auf die Suche begeben muss man sich nicht, denn im dritten Bezirk gibt es reichlich Auswahl für jeden Gusto.

# Steigenberger Hotel Herrenhof ⓝ

1010 Wien, Herrengasse 10 • 01 53 40 40
www.steigenberger.com • reception@herrenhof-wien.steigenberger.at

Zentral in der Innenstadt gelegen und für anspruchsvolle Gäste: Das Steigenberger Hotel Herrenhof vereint Wiener Gastfreundschaft mit eleganter Ausstattung – von der Lobby bis zu den Zimmern. In wenigen Minuten erreicht man zwei außerordentliche Wiener Shoppingmeilen: den Graben und den Kohlmarkt. Einige Spazierminuten weiter sind die Hofburg und die Staatsoper. Die Innenausstattung des Hotels vermittelt dank der hohen Decken klassisches Wiener Altbauflair, das mit modernem Interieur kombiniert wird. Im hauseigenen Restaurant „Béla Béla" kommen unter anderem österreichische Klassiker zu Tisch.

# Superbude Wien

1020 Wien, Perspektivstraße 8 • 01 904 34 39
www.superbude.com • prater@superbude.com

Superlage, superfreundlich, Superbude! Wien kann kaiser-
lich-kitschig, aber mindestens genauso gemütlich und cool
sein. Beweis dafür ist das eher unkonventionelle Hotel, das
mit seiner lockeren und lebendigen Art hervorragend in die
Gegend rund um den Wiener Prater passt. Zwischen Fahrge-
schäften, Grünflächen und Restaurants nächtigt man hier in
unterschiedlichen „Buden" wie dem „Vogelhaus" mit Weitblick über Riesenrad und Co sowie der Kinobude mit eigener
Leinwand. Hier ist man nie im falschen Film. Fazit: lässige
Unterkunft im Herzen von Wien für junge Leute sowie kleine
und größere Gruppen.

# Zeitgeist Vienna

1100 Wien, Sonnwendgasse 15 • 01 90 2 65
www.zeitgeist-vienna.com • welcome@zeitgeist-vienna.com

Keine 300 Meter vom Wiener Hauptbahnhof entfernt liegt das Hotel Zeitgeist Vienna. Urban, gemütlich und am Puls der Zeit, überzeugt es mit seiner zentralen Lage, bequemen Betten und digitalem Smart-Check-in. Während sich Geschäftsreisende über den Workingspace mit internationalen Steckdosen und Highspeed-WLAN freuen, borgt man sich als Tourist nach dem Frühstück ein Fahrrad aus und erkundet die Stadt. Sportlich betätigen kann man sich bei schlechtem Wetter im Fitnessraum. Im Sommer eignet sich hierfür die Workout-Area im Innenhof.

# Zoku Vienna

1020 Wien, Perspektivstraße 6 • 0720 98 71 01
www.livezoku.com • hellovienna@livezoku.com

Das Zoku ist gemütlich, modern und wohnlich. 0815-Zimmer gibt es hier nicht. Stattdessen wohnt man in kleinen Lofts, welche praktisch geschnitten und gemütlich designt sind. Schlafzimmer, Wohnküche und Arbeitszimmer werden in der intelligenten Raumnutzung vereint. Der schwedische Einrichtungsstil verbreitet vertraute Wohlfühlatmosphäre. Für noch mehr Feelgood-Faktor besucht man einfach eine Yoga-Einheit. Danach stärkt man sich bei einem gesunden Brunch mit Granola und Beeren sowie einem Sauerteigbrot mit Avocado auf der Dachterrasse und genießt den atemberaubenden Weitblick über den Wiener Prater.

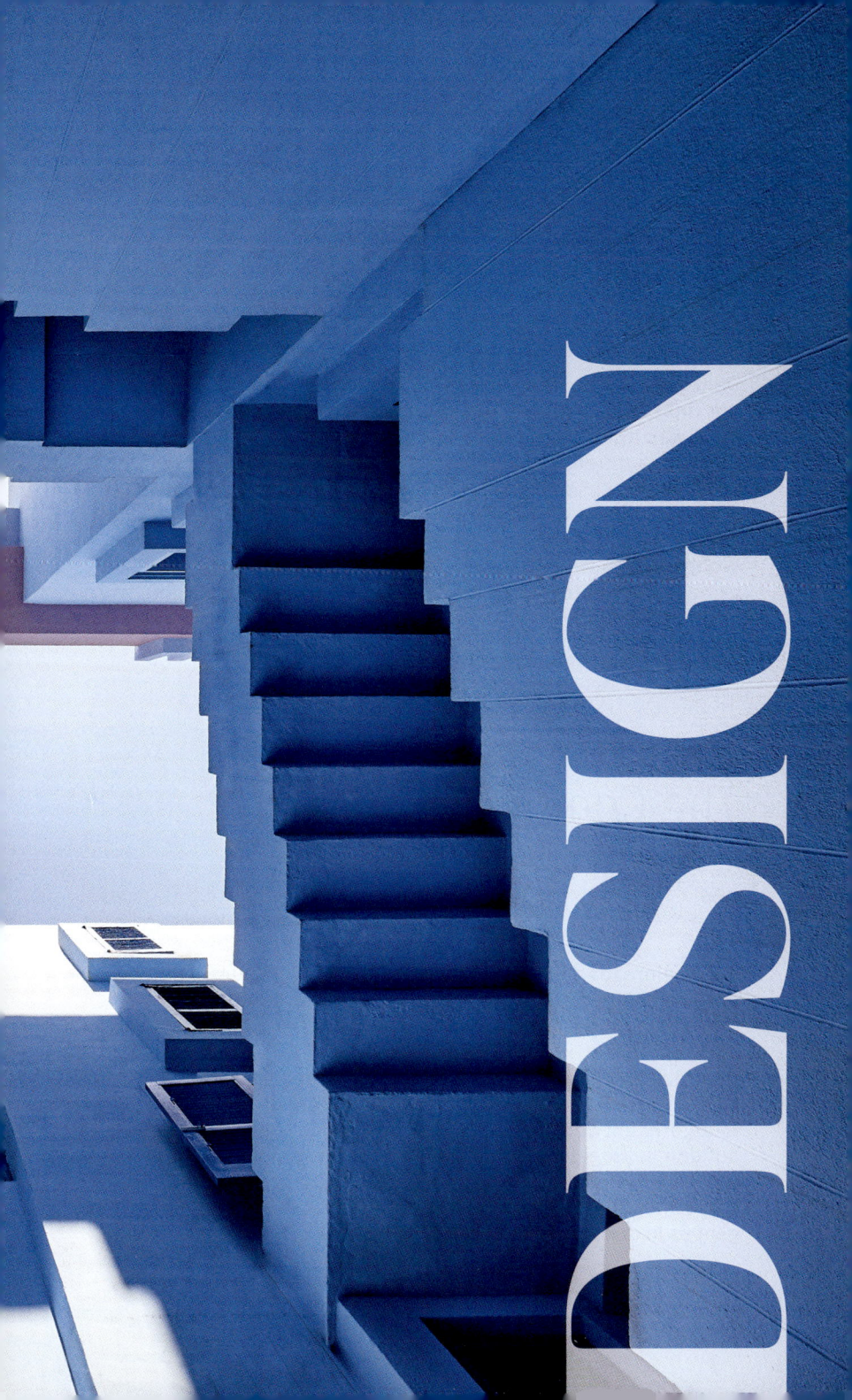

# Haus Hirt Hotel & Spa

5640 Bad Gastein, Kaiserhofstraße 14 • 0 64 34 27 9 70
www.haus-hirt.com • info@haus-hirt.com

Der bunte Stilmix des Hideaways inmitten des Bad Gasteiner Gipfelglücks schafft eine Atmosphäre zum Wohlfühlen. Wem das noch nicht reicht, um tatsächlich anzukommen und aufzuatmen, der wirft einen Blick auf das Bergpanorama und macht sich am besten auf direktem Weg zum Spa-Bereich. Der Jungbrunnen, angereichert mit natürlichem Radon, vitalisiert Körper und Geist. Auf das persönliche Wohlbefinden wird auch bei Tisch geachtet. Zu heimischen Gerichten mit internationaler Prise passt gut ein Glas Wein oder ein frisch gezapftes Bier aus der Familienbrauerei.

# The Comodo ⓝ

5640 Bad Gastein, Kaiserhofstraße 18 • 0 64 34 30 4 32
www.thecomodo.com • info@thecomodo.com

Mit Beginn 2023 hat sich ein neuer alpiner Rückzugsort in der Tiroler Alpenlandschaft aufgetan. Inmitten von Bad Gastein entstand the comodo – ein Ort für Design, Kunst und Wellness. „Alt trifft neu" ist hier keine bloße Floskel, sondern durchwegs spürbar. In den Zimmern treffen Vintage-Möbel auf modernistisches Interieur und eröffnen je nach Kategorie entweder einen Blick über das Tal oder bergauf auf den umliegenden Wald. Kulinarisch gesehen wird eine österreichische Küche geboten, mit modernen Akzenten und einem Augenmerk auf Regionalität. Zum Entspannen geht es in den stilvollen Spabereich.

# Kowald Ⓝ

8282 Bad Loipersdorf, An der Therme 215 • 0 33 82 82 82
www.kowald.com • info@kowald.com

Mit seinem modernem Design, dem umfangreichen Wellnessangebot und seiner herzlichen Gastfreundschaft begeistert das Hotel Kowald im steirischen Thermenland seine Gäste. Ob bei einem belebenden Aufguss in der Sauna oder bei einem entspannenden Bad im Thermalwasser, hier hat der Alltagsstress keinen Zutritt. Für Spaß und Abenteuer sorgt der Funpark, während im Saunadorf mit wunderbaren Kräuterdüften alles für die Entspannung getan wird. Kulinarisch verwöhnt das Hotel seine Gäste mit einem reichhaltigen Frühstück und einem delikaten Abendessen mit passenden Weinen aus dem eigenen Weinhof.

# BAR10ZIMMER

6850 Dornbirn, Marktstraße 73 • 0 55 72 89 09 99
www.bar10zimmer.at • welcome@bar10zimmer.at

Eine Bar und zehn Zimmer verspricht das kleine Hotel im Zentrum von Dornbirn. In der Bar trifft man einander nicht nur beim Frühstück, sondern auch bei der nachmittäglichen Jause mit Kaffee und Kuchen sowie abends auf eine gemütliche Partie Karten und ein Glas Wein. Die Gäste erzählen einander von Radtouren, dem Erkunden der Altstadt und Museumsbesuchen, bevor sie ihre Zimmer beziehen. Wenige, jedoch beabsichtigte Farbakzente wurden in den weißen Zimmern mit hellem Parkett gesetzt. So manch ein Gast möchte meinen, dass die Zimmer farblos wirken, andere freuen sich über den schlichten Minimalismus.

# VAYA Fieberbrunn fine living resort

6391 Fieberbrunn, Brunnau 30 • 05354 208 02
www.vaya-fieberbrunn.at • info@vaya-fieberbrunn.at

Auf über 2500 Höhenmetern haben Stress und Angespannt-
heit keinen Platz. Stattdessen findet man zwischen den sanften Hängen, den Almen und den schroffen Felswänden Zeit
zum Entspannen. Die Farben und Materialien der unmittelbaren Umgebung spiegeln sich auch in den luxuriösen Zimmern
des Hotels wider. Auch im großzügigen Wellnessbereich setzt
man sowohl beim Design als auch bei den Produkten auf
Naturbelassenheit. Nach dem Gang in die finnische Sauna
kühlt man sich im Außenpool ab und genießt das Bergpanorama. Massagen mit Hot Stone und Aromaölen sowie
Gesichtsbehandlungen werden ebenfalls angeboten.

# Alpenhof ⓝ

5542 Flachau, Flachauer Straße 98 • 0 64 57 22 05
www.alpenhof.info • hotel@alpenhof.info

Beim Sonnenbaden auf der Terrasse kann es schon einmal
vorkommen, dass man bei herrlich klarer Bergluft und dem
Plätschern des Bachs ein Nickerchen macht. Um wieder
munter zu werden, schwimmt man ein im kühlen Pool. An
kühleren Tagen sowie im Winter locken Sauna und Dampfbad die Gäste in den Wellnessbereich. Der Geruch von perfekt gegartem Fleisch, lange einreduzierten Saucen und
frisch gekochtem Gemüse liegt in der Luft. Es ist Zeit für
eine kulinarische Entdeckungsreise und so begibt man sich
auf schnellstem Wege vom Spabereich, mit einem kurzen
Umweg ins Zimmer, zum Abendessen.

# Augarten Art Hotel

8010 Graz, Schönaugasse 53 • 0316 20 8 00
www.augartenhotel.at • office@augartenhotel.at

Der Aufenthalt im Augarten Art Hotel ist wie ein Besuch eines modernen Museums. In jedem Raum und Winkel wurde mit Design und Kunst gespielt, alles fügt sich raffiniert in die Architektur von Günther Domenig ein. Neben dem einzigartigen Ambiente gibt es hochwertig ausgestattete Zimmer – vom Apartment bis zum Penthouse ist alles dabei. Während sich so manch ein Gast im Fitnessraum auf dem Crosstrainer auspowert, ziehen andere den Gang in die Sauna und in den Pool vor.

# Turmhof Ⓝ

2352 Gumpoldskirchen, Josef-Schöffel-Straße 9 • 0 22 52 60 73 33
www.hotel-turmhof.at • office@hotel-turmhof.at

Im Hotel Turmhof in Gumpoldskirchen darf man sich gleich auf mehrere Highlights freuen: einerseits auf die optimale Lage im traditionsreichen Weinort in der Thermenregion, andererseits auf das liebevoll eingerichtete Hotel selbst. Beim ersten Eintreten wird man bereits mit freundlicher Gastlichkeit – sowohl vom Personal als auch von den Betreibern – begrüßt. Dieses familiäre Flair ist allgegenwärtig und macht den Turmhof derart besonders. Die Zimmer sind überdies äußerst geschmackvoll eingerichtet und auch das reichhaltige Frühstücksbuffet lässt keine Wünsche offen.

# Wiesergut

5754 Hinterglemm, Wiesern 48 • 0 65 41 63 08
www.wiesergut.com • info@wiesergut.com

Vom gemütlichen Bett ist der Weg in die frei stehende Badewanne, zum knisternden Kamin oder zur privaten Sauna auf der Terrasse nur wenige Schritte entfernt. Die Gartensuiten des Wieserguts zeichnen sich nicht nur durch Exklusivität aus, sie sind gleichzeitig auch das perfekte Hideaway für Zweisamkeit –und das trotz der vier Meter hohen Fensterfront mit fantastischem Ausblick. Die Suiten spiegeln die Natur wider, Materialen wie Holz und Stein wurden gekonnt eingesetzt und versprühen bereits beim Betreten eine angenehme Wohlfühlatmosphäre.

© saalbach.com, Christian Wöckinger

# Krone

Hotel Gasthof

6952 Hittisau, Am Platz 185 • 0 55 13 62 01
www.krone-hittisau.at • gasthof@krone-hittisau.at

Abschalten und entspannen kann man im Hotel Krone in Hittisau, denn die Zimmer mit formschönen Holzmöbeln, naturbelassenen Materialien und gemütlichen Matratzen lassen kaum etwas anderes zu. Bei dem wunderbaren Weitblick aus dem Fenster stört auch die Tatsache nicht, dass es keinen Fernseher auf dem Zimmer gibt. Stattdessen entspannt man in der Sauna, trifft sich auf eine Partie Schach im gemütlichen Kaminzimmer oder erkundet die Umgebung. Abends begegnet man einander im hauseigenen Restaurant, und lässt sich kulinarisch verwöhnen.

# aDLERS Lifestyle-Hotel Innsbruck

6020 Innsbruck, Brunecker Straße 1 • 0512 56 31 00
www.adlers-innsbruck.com • office@deradler.com

Alpin-urbanes Panorama, so weit das Auge reicht. Im Innsbrucker Lifestyle-Hotel liegt den Gästen sowohl die historische Altstadt mit zahlreichen Einkaufsmöglichkeiten als auch die Bergwelt mit ihrem umfangreichen Freizeitangebot zu Füßen. Ganz egal, wofür man sich schlussendlich entscheidet, das Frühstück im Restaurant „weitsicht" sollte man sich keinesfalls entgehen lassen. Frische Früchte und Cerealien, Käsespezialitäten und Rohschinken, ofenfrisches Brot und Gebäck sowie diverse Eierspeisen werden geboten.

# NALA individuellhotel

6020 Innsbruck, Müllerstraße 15 • 0512 58 44 44
www.nala-hotel.at • info@nala-hotel.at

Das NALA ist anders, einzigartig und individuell. Gut durchdacht und mit viel Liebe zum Detail, verkörpert jedes einzelne Zimmer seine Geschichte. Aufwendig bemalte Fliesen und vergoldete Spiegel im „Orientalischen Zimmer", ein Häuschen im Grünen als Gartenapartment und ein Hochbett für Bergsteiger. Einzigartig ist auch der liebevoll gepflegte Garten im asiatischen Stil. Inmitten des Grüns entflieht man dem regen Treiben der Innsbrucker Innenstadt und genießt bei Schönwetter das Bergpanorama sowie seinen morgendlichen Kaffee und stärkt sich für den Tag.

# Franz Ferdinand
## Mountain Resort Nassfeld

9631 Jenig, Tröpolach 152A • 04285 71 3 35
www.franz-ferdinand.at • reservation@franz-ferdinand.at

Eine große Poollandschaft, bequeme Liegen und Cocktails sind das Um und Auf für einen gelungenen Sommerurlaub. Wenn das Wetter jedoch nicht mitspielt, gibt es oftmals nur wenige Möglichkeiten, auch indoor den Tag zu genießen. Anders im Franz Ferdinand im Nassfeld. Faulenzer und Ruhesuchende findet man im Wellnessbereich und der Sauna wieder. Auspowern kann man sich auf dem Laufband des gut ausgestatteten Fitnessraums. Koordinative Fähigkeiten sind auf der Kletterwand gefordert. Auch kulinarisch ist das Franz Ferdinand von früh bis spät breit gefächert aufgestellt.

# Zhero Hotel

6555 Kappl, Wiese 687 • 05445 61200
www.zherohotelischgl.com • info@zherohotelgroup.com

Das Fünf-Sterne-Hotel fügt sich gekonnt in die Ischgler Hotelszene ein. Alpiner Luxus, Avantgarde und Komfort zählen zu den Attributen des Hauses und finden sich sowohl in den 79 Zimmern und Suiten als auch im großflächigen Wellnessbereich wieder. Mit einem vielfältigen kulinarischen Angebot möchte man sich abheben. Neben regionalen Spezialitäten setzt man mit dem offenen Grill auf Röstaromen im À-la-carte-Restaurant. Wer Fisch präferiert, sollte dem japanischen Restaurant einen Besuch abstatten. Bevor man sich abends zurückzieht, lauscht man an der Bar dem knisternden Kamin und jazziger Livemusik.

# Kitzhof

6370 Kitzbühel, Schwarzseestraße 8–10 • 05356 632110
www.hotel-kitzhof.com • info@hotel-kitzhof.com

Die atemberaubende Kulisse der Kitzbüheler Alpen werden nicht nur von Urlaubern, sondern auch von Businessreisenden geschätzt. Das Hotel Kitzhof ist für diese Gäste ebenfalls bestens ausgestattet. Eine Vielzahl an Tagungsräumen in verschiedenen Größen macht es möglich, dass sowohl kleinere Besprechungen als auch größere Veranstaltungen problemlos abgehalten werden können. Nach einem langen Seminartag können sich die Teilnehmer im Wellnessbereich mit Sauna, Pool und Massageangeboten entspannen. Das umfangreiche kulinarische Angebot trägt zur perfekten Kombination aus Arbeit, Erholung und Genuss bei.

# Loisium Langenlois

3550 Langenlois, Loisium-Allee 2 • 0 27 34 77 1 00
www.loisium.com • hotel.langenlois@loisium.com

Langenlois ist bekannt für seine erstklassigen und charakterstarken Grünen Veltliner. Eine Adresse, die ebenfalls vielen bekannt ist, ist das Loisium. Nur wenige wissen jedoch, dass man hier – inmitten der Weingartenterrassen – auch nächtigen kann. Der New Yorker Architekt Steven Holl hat versucht, den Geschmack des Weins in das Design der Zimmer einfließen zu lassen. Der Versuch ist geglückt. Das Ergebnis: ein straffes, aber klares Ambiente, naturbelassene Materialien und ein einzigartiger Weitblick, welcher die Tiefe der edlen Tropfen widerspiegelt.

# Mühlenhof Rooms

3550 Langenlois, Gartenzeile 5 • 0676 770 9851
www.muehlenhof-rooms.at • stay@muehlenhof-rooms.at

Es gab eine Zeit, in der man dem Begriff „Bed & Breakfast" einen fahlen Beigeschmack zugeordnet hat. Kleine Zimmer mit altmodischer Einrichtung, viel unnötigem Schnickschnack und verstaubten Vorhängen findet man im Mühlenhof nicht. Im Gegenteil: Die fünf Gästezimmer sind geradlinig, schlicht und unaufdringlich gestaltet. Das zeitlose Design in angenehmen Weiß-, Beige- und Schwarztönen wird durch warme Holztöne und grüne Farbakzente vervollständigt. Gefrühstückt wird an der langen Holztafel. Gekochte Eier, ofenfrisches Brot mit herzhaften Aufstrichen und saisonale Früchte erwartet die Gäste.

# Hotel am Domplatz

4020 Linz an der Donau, Domplatz 5 • 0732 77 30 00
www.hotelamdomplatz.at • info@hotelamdomplatz.at

Der Name lässt bereits auf die zentrale Lage des Linzer Boutiquehotels schließen. Die Zimmer überzeugen mit hellem Design, klaren Linien sowie einer fabelhaften Aussicht auf Österreichs größten Dom. Das kleine Hotel befindet sich nicht nur in direkter Umgebung zahlreicher Wahrzeichen, sondern beherbergt ebenfalls sehenswerte Kunstwerke. Skulpturen, Malereien und Photoarts verleihen den Gängen das besondere Etwas. Geschäftsreisende freuen sich über den Workingspace mit reichlich Tageslicht.

# Spinnerei Designhotel Linz

4030 Linz an der Donau, Wiener Straße 485 •
www.spinnerei-designhotel.com • office@spinnerei-designhotel.com

Namensgebend für das Designhotel im Süden von Linz war die einstige Textilspinnerei, aber auch das jahrelange Auf und Ab. Nach einem kurzen Dornröschenschlaf wurde 2015 die Idee eines schlichten Designhotels geboren. Die Zimmer erstrahlen in klassischem Weiß. Holzböden, Mobiliar und Vorhänge in verschiedensten Brauntönen tauchen die Räume in gedämpftes Licht und kreieren eine entspannte Atmosphäre. Nach Italien fährt man ein paar Stunden mit dem Auto. Wer nicht viel Zeit aufwenden möchte, aber mediterranes Flair genießen will, stattet dem „Da Giulio" im Erdgeschoss einen Besuch ab.

# REFUGIUM LUNZ Ⓝ

3293 Lunz am See, Kirchenplatz 3 • 0 74 86 211 00
refugium-lunz.at • info@refugium-lunz.at

Mit seinen 23 Zimmern ist das Refugium Lunz im Mostviertel klein, aber fein. Das historische Haus war bereits im 17. Jahrhundert ein Ort für Speis und Trank – seit 2023 erstrahlt es in neuem Glanz. In der Salonküche, in der auch Küchenparties stattfinden, wird die Wertschätzung für Jahreszeiten und das, was sie hervorbringen, gelebt. Das Fleisch kommt aus Lunz und Brot wird im eigenen Ofen gebacken. Entspannung und Erholung schaffen das Saunaangebot, Yoga im Gartenhaus und der Ruheraum. Das nahe gelegene Seebachbad und der Lunzer See laden dazu ein, die wunderschöne Natur zu genießen.

# Boutique Hotel Wachtelhof

5761 Maria Alm, Urslaustraße 7 • 06584 23888 • 0680 235 88 14

www.hotelwachtelhof.at • hotel@wachtelhof.net

Dem hektischen Alltag und dem Stadtgetümmel entflieht man im Salzburger Wachtelhof. Die 29 Zimmer – jedes einzelne davon auf seine eigene Art und Weise charmant und gemütlich mit einem Hauch von urigem Alpenchic – bieten ausreichend Platz und luxuriösen Komfort, um auszuspannen und zu entschleunigen. Die frische Bergluft genießt man im Jacuzzi neben dem Wildbach. Der Duft von Kräutern liegt in der Sauna in der Luft. Wem die Temperaturen dort zu Kopf steigen sollten: einfach die Infrarotkabine ausprobieren und sich anschließend im Ruheraum entspannen.

# Jufenalm Ⓝ

5761 Maria Alm, Jufen 10 • 06584 71 52

www.jufenalm.at • office@jufenalm.at

Vor nicht allzu langer Zeit wurde die Jufenalm von Familie Rohrmoser modernisiert und mit neuem Konzept wiedereröffnet. Das Hotel in Maria Alm erstrahlt seither im Boho-Chic und richtet sich an Gäste, die Naturverbundenheit mit Entspannung kombinieren möchten. Dank der Lage auf 1150 Höhenmetern besticht die Jufenalm bereits mit einer phänomenalen Bergkulisse. Beim Betreten des Hotels geht das Staunen weiter. Das besondere Interieur lebt von Liebe zum Detail. Vom Naturbadeteich sowie von den Designsaunen aus blickt man auf die umliegende Natur. Und was auf die Teller kommt? Alles durchwegs köstlich!

# Sepp

5761 Maria Alm, Urchen 8 • 0 65 84 77 38
www.edersepp.com • info@edersepp.com

Habt ihr schon einmal eine Sauna in einem Camper gesehen, der auf dem Dach eines Alpenhauses steht? Nein? Dann wird es höchste Zeit, dem Hotel Sepp einen Besuch abzustatten. Als wäre das nicht genug, gibt es auch noch einen Infinitypool für alle, die schwindelfrei sind. Für weitere Höhenflüge sorgen die hauchdünnen Palatschinken sowie das frisch gebratene Spiegelei – natürlich sunny side up – beim mehr als ausgiebigen Brunch. Keinesfalls entgehen lassen sollte man sich das eigens gebraute Eder-Bier. Wem das zu schwach ist, der lässt sich an der Bar einen Cocktail seiner Wahl mixen.

# Mesnerhaus

Hotel & Restaurant

5570 Mauterndorf, Markt 56 • 0 64 72 75 95
www.mesnerhaus.at • info@mesnerhaus.at

Wenn Feinschmecker im Lungau unterwegs sind, ist ein Besuch im Mesnerhaus ein absolutes Muss. Josef Steffners Hauben-Küche zeichnet sich durch Kreativität unter Verwendung regionaler Produkte aus. Die Gäste des Restaurants freut es ganz besonders, in einem der sechs Zimmer oder in der Suite nächtigen zu dürfen und nach einem kulinarischen Abend keine weite Heimreise antreten zu müssen. Die Unterkünfte bestechen durch Privatsphäre und Gemütlichkeit sowie die Verbindung von Tradition und Moderne in dem historischen Gebäude. Inkludiert ist ein Gourmetfrühstück, mit dem man gut in den Tag starten kann.

# Zillertalerhof

## Alpine Hideaway

6290 Mayrhofen, Am Marienbrunnen 341 • 05285 62265
www.zillertalerhof.at • welcome@zillertalerhof.at

Das Alpine Hideaway inmitten der Zillertaler Alpen vereint Natur, Wellness und Kulinarik. Von den Gastgebern Katharina und Franz-Josef Perauer begrüßt (manchmal auch mit den Kindern auf dem Arm – wie sympathisch, echt und authentisch!), bezieht man das Zimmer. Hier trifft man auf einen Stilmix aus Tradition und Moderne, auf gedeckte Farben und knallige Akzente – und fühlt sich pudelwohl. Auf geht's in das Alpenkräuterbad im Wellnessbereich! Vor dem Abendessen mit traditionellen Gerichten und mediterranen Einflüssen genießt man den Weitblick im beheizten Outdoorpool.

# FourElements

## Living by Berger

8923 Palfau, Palfau 3 • 0676 898 509 106
www.fourelements.world • office@fourelements.world

In jedem der vier Häuser des FourElements lässt sich die Zweisamkeit ideal genießen. Die luxuriös eingerichteten Unterkünfte verfügen über eine Sauna und einen Hot Tub sowie eine voll ausgestattete Küche. Die Häuser liegen 50 Meter über der rauschenden Salza und ermöglichen wildschöne Ausblicke. Untertags bieten sich naturverbundene Freizeitaktivitäten wie Rafting, Wandern, Trailrunning oder Skifahren an. Inkludiert im Preis ist das regionale Frühstück, das täglich in einer Holzbox direkt vors Haus geliefert wird. Wer abends nicht mehr kochen möchte, kann sich vom Private Chef verwöhnen lassen.

# Knappenhof

2651 Reichenau an der Rax, Kleinau 34 • 0 26 66 53 6 33
www.knappenhof.at • reception@knappenhof.at

Die traditionelle Fassade des Knappenhofs aus getäfeltem und gebeiztem Holz fügt sich in das ortstypische Landschaftsbild der Region. Hinter den Türen erwartet die Gäste des Hotels ein extravaganterer Look. Saftiges Grasgrün, Sonnengelb oder doch lieber Kirschrot? Knallige Farben an den Tapeten, den Vorhängen oder Stoffbezügen tauchen die Zimmer des Knappenhofs in ein prächtig-prunkvolles Ambiente. Farbakzente finden sich auch im Restaurant wieder mit blühenden Blumen, gesprenkelten Gläsern und einem bunten Angebot an saisonalen Speisen mit Produkten aus der Umgebung.

# Mari Pop

6273 Ried im Zillertal, Großriedstraße 16 • 0 52 83 22 50
www.maripop.at • hotel@maripop.at

Kunst im Einklang mit der Natur. Ein Platz für Arbeitstiere, Ruhesuchende und Energiebündel lässt sich oftmals nicht unter einem Dach vereinen. Markus Rist und Silvia Gschößer haben mit dem Mari Pop einen Ort geschaffen, an dem sich Dienstreisende, Paare und Familien gleichermaßen wohlfühlen. Grund dafür ist die einzigartige Atmosphäre des Hotels. Große Fensterfronten durchfluten die Zimmer mit natürlichem Licht. Auf knallige Farben und übertriebene Dekoration hat man hier bewusst verzichtet. Natürliche Materialien und Farben spiegeln die unmittelbare Umgebung wider.

# ARX Boutiquehotel

8971 Rohrmoos-Schladming, Rohrmoosstraße 91 • 03687 61493
www.das-arx.at • office@das-arx.at

Sportbegeisterte und Naturliebhaber sind im ARX in Rohrmoos an der richtigen Adresse. Zahlreiche Möglichkeiten an In- und Outdooraktivitäten wie Wandern, Radfahren oder Skifahren locken an. Die Region Dachstein ist vielfältig, ebenso das umfangreiche Angebot des Hotels. Krafttraining, Yoga sowie Ernährungstipps kommen von niemand Geringerem als Anna Veith. Im Spabereich mit Sauna, Ruhebereich und einem Angebot an Massagen und Behandlungen findet man den entsprechenden und mindestens genauso wichtigen Ausgleich. Sportler wissen um eine ausgewogene Ernährung Bescheid, aber auch Schlemmen ist erlaubt.

# Arthotel Blaue Gans

5020 Salzburg, Getreidegasse 41–43 • 0662 842 49 10
www.blauegans.at • office@blauegans.at

Die Geschichte der Blauen Gans reicht bis in das 14. Jahrhundert zurück – also lange vor die Geburt Mozarts. Vollständig restauriert, lassen nur noch Details auf das Alter des Hauses schließen. Stattdessen ziehen einzigartige Kunstwerke den Blick auf sich und verwandeln das Stadthotel in eine eigene Ausstellung. Neben Kunst und Kultur wird auch die erste Mahlzeit des Tages zelebriert. Sie gilt bekanntlich als wichtigste und so findet man regionale Spezialitäten, frisch gebackenes Brot und allerlei Köstlichkeiten vor.

Blick vom Mönchsberg auf die Festung Hohensalzburg bei Nacht im Winter

# The Mozart Hotel

5020 Salzburg, Franz-Josef-Straße 27 • 0662 87 22 74
www.themozarthotel.com • stay@themozarthotel.com

Die historische Stadt Salzburg ist bekannt für die immer volle Goldgasse, den blühenden Mirabellgarten und den unverkennbaren Geschmack der Mozartkugel. Lust auf einen kurzen Städtetrip bekommen? Dann nichts wie los! Natürlich darf die passende Unterkunft nicht fehlen. Ein ausgiebiges und umfangreiches Frühstück, gemütliche Betten und eine zentrale Lage sind essenziell. Das The Mozart Hotel erfüllt all diese Attribute und setzt mit einer großen Portion Gastlichkeit und geräumigen Zimmern in französischem Chic – eines davon sogar mit frei stehender Badewanne – noch eins drauf.

# Villa Ivy

5081 Salzburg, Hellbrunner Straße 73 • 0720 11 57 46
www.villaivy.at • stay@villaivy.at

Die kleine Villa mit blaugrauen Fensterläden fügt sich in das romantische Landschaftsbild ein. Geblümte Tapeten, Retro-Lampen und antikes Mobiliar vervollständigen den Bohostil. Der rote Faden setzt sich auch auf der Terrasse fort. Auf den kleinen Tischen unter weißen Schirmen genießt man im Schatten am Nachmittag Kaffee und Kuchen. Etwas überrascht, jedoch keinesfalls im negativen Sinn, ist man von der kulinarischen Stilrichtung des Restaurants. Japanische Fusionsküche sorgt für Überraschungen und lässt die Geschmacksnerven tanzen.

# Ullrhaus

6580 St. Anton am Arlberg, Alte Arlbergstraße 2 • 05446 35200
www.ullrhaus.at • info@ullrhaus.at

Der Arlberg zieht sowohl im Sommer als auch in den Wintermonaten zahlreiche Naturliebhaber und Wellnessbegeisterte an. Wer sich zusätzlich für Kunst und Design begeistern kann, sollte im Ullrhaus in St. Anton nächtigen. On top gibt es ein fabelhaftes Frühstück, denn das ist schließlich die wichtigste Mahlzeit des Tages. Das Dinner – wahlweise als Gourmetmenü oder à la carte – mit hervorragender Weinbegleitung sollte man sich nicht entgehen lassen. Präzise werden alle Geschmäcker auf den Punkt gebracht. Eine kulinarische Darbietung, die nicht nur optisch, sondern auch geschmacklich Freude bereitet.

# Post
## Hotel & Wirtshaus

6380 St. Johann in Tirol, Speckbacherstraße 1 • 05352 636430
www.dashotelpost.at • office@dashotelpost.at

Die Gastgeber des Hotels Post in St. Johann sind stolz auf ihre Tiroler Wurzeln. Die Tradition und Geschichte des Hauses erfährt man trotz Modernisierung der Zimmer. Helle Farben, Holzböden und gepolsterte Möbel versprühen alpine Wohlfühlatmosphäre. Tradition und internationale Einflüsse findet man auch auf der Wirtshauskarte vor. Dazu reicht man edle Tropfen aus dem Weinkeller. Zwischen österreichischen Topweinen findet man hier auch Franzosen, Italiener, Spanier und Portugiesen vor.

# Kaiserlodge

6351 Scheffau am Wilden Kaiser, Dorf 11A • 0535 844300
www.kaiserlodge.at • info@kaiserlodge.at

Ob als Paar, als Familie, als Gruppe oder als Geschäftsreisender: Die Kaiserlodge ist ein Paradies der alpinen Exklusivität mit einem Angebot für jeden Geschmack. Ob Appartement, Ferienwohnung, Suite oder Zimmer – alle beeindrucken sie mit hochwertiger Ausstattung im alpinen Stil und bieten viel Platz für Rückzug und Entspannung. Traumhafte Ausblicke genießt man vom privaten Balkon oder vom herrlichen Spa- und Poolbereich auf dem Dach. Im hauseigenen Restaurant „Kaiser's Deli" werden die Gäste mit kulinarischen Highlights verwöhnt. Für die kleinen Gäste gibt es einen abwechslungsreichen Kids-Club.

# dasMAX

Lifestylehotel

6100 Seefeld, Bahnhofplatz 613 • 0 52 12 23 83
www.dasmax.at • info@dasmax.at

MAXimal unkompliziert: Das verspricht das im Zentrum Seefelds gelegene dasMAX. Die Zimmer überzeugen durch geradliniges Design ohne viel Schnickschnack. Die großen Fenster lassen nicht nur reichlich Tageslicht hinein, sondern offenbaren spektakuläres Bergpanorama. Gefrühstückt wird im Bistro. Bleibt einmal keine Zeit zum Schlemmen, gibt es den Cappuccino natürlich auch to go. Was wäre ein Urlaub ohne Entspannung? Im dasMAX geht das am besten auf der Dachterrasse. Sie bietet reichlich Platz zum Sonnenbaden, zum Sich-Vertiefen in einen spannenden Kriminalroman oder für einen energetisierenden Yoga-Flow.

# Post am See

4801 Traunkirchen, Ortsplatz 5 • 0 76 17 23 07
www.hotel-post-traunkirchen.at • post@traunseehotels.at

Seit 2020 erstrahlt die Post am See in Traunkirchen im neuen Look: mit hellen Räumlichkeiten, offenen Bädern und hochwertigen Materialien. Das Highlight ist jedoch nach wie vor der traumhafte Seeblick, der sich einem vom Hotel aus eröffnet. Neben dem Panorama birgt der Traunsee jede Menge Freizeitmöglichkeiten – vom Segeln übers Stand-up-Paddling bis hin zum Wasserskifahren. Abseits des Wassers laden die umliegenden Berge sowie das gesamte Salzkammergut zu Wanderungen und weiteren Outdooraktivitäten ein. Ab November schließt das Hotel erneut für weitere Renovierungen bis Mai 2024.

beide Fotos © Christof Wagner

# LifeSteil Appartementresort Ⓝ

6441 Umhausen, Hintere Gasse 26 • 05255 207 20 • 0699 105 218 20
www.lifesteil.at • info@lifesteil.at

Es ist ein etwas anderes Hotel, das im Frühjahr 2023 seine Türen öffnete: Das Lifesteil in Umhausen in Tirol richtet sich an „schräge Vögel" – passend dazu hat das Resort innenarchitektonisch gesehen einen Dschungel-Schwerpunkt. So erstrahlen die unterschiedlichen Appartements, das Foyer und das Bistro in entsprechenden Farben und mit vielen Pflanzen. Obgleich das Hotel mit Bar, Restaurant und eigenem Infinitypool so einiges zu bieten hat, ist auch ein Ausflug in die Umgebung durchaus lohnend. Das Ötztal bietet nämlich neben diversen Bergbahnen auch den größten Outdoorfreizeitpark Österreichs.

# Almmonte Suites
## Präclarum Suites Design Hotel

5602 Wagrain, Widmoosweg 3 • 0 6413 72 86 • 0664 122 05 03
www.almmonte.com • info@almmonte.com

Seit seiner Eröffnung im September 2021 hat sich das Almmonte Präcularum Suites Design Hotel zu einem absoluten Favoriten unter den Gästen entwickelt. Die unschlagbare Lage direkt an der Talstation der Flying-Mozart-Gondelbahn ist nur eines der Highlights, die dieses Hotel zu bieten hat. Was wirklich beeindruckt, sind der unvergleichliche Service und das einzigartige Design. Aber auch das Spa mit Panoramasauna, Dampfsauna und Infrarotkabine sowie den atemberaubenden Blick von der Dachterrasse sollte man keineswegs verpassen. Genießer wissen vor allem die raffinierte Kulinarik im Restaurant zu schätzen.

# Almanac Palais Vienna

1010 Wien, Parkring 14–16 • 01 661 131 889
www.almanachotels.com/vienna • info.vienna@almanachotels.com

Ein weiteres Stadtpalais öffnete heuer seine Tore und sorgte für ein paar Schweißperlen auf der Stirn der alteingesessenen Konkurrenz. Das Zusammenspiel aus historischer Architektur und zeitgenössischer Kunst verleiht dem Haus modernen Wiener Charme auf höchstem Niveau. Umgeben vom Hauptstadtflair, zieht es die Gäste für einen Spaziergang im Grünen in den gegenüberliegenden Stadtpark, auf der Suche nach kultureller Unterhaltung in die Albertina und zur Pflege der Wiener Kaffeehauskultur auf ein Stück Apfelstrudel und eine Melange in eines der traditionellen Kaffeehäuser.

# Andaz

## Vienna am Belvedere

1100 Wien, Arsenalstraße 10 • 01 20577441234
www.hyatt.com/andaz/de-DE/vieaz-andaz-vienna-am-belvedere • vienna@andaz.com

Das Andaz brilliert nicht nur mit seiner zentralen Lage und der Rooftop-Bar „Aurora" mit spektakulärem Weitblick, sondern auch mit seinem Design. Denn das Haus beherbergt neben seinen Gästen auch eine Kunstsammlung, die sich sehen lassen kann. Vor allem ein Besuch der Bibliothek zahlt sich aus und lässt Kunstliebhaberherzen höherschlagen. Gewidmet wurde die kreative und unverwechselbare Ausstellung dem Feldherrn Prinz Eugen. Auch das Restaurant trägt seinen Namen: Im „Eugen21" findet man Paprikahendl, Wiener Schnitzel und Kaiserschmarren – oder kurz gesagt: österreichische Klassiker – auf der Karte.

# Das Tyrol

1060 Wien, Mariahilfer Straße 15 • 01 587 54 15
www.das-tyrol.at • reception@das-tyrol.at

Wer Wiener Chic und Shopping verbinden möchte, residiert im Das Tyrol. Vom komfortablen Boxspringbett ist der Weg zu zahlreichen Einkaufsmöglichkeiten, Kinos und Restaurants nicht weit, denn das Boutiquehotel befindet sich auf der belebten Shoppingmeile im sechsten Wiener Gemeindebezirk zwischen historischer Altstadt und modernem Szeneviertel. Dem regen Treiben entflieht man nach dem Betreten des Hotels, beim Betrachten der zahlreichen Kunstwerke, welche die Wände schmücken, bei einem Cocktail an der Bar und allerspätestens im Private-Spa-Bereich mit Sauna und Dampfbad – ein echtes Highlight!

# Hilton Vienna Plaza Ⓝ

1010 Wien, Schottenring 11 • 01 313 90 00
www.hilton.de/wienplaza • info.viennaplaza@hilton.com

Das Hilton Vienna Plaza liegt direkt an der Ringstraße und befindet sich in unmittelbarer Nähe zu den beliebtesten Sehenswürdigkeiten der Hauptstadt. Neben der perfekten Ausgangslage kann sich insbesondere das Innere des Hotels sehen lassen. Das historische Haus mit seinem Art-déco-Design der 1920er-Jahre lässt einen als Gast in prunkvolle goldene Zeiten zurückreisen. Von der großzügigen Eingangshalle, die mit Carrara-Marmor ausgestattet ist, gelangt man in das Restaurant Émile. Die Zimmer sind hell und elegant gestaltet. Der edle Marmor findet sich auch hier im schönen Badezimmer wieder.

# Jaz in the City Vienna

Ambiente Award 2022

1060 Wien, Windmühlgasse 28 • 01 25300610
www.jaz-hotel.com/hotels/jaz-in-the-city-vienna • hi.vienna@jaz-hotel.com

Musik versprüht Lebensfreude und gute Laune, so auch im Jaz in the City in Wien. Mitarbeiter und Gäste sind gleichermaßen fröhlich gestimmt. Wer seine Musikrichtung noch nicht gefunden hat, stöbert durch die Schallplattensammlung des Hauses. Die verschiedenen Rhythmen kommen nicht nur aus den Lautsprechern, denn Konzerte und Liveacts sind an der Tagesordnung. Nicht selten kommt es zu spontanen musikalischen Einlagen von Gästen. Bei solch einer vibrierenden Stimmung möchte man das Hotel gar nicht verlassen. Der Weg ins Zentrum ist zum Glück nicht weit.

# Lamée

1010 Wien, Rotenturmstraße 15 • 01 532 22 40
www.hotellamee.com • reception@hotellamee.com

Es ist eine Gradwanderung, die bei der Vermischung unterschiedlichster Stile darüber entscheidet, ob es passt. Im Lamée hat der Stilmix zweifellos funktioniert. Das stimmige Bild aus hochwertigem Design und Altwiener Charme wird durch den atemberaubenden Ausblick auf die Wiener Innenstadt ergänzt. Eine angenehme Atmosphäre schaffen gepolstertes Mobiliar, außergewöhnliche Muster und facettenreiche Farbstrukturen. Nicht nur optisch, sondern auch geschmacklich punktet die Bar des Hotels in der Innenstadt.

# MOOONS

1040 Wien, Wiedner Gürtel 16 • 01 96 22 6
www.mooons.com • welcome@mooons.com

Aus den großen vollmondförmigen Fenstern mit gemütlicher Fensterbank lässt sich der Nachthimmel über Wiens Dächern besonders gut beobachten. Noch ein Stückchen näher ist man dem Mond und den Sternen auf dem Dach des Hauses. Die Rooftop-Bar mit Weitblick, Loungemusik und gemütlichem Mobiliar ist bei schönem Wetter der perfekte Ort, um einen lauen Sommerabend ausklingen zu lassen. Darauf stößt man an! Alkoholisch oder in der Virgin-Version – die umfangreiche Barkarte trifft jeden Geschmack, ebenso das Frühstücksbuffet.

# Motto

## Boutique Hotel

1060 Wien, Mariahilfer Straße 71A, Eingang: Schadekgasse 20 • 01 58 145 00
www.hotelmotto.at • hello@hotelmotto.at

An eine romantische Komödie aus dem Paris der 80er-Jahre erinnern das Design und die Einrichtung des Boutiquehotels. Auch die zentrale Lage auf der wohl beliebtesten Shoppingstraße Wiens passt wie die Faust aufs Auge. Jetzt fehlt nur noch ein ofenfrisches Baguette – und schon fühlt man sich wie in Paris. Auch dafür ist gesorgt. Französisches Baguette, köstliche Croissants und süße Madeleines werden in der Backstube des Hauses täglich frisch hergestellt und natürlich zum Frühstück im „Chez Bernard", dem Restaurant, serviert. Im Hintergrund laufen französische Chansons. C'est la vie!

# Saint Shermin

## Bed, Breakfast & Champagne

1040 Wien, Rilkeplatz 7 • 01 58661830
www.shermin.at • hotel@shermin.at

Hier ist der Name Programm. Das kleine Boutiquehotel in französischem Stil mag mit seinen 12 Zimmern vielleicht nicht zu den größten zählen, die Auswahl an Champagner ist dafür jedoch mehr als beachtlich. Aufgeweckt wird man vom Duft der frisch gebackenen Quiche sowie vom Knall des Champagnerkorkens, denn der darf natürlich nicht fehlen. Die Lage des Saint Shermin könnte kaum zentraler sein: In wenigen Minuten erreicht man fußläufig bereits die Staatsoper und den Wiener Stephansdom. Auch zahlreiche Einkaufsmöglichkeiten, kleine Boutiquen und Restaurants zeichnen die unmittelbare Umgebung aus.

# The Guest House

1010 Wien, Führichgasse 10 • 01 512 13 20
www.theguesthouse.at • office@theguesthouse.at

Aus Alt mach Neu. Das dachte sich auch Arkan Zeytinoglu, als er als leitender Architekt aus dem ehemaligen 50er-Jahre-Bau, der einst als Hostel für Studenten fungierte, schlussendlich ein modernes Designhotel werden ließ. Warme Farben, gepolsterte Möbel und große Fensterbänke mit Blick auf die Stadt sowie reichlich Platz zum Lesen zeichnen die Zimmer aus. Langschläfer freuen sich über die große Frühstückskarte: Egg Benedict, Frenchtoast sowie hausgemachtes Granola kann man bis 18 Uhr ordern. Abends genießt man die gemütliche Lounge-Atmosphäre der Bar – bei schönem Wetter auch gerne im Schanigarten.

© Soloviova Liudmyla/shutterstock

FAMILIE

# Galtenberg Family & Wellness Resort

6236 Alpbach, Alpbach 40 • 05336 56 10
www.galtenberg.at • info@galtenberg.com

Das Galtenberg Family & Wellness Resort garantiert Abenteuer und Spaß genauso wie Ruhe und Erholung. Hier kommt niemand zu kurz. Das Kinderparadies über fünf Etagen mit großer Softplay-Anlage und Kletterwand sowie Betreuung mit wechselndem Programm begeistert die jungen Gäste. Im Teen-Club mit Billard und Spielkonsolen können Jugendliche ihren Interessen nachgehen. Eltern entspannen unter sich im 7Heaven-Wellnessbereich oder gemeinsam mit den Kindern in der Family-Therme mit Wasserrutschen, Pools und Saunen für die ganze Familie. So werden die Ferien zu einem unvergesslichen Erlebnis.

# Reiters Reserve Finest Familyhotel

7431 Bad Tatzmannsdorf, Am Golfplatz 1–4 • 03353 88 41
www.reiters-reserve.at • info@reiters-reserve.at

Kaum ein Hotel könnte besser auf die Bedürfnisse von Familien ausgelegt sein als das Reiters Reserve Finest Familyhotel. Ein Urlaub hier gestaltet sich unkompliziert, erholsam und ist mit viel Spaß verbunden – den finden Kinder im Spielbereich oder in Kasimirs Wasserwelt. Auch ein Wellnessbereich mit Sauna ist speziell auf die Wünsche der kleinen Gäste ausgerichtet. Erwachsene entspannen in einem eigenen Bereich, während die Kinder professionell betreut werden. Von früh bis spät wird die ganze Familie kulinarisch bestens verpflegt, für Babys gibt es sogar frische Breie.

# Habachklause

Baby- & Kinderhotel

5733 Bramberg am Wildkogel, Habach 17 • 0 65 66 73 9 00
www.habachklause.com • office@habachklause.com

Schon auf den ersten Blick erkennt man, dass Kinder in der Habachklause an erster Stelle stehen. Die Suiten sind kleinkindgerecht ausgestattet, das Restaurant ist so ausgerüstet, dass selbst die Kleinsten bei allen Mahlzeiten mit dabei sein können. Auch am Unterhaltungsprogramm mangelt es nicht. Der Kinderclub bietet ein abwechslungsreiches In- und Outdoorprogramm, es gibt einen Wasserspielplatz sowie einen Minibauernhof. Hoteleigene Schwimm-, Koch- und Skikurse können ebenfalls belegt werden. Erwachsene erfreuen sich zudem am tollen Wellnessbereich mit Saunen, Spa-Garten und Panoramapool.

# Übergossene Alm Resort

5652 Dienten, Sonnberg 23 • 0 64 61 23 00
www.uebergossenealm.at • urlaub@uebergossenealm.at

Die Gastfreundschaft der Familie Burgschwaiger spürt man im Übergossene Alm Resort in jedem Winkel. Die Hotelanlage ist mit viel Liebe zum Detail gestaltet, man nächtigt in Zimmern im Salzburger Landhaus- oder im modernen alpinen Stil. Kinder können an zahlreichen Orten viel erleben – sei es im Schaukelparadies, in der Kinderalm oder am Gletscherbach mit Wasserspielen. Der Almsee und der beheizte Schwimmteich sind immer ein Genuss. Gäste ab 14 Jahren relaxen zusätzlich im Saunadörfl mit acht Saunen. Auch das kulinarische Angebot lässt keine Wünsche offen.

# Familiengut Burgstaller

9873 Döbriach, Seestraße 6 • 0 42 46 71 26
www.familiengut.at • info@familiengut.at

Im Familiengut Burgstaller am Millstätter See verbringen Familien wie Paare eine besondere Auszeit in der Natur. Allein der 30.000 m² große Garten ist ein Highlight für sich! Für Aktivurlauber gibt es zahlreiche Sportmöglichkeiten wie Tennis, Reiten oder Wanderungen in der Umgebung. Im Winter erwarten die Gäste Abfahrten und Winterwanderungen. Entspannung findet man in der Vitalwelt mit Saunen und Massagen. In der hauseigenen Landwirtschaft kann man auch im Urlaub etwas dazulernen. Nachhaltigkeit und Regionalität stehen bei der ausgezeichneten Genießerküche im Mittelpunkt.

Eissegeln am Brennsee

# Brennseehof

Familien-Sportresort

9544 Feld am See, Seestraße 19 • 0 42 46 24 95
www.brennseehof.com • hotel@brennseehof.com

In Feld am See befindet sich ein Paradies für sportliche Familien. Im Brennseehof kommt garantiert keine Langeweile auf. Ganz im Gegenteil! Man hat die Qual der Wahl, welche Sportart man erlernen möchte. Von Segeln über Tennis bis hin zu Bogenschießen und Fischen bietet das Hotel für jeden Geschmack das richtige Programm. Die moderne See-Wellnessanlage sorgt mit Natursauna, Außenwhirlpool und Kinderplanschbecken am See für die perfekte Mischung aus Spaß und Erholung für jede Altersgruppe. Erwachsene finden außerdem Ruhe im neuen Saunahaus mit Panoramablick und Badelagune.

# Schlosshotel Fiss

6533 Fiss, Laurschweg 28 • 0 54 76 63 97
www.schlosshotel-fiss.com • info@schlosshotel-fiss.com

Auf der Suche nach einem Luxushotel, das den vielen Ansprüchen für einen harmonischen Urlaub entspricht, wird man beim Schlosshotel Fiss garantiert fündig. Das Hotel befindet sich in erstklassiger Lage 1436 Meter über dem Meer und bietet seinen Gästen einen hochprofessionellen Service, exklusive Dienstleistungen und beste Qualität auf allen Ebenen. Das Hotel begeistert mit einem stilvollen Ambiente, liebevoll eingerichteten Zimmer und Suiten, einem wunderbaren Spabereich und seinem Hauben-Restaurant. Die Vielzahl von Aktivitäten für Kinder und Erwachsene sorgt für unvergessliche Urlaubserlebnisse.

# Almhof Family Resort & SPA

6281 Gerlos, Gmünd 45 • 0 52 84 53 23
www.familyresort.at • almhof@familyresort.at

Highlights gibt es viele im Almhof Family Resort & Spa. Da wäre zum Beispiel der Innen- und Außenpool mit der 110 Meter langen Wasserrutsche, der Spaß für Groß und Klein verspricht. Gemeinsame Zeit kann man beim Wellnessen verbringen, denn es gibt sowohl eine Textilsauna als auch einen Whirlpool für Familien. Der Adults-only-Wellnessturm bietet den Erwachsenen Entspannung in unterschiedlichen Spas und Ruheräumen oder im Rooftop-Whirlpool. Das vielfältige Angebot für Kinder beinhaltet unter anderem eine Zauberschule, eine Schwimmschule und einen Bauernhof.

# Dachsteinkönig Ⓝ
## Familux Resort

4824 Gosau, Am Hornspitz 1 • 0 61 36 88 88
www.dachsteinkoenig.at • info@dachsteinkoenig.at

Das Hotel Dachsteinkönig im Salzkammergut hält für Groß und Klein das Passende bereit. Von der Begrüßung bis zur Verabschiedung wird man stets von kompetentem und freundlichem Personal begleitet, das einem auch Tipps für Aktivitäten außerhalb des Hauses gibt. Wenn man denn dazu kommt, denn im Hotel selbst können Kinder mit den Betreuern des Hauses im Rutschen-Badeland toben, während die Eltern ihre Zweisamkeit genießen. Natürlich werden daneben auch viele Aktivitäten für die ganze Familie angeboten. Kulinarisch kommen – dank des breiten Speiseangebots – ebenfalls alle auf ihre Kosten.

# Moar Gut Ⓝ
## Familien Natur Resort

5611 Großarl, Moargasse 22 • 06414 318
www.moargut.com • info@moargut.com

Spricht man von Familienhotels, so zählt das Moar Gut wohl zu denen, an die als Erstes gedacht wird. Das Hotel liegt inmitten der Salzburger Bergwelt, bietet Familien einen naturnahen Urlaub, ohne dass auf Komfort verzichtet werden muss. All das wäre nicht derart besonders, wäre da nicht der zugehörige Biobauernhof und der stets rücksichtsvolle Umgang mit der Natur. Das ist im ganzen Haus, jedoch am greifbarsten im Restaurant, spürbar, wo konsequent Produkte aus der Region verarbeitet werden. Während die Erwachsenen Menüs genießen, dürfen sich die Kleinen über eine kindgerechte Verpflegung freuen.

# G'Schlössl Murtal Ⓝ

8734 Großlobming, Murhof 1 • 03512 46904
www.gschloessl-murtal.at • willkommen@gschloessl-murtal.at

Das G'Schlössl Murtal blickt auf eine lange Tradition zurück. Ab 1898 war das Haus ein Herrschaftssitz mit Pferdezucht, 2012 wurde es schließlich zu einem Hotel umgebaut. Seither gibt es 23 stilvoll eingerichtete Suiten und Maisonetten, die hinsichtlich der Einrichtung und der erhaltenen Deckenmalereien an die Geschichte des Hauses erinnern. In der „Stub'n" werden die Gäste mit steirischen Gerichten erwartet. Beim Chef's Table sitzt man direkt an der Küche und kann live erleben, wie das Küchenteam das Überraschungsmenü zubereitet. Außerdem: ein Wellnessbereich mit über 600 Quadratmeter.

# Familienresort Ellmauhof

5754 Hinterglemm, Ellmauweg 35 • 0 65 41 64 3 20
www.ellmauhof.at • info@ellmauhof.at

Grenzenloser Freizeitspaß erwartet die großen und kleinen Gäste im Familienresort Ellmauhof. Direkt an der Piste gelegen und mit eigener Kinderskischule, wird der Winterurlaub hier zum puren Vergnügen. Im Sommer locken nicht nur die Berge, sondern für die Kinder auch in- und outdoor zahlreiche Plätze zum unbeschwerten Spielen wie etwa ein Motorikpark, ein Streichelzoo, eine Reitakademie oder der Spielbauernhof. Die tägliche Kinder- und Teensanimation gibt auch den Eltern die Gelegenheit zum Entspannen in der Panorama-Außensauna oder zum Aktivsein beim angebotenen Sportprogramm im Hotel.

Talschluss, Saalbach Hinterglemm

# Seetal

6272 Kaltenbach/Zillertal, Innere Embergstraße 6 • 05283 2713
www.seetal.at • hotelinfo@seetal.at

Im Alpin Family Resort Seetal, inmitten der atemberaubenden Landschaft des Zillertals, wird der Familienurlaub garantiert zu einem einzigartigen Erlebnis. Im Abenteuerpark, im Kinderland und im Streichelzoo gibt es tolle Sachen zu entdecken. Das Beste daran: Die Kleinen werden liebevoll beim Spielen betreut, während es sich die Eltern im Spabereich mit Naturbadeteich, Saunawelt und Wellnessgarten für ein paar Stunden gut gehen lassen können. Im Familien-Spa kommen dann alle wieder zusammen, um gemeinsam zu relaxen. Das Highlight der ganztägigen Verwöhnpension ist das Fünf-Gänge-Wahlmenü am Abend.

# Familotel Landgut Furtherwirt Ⓝ

6382 Kirchdorf in Tirol, Innsbrucker Straße 62 • 05352 63150
www.furtherwirt.at • info@furtherwirt.at

Das Landgut Furtherwirt in Kirchdorf in Tirol ist ein Familienhotel mit ganz viel Charme. Der Biobauernhof mit Pferden und Kühen ist für die Kleinen ein Highlight, genauso wie die Badelandschaft und die Kinderskischule, die direkt vor dem Hotel liegt. Die erwachsenen Gäste können sich im Wellnessbereich entspannen, während die Kinder in der Betreuung sind. Die Zimmer sind großzügig, hell und – wie der Rest des Hauses – gemütlich eingerichtet. Urlauben in den Kitzbüheler Alpen bedeutet zudem eine Reihe an Freizeitaktivitäten, darunter Wandern, Biken, Ausreiten, Klettern und Skifahren.

# Sonnenburg

6764 Lech am Arlberg, Oberlech 55 • 0 55 83 21 47
www.sonnenburg.at • welcome@sonnenburg.at

Vom Frühstück über die gebotene Nachmittagsjause bis hin zum Menü am Abend – auch ein Kindermenü wird angeboten – wird man als Gast im Hotel Sonnenburg vollkommen zufriedengestellt. Das ist nicht nur auf die regionalen Produkte zurückzuführen, sondern auch auf das aufmerksame Personal. Überdies bezeichnet sich das Hotel zu Recht als Familienhotel, denn sowohl der Abenteuerspielplatz vor dem Haus als auch der Pool und die Vielzahl an Kinderbüchern schaffen auch den Kleinsten ausreichend Beschäftigung. Obendrein bieten die Ortschaft Lech und ihre Umgebung jede Menge Freizeitmöglichkeiten.

# Sonnenpark Ⓝ

## Baby- & Kinderhotel

7361 Lutzmannsburg, Thermengelände 2 • 0 26 15 87 1 71
www.sonnenpark.at • info@sonnenpark.at

Im Hotel Sonnenpark im Burgenland sind strahlende Kinder-
augen vorprogrammiert. Ob Kleinkinder, die in der abwechslungsreichen Kinderbetreuung bestens aufgehoben sind,
oder größere Kids, die sich in der Wasserwelt oder im Kino
des Hauses aufhalten können – für alle Altersklassen wird
das Passende geboten. Dank des durchdachten Konzepts
kommen auch die Eltern nicht zu kurz. Vor dem Hotel befinden sich Fahrräder, die ausgeborgt werden können, um die
Gegend rund um Lutzmannsburg zu erkunden. Überhaupt
bietet das Haus jede Menge Bewegungs- und Animations-
programm sowie Indoor- und Outdooraktivitäten.

# Kinderhotel Buchau

6212 Maurach am Achensee, Buchauer Straße 3 • 0 52 43 52 10
www.buchau.com • info@buchau.com

Zuerst die Abenteuerwelt mit Gokart-Bahn und Spielplatz
erkunden? Oder sich doch lieber in der über drei Etagen
gehenden Kindererlebniswelt umsehen? Im Kinderhotel
Buchau haben die kleinen Gäste die Qual der Wahl. Neben
zahlreichen Spielmöglichkeiten werden auch einige Kurse
wie Reiten oder Schwimmen angeboten. Der sorglose Familienurlaub geht in den Zimmern weiter, denn diese sind mit
allerlei kindgerechten Utensilien wie etwa einer Babyphone-
Anlage oder Fläschchenwärmer ausgestattet. Weiterer Pluspunkt: Im Hotel legt man großen Wert auf gesunde Küche
aus regionalen und saisonalen Produkten.

# IKUNA Naturresort

4723 Natternbach, Naturpfad 1 • 0 72 78 20 8 00
www.ikuna.at • info@ikuna.at

Inspiration, Kunst und Natur – dafür steht das IKUNA Natur-resort. Auf über 200.000 m² bietet es eine Vielzahl an ein-zigartigen Erlebnissen für die ganze Familie. Die Kinder kön-nen den Kletterfelsen erklimmen, die Piratenküste erobern, auf der Seilrutsche durch die Lüfte schwingen oder die neue Mountaincart-Strecke hinunterdüsen. Die Eltern können auf den gemütlichen Liegen entspannen oder die fabelhaf-ten Donausagen-Skulpturen sowie die Keltenausstellung bewundern. Das Tipi-Hotel und die Sternenhimmelchalets bieten eine einzigartige und hochwertige Übernachtungser-fahrung inmitten der Natur.

# Rigele Royal ⓝ

5562 Obertauern, Rosenweg 1 • 0 64 56 73 5 40
www.rigele-royal.com • hotel@rigele-royal.com

Gastiert man im Rigele Royal in Obertauern, kann man sich tagsüber auf einer der schönsten Pisten des Salzburger Lan-des austoben und abends im größten beheizten Außenpool der Region entspannen. Hervorzuheben ist außerdem die allgegenwärtige Gastfreundschaft, die das Personal des Hauses entgegenbringt. Das macht die Auszeit in Salzburg – egal, ob mit Familie, Freunden oder Partner – zu einer ganz besonderen. Die Zimmer – 22 davon wurden kürzlich reno-viert – gibt es in den Kategorien „schlicht", „elegant" und „luxuriös" und halten für jeden das Passende bereit.

# Steiner

5562 Obertauern, Römerstraße 45 • 0 64 56 73 06
www.hotel-steiner.at • info@hotel-steiner.at

Auf 1700 Metern Seehöhe kann man in Obertauern seinen
Familienurlaub im Hotel Steiner in vollen Zügen genießen.
Dafür sorgt zum Beispiel die All-inclusive-Genussküche,
die die Gäste zu jeder Tageszeit kulinarisch verwöhnt. Im
Kinderparadies dürfen die Kleinen nach Herzenslust toben,
Teenager sind in der Jugendlounge bestens unterhalten.
Einen Whirlpool, ein Hallenbad, Saunen und ein Familien-
areal findet man im BergSpa. Ganz neu: das Adults-only-
Rooftop-BergSpa mit Infinitypool. Mit einem Indoor-Wald-
spielplatz und Matschraum wurde beim Ausbau auch an die
Kinder gedacht.

© SalzburgerLand Tourismus

Morgenstimmung in Obertauern

# Das Rieser

6213 Pertisau, Karwendelstraße 40 • 0 52 43 52 51
www.hotel-rieser.com • info@hotel-rieser.com

Am Achensee zeigt sich die Natur von ihrer schönsten Seite. Dort liegt auch das Hotel Rieser, in dem die ganze Familie dem Alltag entfliehen kann. Während Kinder im Spielraum, am Spielplatz, beim Billard, beim Tischtennis oder beim Kinder- und Jugendprogramm Unterhaltung finden, umfasst das geführte Aktiv- und Vitalprogramm für Erwachsene Yoga, Meditation und Aqua Fit. Nach einer Erweiterung bietet das Haus noch mehr Platz für Urlaubsgenuss. Neu ist das elegante Adults-only-See-Spa am Biobadeteich. Über zwei Etagen entspannen Gäste in der Seesauna, im Außenpool und in den Panorama-Ruheräumen.

# Gridlon ⓝ

6574 Pettneu am Arlberg, Garnen 36 • 0 54 48 82 08
www.gridlon.com • hotel@gridlon.com

Das Hotel Gridlon liegt im malerischen Pettneu am Arlberg. Neben einer atemberaubenden Aussicht auf die Berge wird eine breite Palette an Annehmlichkeiten geboten. Dank der nahe gelegenen Skiregion mit 260 Kilometer präparierten Pisten und 83 Bergbahnen ist das Skifahren und Wandern gesichert. Nach den Outdooraktivitäten können Gäste im Wellnessbereich mit Sauna, Dampfbad und Indoorpool entspannen. Die Zimmer haben alle eine persönliche Note – die vielen Holzelemente schaffen ein alpines Flair. Gekocht wird mit regionalen Produkten, gegessen wird in der urigen Gaststube.

# Pichlmayrgut

8973 Pichl/Ennstal, Pichl 54 • 0 64 54 73 05
www.pichlmayrgut.at • info@pichlmayrgut.at

Über 900 Jahre Geschichte begleiten das Pichlmayrgut. Das Anwesen thront über dem Ennstal und hat sich über die Zeit zu einem Erholungsgebiet für Groß und Klein entwickelt. So gibt es Zimmer für unterschiedliche Bedürfnisse und ein Sechs-Gänge-Abendmenü für die Erwachsenen, während die Kleinen sich am Kinderbuffet bedienen. Das Hallenbad, der Outdoorpool und der Streichelzoo sind die Highlights für die Jüngsten, während die Eltern das Alpen-Spa mit Saunen und Whirlpool schätzen. Aktiv sein kann man im Sportcenter, in dem auch Kurse angeboten werden.

# Die Seitenalm
Familienhotel

5550 Radstadt, Forstauer Straße 17 • 0 64 52 67 8 90
www.seitenalm.at • info@seitenalm.at

Mit seinen 28 Attraktionen, der liebevollen Kinderbetreuung und der Rundum-Verpflegung bietet das Familienhotel den idealen Rahmen für Eltern, um einen gelungenen Urlaub mit ihren Kleinen zu verbringen. Im Sommer warten Ponyreiten, eine Gokart-Bahn, ein Streichelzoo, ein Badeparadies und einiges mehr auf die Kinder. Im Winter setzen sie im hoteleigenen Skiland mit Zauberteppich und Tellerlift ihre ersten Schwünge in den Schnee. Das ganze Jahr hindurch ein Hit sind das Hallenbad mit Babybecken und Whirlpool sowie die Familiensauna inklusive Relaxbereich mit extragroßen Liegemöglichkeiten.

# Lisi Family Hotel Reith ⓝ

6370 Reith bei Kitzbühel, Cordial-Platz 1 • 05356 66477
www.lisihotel.com • welcome@lisihotel.com

Im Lisi Family Hotel Reith ist die Wetterlage schier egal, auch bei Regentagen kommt keine Langeweile auf – dafür sorgen das Schwimmbad und die Spielhalle. Wenn das Wetter, dann kann die Region der Kitzbüheler Alpen erkundet werden, entweder auf Skiern oder in Wanderschuhen, denn die umliegenden Bergbahnen sind problemlos zu erreichen. Wie es sich für Familienhotels gehört, gibt es eine Kinderbetreuung, damit die Eltern auch Zeit zu zweit haben. Sowohl in der Früh, mittags und am Abend werden am Buffet eine Vielzahl an regionalen Speisen aufgetischt.

# Cristallo

9863 Rennweg, Katschberghöhe 6 • 04734 319813
www.falkensteiner.com • reservations.cristallo@falkensteiner.com

Beste Bedingungen für Sportbegeisterte und Familien – direkt in den Bergen Kärntens – findet man im Falkensteiner Hotel Cristallo, wo eine Vielzahl an Aktivitäten zu spannenden Erlebnissen einladen. Vom Kleinkind bis zum Teenager ist für Unterhaltung gesorgt. Im betreuten Falky-Land toben die Kinder in der Indoor-Softanlage, beim Pony-Trekking oder bei Natur-Erkundungstagen werden neue Freundschaften geschlossen. Das abendliche Unterhaltungsprogramm umfasst eine Disco und eine Zaubershow. Weil auch die Jüngsten verwöhnt werden wollen, verfügt der Wellnessbereich über ein eigenes Kinder-Spa.

Berg Kodok, Saalbach Hinterglemm

# Unterschwarzachhof

5754 Saalbach /Hinterglemm, Schwarzacherweg 40 • 0 65 41 66 33
www.unterschwarzach.at • hotel@unterschwarzach.at

Der Unterschwarzachhof verspricht einen Wohlfühlurlaub
für die ganze Familie. Dank der traumhaften Lage direkt an
der Piste und einer Kinderskischule auf dem Hotelgelände
steht einem gelungenen Winterurlaub nichts im Weg. Für ein
vielseitiges Programm ist gesorgt. Kinder lieben den Minibauernhof mit Streichelzoo, Jugendliche erleben Nervenkitzel bei der nächtlichen Wanderung, im Hochseilgarten oder
beim Canyoning. Die großzügigen Zimmer sorgen für genügend Privatsphäre. Zum Relaxen besucht man das Alpen-
Spa oder den Brotback-Ruheraum, in dem die heilenden
Enzyme des Brotteigs Wunder wirken sollen.

# Oberforsthof

5600 St. Johann im Pongau, Alpendorf 11 • 0 64 12 61 71
www.oberforsthof.at • hotel@oberforsthof.at

Der Oberforsthof ist ein Ort, an dem sich jeder wie daheim
fühlt. Sowohl Paare als auch Freundesgruppen können hier
eine erholsame Zeit verbringen. Aber vor allem Familien
werden die zahlreichen kreativen Angebote für Aktivitäten
zu schätzen wissen. Man schickt die Kinder auf spannende
Expeditionen wie Fährtenlesen und Schnitzeljagd oder
erlebt gemeinsam tolle Bergabenteuer. Wenn die Eltern im
Pure-Alp-Spa in der Sauna, in der Aromagrotte oder im Pan-
orama-Hallenbad abschalten, toben die Kleinen im Kids-
Club und schließen neue Freundschaften.

# Tannenhof
## Alpines Lifestyle Hotel

5600 St. Johann im Pongau, Alpendorf 3 • 0 6412 52310
www.tannenhof-alpendorf.com • info@tannenhof-alpendorf.com

Die Gastgeberfamilie Viehhauser weiß ganz genau, worauf Eltern und Kinder in einem gelungenen Sommer- oder Winterurlaub Wert legen. Während die Erwachsenen im Wellnessbereich des Tannenhofs im Felsgrotten-Whirlpool, in der Sauna oder im Innenpool entspannen, werden die kleinen Gäste im Tanni-Kinderclub perfekt betreut oder können sich im Spielzimmer austoben. Eltern werden sich freuen, denn auch an gesundes Essen speziell für Kinder wurde gedacht. Die Familienzimmer und -suiten fallen sehr geräumig aus und laden ein, den Abend gemeinsam als Familie ausklingen zu lassen.

# Seemount ⓝ

6553 See/Paznaun, Au 170 • 0 5441 85 09
www.seemount.at • info@seemount.at

In diesem Hotel in See in Paznaun ist der Name Programm: Während man im Infinity-Außenpool oder im „Hot See Tub" entspannt, wird einem vom Seemount aus ein herrlicher Blick auf die umliegende Berglandschaft eröffnet. Diese verfügt nicht nur über zig Pistenkilometer, sondern auch über 80 Wanderrouten mit unterschiedlichen Schwierigkeitsgraden. Die großzügigen Zimmer sind mit komfortablen Designermöbeln sowie Balkon oder Loggia ausgestattet. Das Seemount versteht sich zudem als familienfreundliches Hotel, das auch einige Aktivitäten für die Kleinsten bereithält.

# Hotel Löwe & Hotel Bär

Leading Family Hotel & Resort

6534 Serfaus, Herrenanger 9 • 05476 6228
www.loewebaer.com • info@loewebaer.com

Umrahmt von den Tiroler Alpen findet man die beiden Leading Family Hotels Löwe und Bär. Hochwertig eingerichtet, bieten beide Resorts eine gemütliche und dennoch luxuriöse Atmosphäre. Das Hotel Bär betreut Kinder vom Baby- bis zum Teenageralter. Für alle Altersgruppen gibt es eine Vielzahl an Freizeitmöglichkeiten. In der fünfstöckigen Softplayanlage ist Spaß garantiert und das Bären-Badeparadies mit Speedrutsche bietet einen wundervollen Ort für kleine Wasserratten. Im Hotel Löwe gibt es außerdem ein Theater und ein Kino. Erwachsene fühlen sich in den Wellness-Einrichtungen wohl.

# Falkensteiner Hotel Montafon Ⓝ

6774 Tschagguns, Latschaustraße 45 • 05556 20888
www.falkensteiner.com/hotel-montafon • montafon@reservations.falkensteiner.com

Bereits beim Eintreten in das Hotel Falkensteiner Montafon zeigt sich das Ausmaß an Möglichkeiten für die kleinen Gäste: von der Kletterwand bis hin zu den Tischfußballtischen. In den Zimmern hat man als Familie genügend Platz, um sich auszubreiten. Dort bleibt man jedoch nicht lange, bietet doch das Hotel ein buntes Programm – inner- sowie außerhalb des Hauses. Möchte man sich drinnen austoben, empfiehlt sich die Wasserwelt mit Rutsche und separatem Adults-only-Spa. Bei Schönwetter kann die Berglandschaft in und um Tschagguns erkundet werden. Auch zahlreiche Skigebiete sind in der Umgebung.

# Hintertuxerhof

6293 Tux, Hintertux 780 • 0 52 87 85 30
www.hintertuxerhof.at • info@hintertuxerhof.at

Der Hintertuxerhof ist der ideale Ausgangspunkt für ski- und bergaffine Familien. Direkt am Fuße des Gletschers gelegen, beginnt der Pistenspaß vor der Haustüre. Im Sommer sind wunderschöne Bergtouren sicher. Zwei Spielzimmer sowie der Ganzjahresspielplatz mit Gokarts und vielem mehr stehen den Kindern zur Verfügung. Die Eltern entspannen in der Wellnessanlage. Gemeinsame Zeit soll aber auch nicht zu kurz kommen. Darum organisiert das Hotel ein Familienwochenprogramm für Eltern-Kind-Momente und zwei Familien-Sauna-Tage pro Woche, an denen die Kids im Wellnessbereich willkommen sind.

# Post Family Resort

5091 Unken, Niederland 28 • 0 65 89 42 26 • 0664 889 266 43
www.post-familyresort.com • info@post-familyresort.com

Das Post Family Resort ist für Groß und Klein ein Urlaubsparadies der besonderen Art. Das Aktivprogramm für alle Generationen sorgt dafür, dass hier niemals Langeweile aufkommt. Die Kinder haben Spaß auf mehreren Spielplätzen, auf dem Reiterhof, im Streichelzoo oder auf den Wasserrutschen. Erwachsene sind begeistert von der liebevollen Kinderbetreuung sowie vom neuen Adults-only-Spa mit Infinitypool und verschiedenen Saunen. Aktiv bleiben kann man im Fitnessraum, bei Yoga- und Pilates-Einheiten oder bei der Wassergymnastik. Für Kinder wird täglich ein eigenes Kiddy-Fit-Programm angeboten.

# Hilton Vienna Danube Waterfront

1020 Wien, Handelskai 269 • 01 72777 • 0664 857 22 48
www.hiltonhotels.de/oesterreich/hilton-vienna-danube-waterfront •
info.viennadanube@hilton.com

Wiens einziges Hotel an der Donau eignet sich sowohl für
Privat- als auch Geschäftsreisende. Das Stadtzentrum ist
in wenigen Minuten mit der U-Bahn zu erreichen, der Prater
befindet sich in unmittelbarer Nachbarschaft. Ein weiterer
Pluspunkt sind die stilvoll eingerichteten Zimmer, die zu
den größten der Stadt zählen und einen herrlichen Ausblick
liefern. Dieser wird auch vom Restaurant aus geboten, in
dem Spezialitäten aus der Alpen-Adria-Region aufgetischt
werden. Im Sommer lockt die Terrasse mit Grillgerichten
und Cocktails. Entspannung findet man im Außenpool, in
der Sauna oder im Whirlpool.

# amiamo

5700 Zell am See, Bundesstraße 20 • 06542 55355
www.amiamo.at • hotel@amiamo.at

Spaß, Spiel und Sport sind im amiamo, dem ersten Boutiquehotel für Familien, sicher. Die Region lädt zu jeder Jahreszeit zu zahlreichen Bergabenteuern ein. Im Hotel selbst
ist Langeweile ebenfalls ein Fremdwort. Bei der Kinderbetreuung wartet ein abwechslungsreiches Programm für die
Kleinen, die sich in der Indoorspielzone mit Werkstatt, Klet-
terburg und Räuberhöhle austoben können. Im Sommer ist
der hoteleigene Badestrand am Zeller See der perfekte Ort
für die ganze Familie. Für Babys gibt es eine eigene Wellnesswelt und einen Babypool. Die Verwöhnpension bietet
Spezialitäten für Groß und Klein.

# Böglerhof

pure nature resort

6236 Alpbach, Nr. 166 • 0 53 36 52 27
www.boeglerhof.at • info@boeglerhof.at

Auf der Suche nach einem Ort der Entspannung und der Lebensfreude? Dann ist man hier genau richtig! Der Ausblick auf die Tiroler Bergwelt ist einmalig, die Zimmer im Alpbacher Holzbaustil sind ebenso stilvoll wie gemütlich eingerichtet. Morgens stärkt man sich am Frühstücksbuffet, bevor es dann zum Aktivprogramm mit geführten Wanderungen oder Mountainbiketouren geht. Einen Wellnessbereich mit einigen Optionen, Ruhe und Erholung zu finden, gibt es ebenfalls. Beim Schaukochkurs lässt sich der Küchenchef über die Schulter schauen. Seine Kreationen genießt man schließlich beim fünfgängigen Dinner.

© SalzburgerLand Tourismus

Gasteiner Wasserfall

# Waldhaus Rudolfshöhe

5640 Bad Gastein, Hardtweg 1 • 06434 20446
www.rudolfshoehe.at • mail@rudolfshoehe.at

Ein Urlaub bei Freunden: So könnte man einen Aufenthalt im Waldhaus Rudolfshöhe beschreiben. Viel Herzblut steckt in der Renovierung und Gestaltung des 600 Jahre alten Hauses, in dem man sich sofort wie daheim fühlt. Die vier persönlich eingerichteten Zimmer verfügen über Berg- und Talblick und strahlen Wohlfühlatmosphäre aus. Im Garten unter dem Bergahorn soll bereits Kaiserin Sisi gepicknickt haben. Auf den kulinarischen Genuss wurde ebenfalls nicht vergessen. Zum Frühstück warten knuspriges Brot und selbst gemachte Marmeladen. Abends gibt es auf Wunsch ein Drei-Gänge-Menü in der Panoramahütte.

# Villa Rosa

## Geschwister Rauch

8343 Bad Gleichenberg, Trautmannsdorf 6 • 03159 4106
www.geschwister-rauch.at • office@geschwister-rauch.at

In der Steiermark zählt das Restaurant der Geschwister Rauch zu den feinsten Genussadressen der Region. Dieses wird seit einiger Zeit von einem kleinen Boutiquehotel mit sechs gemütlichen Zimmern und zwei Suiten – allesamt mit Balkon – ergänzt. Die Jugendstilvilla wurde behutsam restauriert, wobei das Augenmerk darauf gelegt wurde, historische Elemente zu erhalten. Highlights sind der traumhafte Garten, in dem man sich das sensationelle Gourmetfrühstück servieren lassen kann, sowie die Kochschule. Daheimgebliebene freuen sich bestimmt über ein Mitbringsel aus dem hauseigenen Feinkostladen.

# Blü

5630 Bad Hofgastein, Kaiser-Franz-Platz 1 • 0 6432 6230
www.hotelblue.at • info@hotelblue.at

Mitten im Zentrum von Hofgastein kann man den Alltag getrost hinter sich lassen. Dafür sorgt das Alpine-Casual-Hotel Blü, das sich besonders an die Genießer unter den Urlaubern richtet. Das Gasteinertal hält in dieser Hinsicht für jeden etwas bereit – sowohl Sportbegeisterte als auch Kulturliebhaber kommen hier ganz auf ihre Kosten. Im Hotel selbst genießt man das Saunieren und Relaxen im Himmelblü-Spa auf dem Dach, den Ausgleich bei einer Yoga-Session, weltoffene Kulinarik im hippen Restaurant oder einen kühlen Drink an der Blü-Bar. Besonders lässig sind die Zimmer im Baumhaus, dem neuen Hoteltrakt.

# Sportalm

9546 Bad Kleinkirchheim, Enzianstraße 13 • 0676 637 2032
www.hotelsportalm.com • servus@hotelsportalm.com

Wo skandinavischer Style auf alpine Gemütlichkeit trifft, befindet man sich vermutlich im Hotel Sportalm. Denn im Herzen der Kärntner Nockberge gelegen, warten zu jeder Jahreszeit zahlreiche Aktivmöglichkeiten auf Urlauber. Skifahren, Langlaufen, Golfen, Wandern – für jeden ist das Richtige dabei. Genauso im Boutiquehotel, das mit seinem Casual-Luxury-Konzept auf lässiges und familiäres Ambiente setzt. Der Almwellnessbereich bietet den perfekten Ort zur Entspannung. Kärntnerische Küche mit einem Hauch Skandinavien lässt man sich im Restaurant Fuxbau schmecken.

# DAS RÖMERSTEIN

8282 Bad Loipersdorf, Henndorf Therme 18 • 0 33 29 46 7 77
www.roemerstein.at • hotel@roemerstein.at

Ein kleines individuelles Hotel inmitten der südoststeirischen Weinberge, das mit Gastfreundlichkeit und familiärer Atmosphäre punktet, ist das Römerstein in Bad Loipersdorf. Von hier aus eröffnet sich ein herrlicher Panoramablick über die Region, den man auch von den gemütlichen Zimmern im Landhausstil, die mit natürlichen Materialien ausgestattet sind, aus genießen kann. Genuss findet man ebenfalls im Wellnessbereich, in dem eine Biosauna, ein Kräuter-Dampfbad und ein Innenpool für Wohlbefinden sorgen. Die Umgebung regt genauso zum Aktivsein beim Wandern, Biken oder Golfen an.

# Langwies Ⓝ
## Genussherberge

5424 Bad Vigaun, Langwies 22 • 0 62 45 89 56
www.langwies.at • hotel@langwies.at

Ob gemütlicher Landhausstil oder ein Hang zum Modernen – das Langwies in Salzburg schafft es, beides unterzubekommen. Im Genießerzimmer etwa werden Designelemente mit behaglichem Komfort verbunden – das Pendant dazu ist das Salzburgerzimmer, das im traditionellen Stil gehalten ist. Für kulinarische Momente sorgen Produkte aus hauseigener Landwirtschaft sowie aus der Region. Jede Menge Entspannung finden Gäste auf der Ruheterrasse, in der finnischen Sauna, im Dampfbad und im kleinen, aber feinen Naturschwimmteich. Ein Hotel, das mit großer Gastlichkeit überzeugt.

# Weyerhof

5733 Bramberg am Wildkogel, Weyer 9 • 0 65 66 72 38
www.weyerhof.at • info@weyerhof.at

Ein historischer Bauernhof, dessen Grundmauern bis ins Jahr 1130 zurückreichen, ist heute ein Haus für Genießer. Höchste Qualität und Ansprüche ziehen sich durch den gesamten Weyerhof. Angefangen bei den 15 liebevoll renovierten Gästezimmern bis hin zur Küche, dem Herzstück des Hotels. Denn hier speist man auf Haubenniveau. Die Zutaten für die traditionellen und neu interpretierten österreichischen Gerichte stammen aus der Region, das Bauernbrot sowie andere Speisen werden noch heute nach Großmutters Rezepten zubereitet. Im Winter findet die längste Rodelbahn der Welt Anklang bei Groß und Klein.

# Zum Verwalter

6850 Dornbirn, Schlossgasse 1 • 0 55 72 23 3 79 • 0664 131 2980
www.zumverwalter.at • hotel@zumverwalter.at

Mit sehr viel Aufmerksamkeit wurde ein denkmalgeschütz-
tes Vorarlberger Fachwerkhaus in ein charmantes Boutiquehotel verwandelt. Die Vergangenheit des urigen Hauses ist
in den stilvoll modernisierten acht Zimmern oder der getä-
ferten Schützenstube noch immer spürbar. Die historische
Bausubstanz spiegelt sich außerdem in der etwas niedrige-
ren Raumhöhe wider. Genuss findet man im Restaurant mit
Gourmet- und Vorarlberger Küche, im gemütlichen Bistro, in
der Gartenlounge oder auf der herrlichen Terrasse. Die Vinothek hält zudem eine bemerkenswerte Auswahl hervorragender Weine bereit.

# Fuchsegg Eco Lodge

6863 Egg, Amagmach 1301 • 0 55 12 44 5 44
www.fuchsegg.at • hallo@fuchsegg.at

Die Fuchsegg Eco Lodge ist ein zauberhafter Kraftort, der
Naturerlebnis und Komfort verbindet. Familien, Freunde
und Verliebte finden hier Zeit und Raum für Geselligkeit,
aber auch für Privatsphäre und Rückzug. Das Gasthaus mit
Kaminbar ist das Herzstück der Lodge und bietet kulinarische Genüsse aus der Region sowie saisonale Vielfalt. Nicht
entgehen lassen sollte man sich die Bregenzerwälder Käs-
spätzle, die jeden Donnerstag serviert werden. Auch das
Frühstück mit Produkten heimischer Bauern ist ein Genuss
und ermöglicht einen energiegeladenen Start in den Tag.
Ein Highlight: der beheizte Außenpool.

# Kleines Hotel Kärnten

9580 Egg/Faaker See, Egger Seepromenade 8 • 0 42 54 23 75 • 0664 519 4608
www.kleineshotel.at • genuss@kleineshotel.at

Das kleine Hotel bietet alles, was einen gelungen Sommerurlaub am See ausmacht. Begonnen bei den geräumigen Suiten mit traumhafter Aussicht bis hin zum wunderschön angelegten Garten mit direktem Seezugang bleiben keine Wünsche offen. Auch kulinarisch wird man – vom reichhaltigen Frühstück bis zum letzten Glas Wein auf der Terrasse – stets freundlich und zuvorkommend bedient. Neben dem umfangreichen Freizeitangebot der Region verfügt das Hotel über eine Seesauna. Während die Erwachsenen dort Entspannung und Ruhe finden, powern sich die Kinder bei Radtouren, Wassersportarten und vielem mehr aus.

Faaker See mit Mittagskogel

# Galántha Ⓝ

7000 Eisenstadt, Esterházyplatz 3 • 02 68 2 23 3 33
www.hotelgalantha.at • info@hotelgalantha.at

Das Hotel Galántha hat im September 2022 erstmals seine Tore geöffnet und versteht sich sowohl als Haus für Touristen als auch für Einheimische. Inmitten des Schlossquartiers, mit spektakulärem Blick auf das Schloss Esterházy, beherbergt es neben einem Hotel auch ein Restaurant sowie eine Rooftop-Bar. Sämtliche Räumlichkeiten, die 120 Zimmer sowie die drei exklusiven Suiten vermitteln ein mondänes Ambiente.

beide Bilder © Gregor Hofbauer

# Grosslehen

## Hotel & Chalets

6391 Fieberbrunn, Lehen 21 • 0 5354 56 455
www.grosslehen.at • info@grosslehen.at

Vom einstigen einfachen Bauernhof zum Wohlfühlort: Das Grosslehen inmitten der Kitzbüheler Alpen wird seit Generationen von der Familie Geisl geführt, dementsprechend viel Wert wird auf die Bewahrung der Traditionen gelegt. Neben den Zimmern haben die Gäste außerdem die Möglichkeit, private Chalets zu buchen, die direkt am Ufer des hoteleigenen Naturbadeteichs liegen. Überhaupt ist die malerische Natur an diesem Ort definitiv ein Grund für einen Urlaub im Tiroler Fieberbrunn. Noch ein Pluspunkt: Viele Produkte, die in der Grosslehen-Küche verarbeitet werden, stammen aus eigener Landwirtschaft.

# Jaglhof

8462 Gamlitz, Sernau 25 • 03454 6675
www.jaglhof.at • jaglhof@domaines-kilger.com

Aufwachen und über die südsteirischen Weinberge blicken – welch ein Urlaubstraum! Im Jaglhof, der malerisch in das umliegende Hügelland eingebettet ist, wird dieser Traum zur Wirklichkeit. Jedes der neun Doppelzimmer verfügt über einen Balkon mit bester Aussicht. Ruhesuchende finden hier die gewünschte Erholung, Weinliebhaber kommen sowohl im Hotel als auch in den zahlreichen Weingütern in der Nähe auf Ihre Kosten und Kulinarikbegeisterte werden die haubengekrönte Küche sowie das reichhaltige Frühstück lieben. Einen kleinen Wellnessbereich mit Sauna und Außenpool gibt es ebenfalls.

# Zum Goldenen Hirschen Ⓝ

4810 Gmunden, Linzer Straße 4 • 07612 23444
hirschengmunden.at • info@hirschengmunden.at

Im Hotel Hirschen in Gmunden trifft Altes auf Neues – und das ist nicht bloß als Floskel dahingesagt. Neu, weil das Haus kürzlich modernisiert wurde. Darauf treffen traditionelle Elemente wie etwa Geweihe an den Wänden, Gmundner Keramik sowie erlesene Vintage-Möbel mit handgewebten Stoffen – der Inbegriff von Gemütlichkeit und gleichzeitig am Zahn der Zeit. Erwähnenswert ist auch die Wirtsstube, die ein gleichermaßen heimeliges Gefühl vermittelt und zudem einen Mix aus heimischen Klassikern und weiter Welt auf die Teller bringt.

KAI
SER

Moments

—

# Kaiser Moments

6353 Going, Kapellenweg 28 • 0 53 58 38 80 • 0664 406 94 33
www.kaisermoments.at • info@kaisermoments.at

Am Fuße des Wilden Kaisers haben Juliane und Sepp Schipf-
linger 2019 das Kaiser Moments eröffnet, ein wunderbares
Hideaway für Gäste, die Wert auf Komfort mit einem Hauch
Extravaganz legen und für die auch das Thema Nachhaltigkeit beim Urlauben eine Rolle spielt. In den sechs modern
ausgestatteten Lofts könnte man den ganzen Tag gemütlich
im Private-Spa, unter den Regenduschen und auf den Balkonen verbringen, von denen man einen herrlichen Blick auf
die Berge genießt. Wären da nicht ebendiese, die zum Wandern, Bergsteigen oder Skifahren einladen.

# Der Seehof Ⓝ

5622 Goldegg am See, Hofmark 8 • 0 6415 81370
www.derseehof.at • office@derseehof.at

Der Seehof im idyllischen Goldegg ist ein besonderes Haus. Mit einer ordentlichen Portion Tradition im Gepäck – konkret einer 300-jährigen – wird es heute, nach einigen Umbauarbeiten, von Sepp und Susi Schellhorn geführt. Beide sind große Kunstfans, was sich in sämtlichen Zimmern bemerkbar macht. Kein Zimmer ist wie das andere, aber jedes erzählt ein Stück Seehof-Geschichte. Sehr ansehnlich sind die zwei Kunstsuiten. Wenige Gehminuten vom Hotel entfernt liegt das dazugehörige Wirtshaus, wo österreichische Klassiker entsprechend der Saison serviert werden. An Sonntagen gibt es Restlessen.

# Sonnenhof Ⓝ
Gourmet | Wine | Spa | Art

6673 Grän, Füssener-Jöchle-Straße 5 • 0 5675 6375
ww.sonnenhof-tirol.com • post@sonnenhof-tirol.com

Im Tannheimer Tal, nahe der Allgäuer Alpen, befindet sich der Sonnenhof der Familie Müller. Das Vier-Sterne-Hotel richtet sich an Genussurlauber, die eine Auszeit in unberührter Natur erleben möchten. Erst vor Kurzem wurden die Zimmer renoviert, seither erstrahlen sie in alpinem Chic mit vielen Holzelementen und fulminanten Aussichten auf die Berge. Gourmets kommen im Restaurant auf ihre Kosten, wo Küchenchef und Jeunes-Restaurateurs-Mitglied Patrick Müller köstliche Menüs zubereitet. Im Glas gibt es Champagner oder erlesenen Wein. Der feine Wellnessbereich sorgt für vollkommene Entspannung.

# Das Hohe Salve Sportresort

6361 Hopfgarten im Brixental, Meierhofgasse 26 • 05335 2420
www.hohesalve.at • welcome@hohesalve.at

Eingebettet ins vordere Brixental ist das Hohe Salve Sportresort, das seiner Bezeichnung alle Ehre macht. Denn hier wird Bewegung großgeschrieben. Ein Kraftraum, ein Outdoor-Trainingsbereich und ein Sportbecken laden zum Aktivsein ein. Mit individuellen Bewegungsplänen wird auf die Bedürfnisse der Gäste eingegangen, auch eine vitale Ernährung mit regionalen Köstlichkeiten trägt zum gesunden Lebensstil bei. Die Berglandschaft erkundet man entweder auf eigene Faust oder man nimmt eine geführte Tour in Anspruch. Auch Yoga, eine bioelektrische Impedanzanalyse oder Personal-Training werden angeboten.

# Waldruhe

9941 Kartitsch, Kartitsch 154 • 04848 6302
www.waldruhe.at • info@waldruhe.at

Fernab vom Massentourismus erwartet das Hotel Waldruhe seine Gäste, die Entschleunigung, Genuss und die unberührte Natur zu schätzen wissen. Die 27 hellen und freundlichen Zimmer bestechen durch den Einsatz hochwertiger Naturmaterialien. Herzstück dieses besonderen Hotels ist jedoch das Wohnzimmer mit Glasfront und Gartenblick, das zu jeder Tageszeit zum gemütlichen Verweilen einlädt. Im Wellnessbereich mit zwei Saunen kann man ebenso gut abschalten. Kulinarisch wird nach dem Farm-to-table-Konzept agiert – und so landen beste Produkte von Bauern aus der Umgebung auf dem Tisch.

# Minglers Sportalm
Genießerhotel

6365 Kirchberg in Tirol, Brandseitweg 26 • 0 5357 27 78
www.hotel-sportalm.at • info@hotel-sportalm.at

Sporturlauber und Feinschmecker werden in Minglers Sportalm gleichermaßen glücklich. Das familiengeführte Haus hat die beste Ausgangslage: direkt an der Skipiste und an einem faszinierenden Wandergebiet. Die Seniorchefin verrät Geheimtipps oder nimmt die Gäste mit auf eine geführte Wandertour. Im Hotel stehen auch E-Bikes zur Verfügung, der Badesee von Kirchberg ist in kurzer Zeit zu erreichen und vier Golfplätze befinden sich ebenfalls in der Nähe. Erholung findet man im Alpin-Spa mit Infinity-Indoorpool und Panorama-Außensauna. Am Abend verwöhnt der Küchenchef mit seiner Hauben gekrönten Kulinarik.

# Herkuleshof
am Danielsberg

9815 Kolbnitz, Preisdorf 18 • 0 47 83 22 88
www.herkuleshof.com • info@herkuleshof.com

In paradiesischer Ruhe inmitten des Nationalparks Hohe Tauern liegt der romantische Herkuleshof. Das ehemalige Jagdhaus des Baron Kaltenegger blickt auf eine über 100-jährige Geschichte zurück, die in den heutigen Räumlichkeiten, mit bedachten Renovierungen und Modernisierungen, bewahrt bleibt. Die Zimmer im Haupthaus sind individuell und voller Charakter, im neuen Gästehaus nächtigt man in modernen Studios. Ein besonderer Kraftplatz mit keltischen Schalensteinen findet sich auf der Anhöhe des Danielsbergs und die 900 Jahre alte St.-Georgs-Kirche lädt zum Heiraten ein.

# Burghotel Lech

6764 Lech am Arlberg, Oberlech 266 • 0 55 83 22 91
www.burghotel-lech.com • info@burghotel-lech.com

Urlaub nach Herzenslust, mit der Bergwelt des Arlbergs direkt vor der Haustüre, erlebt man im Burghotel Lech. Im Winter gleich an der Skipiste gelegen, im Sommer mit unzähligen Wanderwegen in der Nähe, erwarten die Gäste spannende Aktivabenteuer. Wer möchte, bleibt nach der Rückkehr ins Hotel im Fitnessraum (auf Wunsch mit Personal-Trainer) weiterhin sportlich oder entspannt in der Burg Oase im Whirlpool, Quellwasserpool oder in der Sauna. Auch das gastronomische Angebot muss sich nicht verstecken: Highlights sind die haubengekrönte Lechtaler Stube sowie der Weinkeller mit 1200 erlesenen Tropfen.

# Landgut am Pössnitzberg

## Kreuzwirt

8463 Leutschach, Pössnitz 168 • 0 34 54 205
www.poessnitzberg.at • gut@poessnitzberg.at

Gibt es eine bessere Kombination als Urlaub, Wein und Natur? Das direkt an der Südsteirischen Weinstraße gelegene Landgut am Pössnitzberg erstrahlt nun mit zahlreichen Erneuerungen in frischem Glanz. Regionalität und Verbundenheit zur Natur stehen nun mehr denn je im Mittelpunkt. Das zeigt sich in der Gestaltung, aber vor allem auch in der Kulinarik. Ein Highlight ist die Weinpartnerschaft mit Hannes Sabathi. Entspannung findet man im Wellnessbereich mit Blick auf die Weinberge. Auf der Suche nach einer Location für die nächste Veranstaltung? Das neue Seminar- und Eventhaus eignet sich bestimmt.

# Vergeiner's Hotel Traube Ⓝ

9900 Lienz, Hauptplatz 14 • 04852 64444
www.hoteltraube.at • info@hoteltraube.at

Im Vergeiner's Hotel Traube in Lienz dürfen sich Gäste über klassisch eingerichtete Zimmer mit Vier-Sterne-Standard freuen. Das Hotel war in vergangenen Jahrhunderten als Kaffeeresidenz bekannt – diese Gemütlichkeit hat Familie Vergeiner seither bewahrt und in zeitgemäßen Komfort übertragen. Neben dem Panoramaspa, der eine wunderschöne Aussicht über die Altstadt von Lienz und erholsame Stunden ermöglicht, kann sich auch die Kulinarik des Hauses sehen lassen. Auf das morgendliche Frühstücksbuffet folgt abends ein mehrgängiges Dinner mit regionalen sowie italienischen Spezialitäten.

# Der Steinerwirt

5090 Lofer, Lofer 48 • 06588 8303
www.dersteinerwirt.at • info@dersteinerwirt.at

Wie schön, wenn traditionelle Häuser mit Geschichte wiederbelebt und mit zeitgemäßem Design verbunden werden! So ist es auch mit dem Steinerwirt geschehen, der ein Treffpunkt für Einheimische wie Touristen geworden ist. Die 16 Zimmer punkten mit hochwertigen Materialien, im Erdgeschoss steht eine kleine exklusive Sauna zur Verfügung. Das Highlight ist „Stoana 4 Friends": zwei separate Doppelzimmer mit privater Terrasse und eigenem Whirlpool. Kulinarisch erfreuen das ganztägige Frühstück sowie Tapas und spanisch inspirierte Gerichte. Aktivurlauber freut, dass die Bergbahn nur fünf Minuten entfernt ist.

# Gabrium

2344 Maria Enzersdorf, Grenzgasse 111 • 0 22 36 50 25 20
www.gabrium.at • office@gabrium.at

Unweit von Wien möchte das Hotel Gabrium seine Gäste in ferne Länder entführen und ihnen fremde Kulturen näherbringen. So ist jedes Stockwerk einem anderen Erdteil gewidmet und die 20 Doppelzimmer und drei Juniorsuiten sind dementsprechend mit Mustern, Artefakten und Möbeln des jeweiligen Kontinents ausgestattet, um ihre Bewohner zu einer Gedankenreise in eine andere Welt einzuladen. Auch kulinarisch wird man mit der „Weltenküche" auf Reisen geschickt, wobei auf regionale Zutaten geachtet wird.

© Salzburger Land Tourismus

Seisenbergklamm, Weißbach bei Lofer

# Villa Verdin

9872 Millstatt am See, Seestraße 69 • 0699 120 29862
www.villaverdin.at • holiday@villaverdin.at

Eine Jahrhundertwendevilla direkt am Millstätter See, sogar mit eigenem Seezugang – das ist die Villa Verdin, die als unverwechselbares Kleinod bezeichnet werden kann. Dank eines bunten Sammelsuriums an zahlreichen Möbeln und Gegenständen aus vergangenen Tagen ist sie einzigartig gestaltet. Auf Kulinarik wird hier ebenfalls geachtet: Das Langschläferfrühstück begeistert mit Bioprodukten, die kleine Speisekarte des À-la-carte-Restaurants wechselt täglich. Dazu gibt es erlesene Weine oder erfrischendes Bier. In der Sauna, bei einer Massage oder beim Yoga kommt auch das Relaxen nicht zu kurz.

# Hotel Schloss Mittersill

5730 Mittersill, Thalbach 1 • 06562 20200
www.schloss-mittersill.com • office@schloss-mittersill.com

Der Panoramablick über das Salzachtal ist nur eines der Highlights im Hotel Schloss Mittersill, das mit seinem Zusammenspiel aus Tradition und Moderne die Gäste begeistert. Gekonnt wurde darauf geachtet, historische Elemente zu bewahren, um den Glanz vergangener Zeiten spürbar zu machen. Jedes der 54 Schlossgemächer besticht durch eine eigene Note. Vom Frühstück bis zum Abendessen werden kulinarische Hochgenüsse aus regionalen Zutaten geboten. Im Schloss-Spa mit Außenpool und Saunabereich lassen sich romantische Stunden verbringen, der Nationalpark Hohe Tauern hält Erlebnisse für Aktive bereit.

# Eichingerbauer Ⓝ

5310 Mondsee, Eich 34 • 0 62 32 26 58
www.eichingerbauer.at • info@eichingerbauer.at

Das Hotel Eichingerbauer, das sich in der wunderschönen Region Salzkammergut befindet, hat eine lange Tradition der Gastfreundschaft, die der Gast heutzutage spürt. Mit einer reichen Geschichte wurde dieses Hotel über Generationen hinweg stets weiterentwickelt und begeistert nun mit modernem Komfort. Eines der Highlights des Hotels ist der Wellnessbereich: Mit einer Vielzahl von Saunen, einem ganzjährig beheizten Swimmingpool, einem Salzwasser-Tropfbad, Infrarotsaunen und Massagen ist das EichSpa der perfekte Ort, um Körper und Geist etwas Gutes zu tun und seine Alltagssorgen zu vergessen.

# Mühltalhof
Genießerhotel

4120 Neufelden, Unternberg 6 • 0 72 82 62 85
www.muehltalhof.at • reception@muehltalhof.at

Der Mühltalhof hat mit seiner idyllischen Lage und seinem einzigartigen Ambiente das Potenzial, für jeden Gast zum absoluten Lieblingsort zu werden. Von 1698 bis heute wurde das Haus liebevoll weiterentwickelt, mit dem Auge darauf, den Altbestand zu sichern und moderne Elemente einzugliedern. In den 13 Zimmern, den fünf Suiten und dem Studio ist eine Mischung aus Luxus und Schlichtheit zu finden. Das große Highlight ist und bleibt die mit Hauben ausgezeichnete Küche, von Philip Rachinger. Die Sauna mit Panoramafenster und der Relaxbereich am Flussufer laden zum Entspannen ein.

# Hotel Schloss Leonstain

9210 Pörtschach, Leonstainer Straße 1 • 0 42 72 28 16
www.leonstain.at • info@leonstain.at

Die geschichtsträchtigen Gemäuer des Hotels Schloss Leonstain haben einen ganz besonderen Charakter. Wie schön, dass man hier traumhafte Tage verbringen kann. Das Haus liegt in einem gepflegten Park, der zum Spazierengehen und Abschalten einlädt. Herrlich relaxen lässt es sich auch im kleinen Wellnessbereich mit Sauna sowie am hoteleigenen Badestrand mit malerischer Seekulisse. Oder man leiht sich ein Fahrrad für eine Tour um den Wörthersee. Im haubenprämierten Restaurant LEON geht der Genuss weiter: Küchenchef Stefan Obmann kreiert aus heimischen Produkten köstliche Gerichte.

Seepromenade in Pörtschach am Wörther See

# Bürgerhaus
Art Boutique Hotel

7071 Rust, Hauptstraße 1 • 0 26 85 61 62
www.timimoo.at • office@timimoo.at

Das farbenfrohe und verspielte Bürgerhaus inmitten der
Ruster Altstadt könnte ebenso gut in Frankreich an der Côte
d'Azur liegen. So manch einer würde die Dekoration als
unnötigen Schnickschnack betiteln, vielmehr handelt es
sich jedoch um authentische Stilmittel und Hingucker, welche für den einzigartigen Charme des Art Boutique Hotels
verantwortlich sind. Kunstverliebte Sammler mit Liebe zum
Detail werden hier stets öfters einkehren. Angelockt werden
sie nicht nur vom Ambiente und vom hervorragenden Frühstück. In dem hauseigenen Atelier werden auch zahlreiche
Kreativ-Workshops angeboten.

# Drahteselböck
Pension

7071 Rust, Dorfmeistergasse 21 • 0 26 85 301
www.drahteselboeck.com • pension@drahteselboeck.com

Für einen gelungenen Radurlaub in der Pannonischen Tief-
ebene ist das Drahteselböck genau die richtige Adresse.
Direkt am Radweg am Ruster Stadtrand gelegen, bietet die
Pension einen perfekten Ausgangspunkt, um das Burgenland zu entdecken. Morgens sammelt man beim Frühstück
Energie für den Tag, nach einer Radtour fühlt man sich in
der „Knautschzone" bei einem Glas Wein oder Bier wie zu
Hause. Richtig gemütlich sind auch die 23 Zimmer mit Balkon, eine Kinderbibliothek und Brettspiele garantieren
zusätzlichen Spaß für kleine Gäste. Der hoteleigene Pool
mit Terrasse bietet ein sonniges Plätzchen.

# Die Gersberg Alm ⓝ

5020 Salzburg, Gersberg 37 • 0662 641 25 70
www.gersbergalm.at • office@gersbergalm.at

Wenige Kilometer von Salzburg entfernt liegt die Gersberg Alm, die bereits zu Mozarts Zeiten ein beliebtes Ausflugsziel war. Was den Ort derart besonders macht, ist der Ausblick auf Dom, Festung und Altstadt. Das Hotel zeigt sich im traditionellen alpenländischen Stil und verfügt über 40 Zimmer sowie einen kleinen Wellnessbereich mit Panoramapool und Sauna. Im Gegensatz zum rustikal gehaltenen Äußeren ist das Innere durchwegs modernisiert und liebevoll eingerichtet worden. Im Restaurant darf man sich auf Gerichte mit regionalen Produkten und auf Klassiker wie Grießschmarren und Tafelspitz freuen.

# The Maximilian

5020 Salzburg, Bayernstraße 28 • 0662 87 22 74
www.themaximilian.at • stay@themaximilian.at

Der nächste Citytrip nach Salzburg könnte in ein ganz besonderes Hotel führen. Im Jahr 2020 öffnete das The Maximilian seine Pforten für all jene Gäste, die Design, Nachhaltigkeit und das intuitive Gefühl von zu Hause im Urlaub zu schätzen wissen. Die 21 Zimmer sind alle mit französischem Balkon ausgestattet, ausschließlich runde Möbelstücke sollen zum wohnlichen Ambiente beitragen. Man checkt kontaktlos vor Ort selbst ins Hotel ein, die Bar mit Kaffee und Wein funktioniert nach dem Honesty-Prinzip: Nimm dir selbst, bezahle später. Im Parterre des Hauses findet man einen abgetrennten Workspace.

©Tourismus Salzburg, Foto: Breitegger Günter

Kapitelplatz in Salzburg mit Blick auf die Festung Hohensalzburg und die Sphaera

# Zur Post Ⓝ
## Hotel Gasthof

5340 St. Gilgen, Mozartplatz 8 • 0 62 27 21 57
www.gasthofzurpost.at • office@gasthofzurpost.at

Einige Teile der Fassade des Hotels Zur Post sind mehr als 700 Jahre alt, ein zwölf Meter langes Gemälde ziert die Hauswand und auch im Inneren lässt sich faszinierende Handwerkskunst aus dem Mittelalter finden. Auf Basis dessen wurde das Hotel 2004 umgebaut und renoviert, ohne dass der historische Wert verloren gegangen ist. So verfügen die Zimmer über höchsten Komfort und moderne Technik. Die gerne besuchte Terrasse am Mozartplatz oder die Gaststube laden dazu ein, die saisonalen Spezialitäten der Region – vom Spargel im Frühling bis zum Wild im Herbst – zu genießen.

# Der Wilde Eder

8171 St. Kathrein am Offenegg, Dorf 3 • 0 31 79 82 3 50
www.der-wilde-eder.at • info@der-wilde-eder.at

Wer im Wilden Eder Urlaub macht, erhält die beste Kombination aus Entspannung im großzügigen Wellnessbereich und kulinarischen Erlebnissen der Extraklasse. Besonders Naschkatzen dürfen sich freuen, denn Eveline Wild, ihres Zeichens Konditorweltmeisterin und Patissière, bringt das süße Leben in das Hotel und sorgt dafür, dass Gäste köstliche Kreationen, Wohlbefinden und Sinnlichkeit genießen können. Stefan Eder verwöhnt derweil die Gäste im Fine-Dining-Restaurant mit einem saisonalen Menü. Das Haus blickt auf eine lange Geschichte zurück, die rund um Tradition, Familie und Wohlfühlglück entstanden ist.

# Forstinger
## Boutique Hotel Schärding

4780 Schärding, Unterer Stadtplatz 3 • 07712 23020
www.hotel-forstinger.at • info@hotel-forstinger.at

Die Stadt Schärding lockt mit ihrem unvergleichlichen Charme, mit Idylle sowie mit ihren bunten Stadthäusern entlang der Silberzeile. Eines davon, ein Boutiquehotel, wird bereits in vierter Generation der Familie Forstinger geführt. Die zentrale Lage eignet sich für einen gemütlichen Spaziergang durch die Stadt und einen anschließenden Konditoreibesuch. Aber auch sportlich kann man sich in der Region betätigen. Mit gelebter Tradition und guter Laune zaubert man den Gästen bereits beim reichhaltigen Frühstück mit knusprigem Brot, hausgemachten Marmeladen und frischen Säften ein Lächeln ins Gesicht.

# Weiden ⓝ
## Apart & Suiten Hotel

8971 Schladming, Schwaigerweg 135 • 03687 614 55
www.meinweiden.com • hello@meinweiden.com

Entspannung und Gemütlichkeit erwartet einen im Weiden in Schladming. Das Hotel liegt am Dachstein, direkt an der Skipiste, und eröffnet den Gästen allein durch seine Lage eine Vielzahl an Freizeitmöglichkeiten in der Natur. Hauptaugenmerk liegt jedoch nicht unbedingt darauf, so viel wie möglich zu erleben, sondern darauf, den Stress des Alltags für eine geraume Zeit hinter sich zu lassen und die Batterien neu aufzuladen. Am besten geht das mit dem umfangreichen Yoga-Angebot des Hauses. Im Wellnessbereich warten ein beheizter Outdoorpool, vier verschiedene Saunen sowie Ruheboxen.

# Hotel Schloss Obermayerhofen

8272 Sebersdorf, Neustift 1 • 03333 25 035 0
www.obermayerhofen.at • schlosshotel@obermayerhofen.at

Frühstücken in historischen Freskenräumen, nächtigen in einem der 21 eleganten Zimmer oder in einem von sechs geschmackvollen Apartments des barocken Schlosses und mediterranes Flair – das Hotel Schloss Obermayerhofen ist das ideale Feriendomizil für Individualisten. Seine Lage im Herzen der Steiermark bietet zahlreiche Freizeitmöglichkeiten wie etwa Golfen, Wandern oder Radfahren. Neben der Thermenregion Bad Waltersdorf gelegen, kommt auch der Entspannungsfaktor nicht zu kurz. Das Hotel selbst ist mit der kleinen, aber feinen Wellnessoase „Spa für 2" und einem Schwimmteich ausgestattet.

# Villa Antoinette

2680 Semmering, Gläserstraße 9 • 0699 190 070 79
www.villa-antoinette.at • info@villa-antoinette.at

Zwischen Semmering und Breitenstein kann man an einem versteckten Ort den Sommerfrische-Chic vergangener Zeiten erleben. Die aus dem Jahr 1912 stammende Villa Antoinette verzaubert die Gäste vom ersten Moment an. Denn die Liebe zum Detail, mit der das Haus renoviert wurde, ist sofort spürbar. Komfort und privates Ambiente werden miteinander verbunden. So lässt sich die Villa mit sechs Zimmern und Salon mit Marmorkamin ganz oder teilweise mieten. Das Badehaus begeistert mit Sauna und Dampfbad. Auf Wunsch können ein Privatkoch sowie Yoga- oder Fitness-Sessions gebucht werden.

# Kleinsasserhof

9800 Spittal an der Drau, Kleinsass 3a • 04762 2292 • 0664 519 13 05
www.kleinsasserhof.at • buchung@kleinsasserhof.at

Ein Hotel, wie es kein zweites gibt; ein Gesamtkunstwerk am Berg – mit allerlei Kunst und Kuriositäten dekoriert und eingerichtet: Das ist der höchst individuelle Kleinsasserhof. Der Bauernhof aus dem 16. Jahrhundert wird noch immer betrieben und die Produkte, die kaum regionaler sein könnten, finden Eingang in herrliche Kärntner Gerichte im Hotelrestaurant. Die 14 Zimmer wurden gemütlich und individuell eingerichtet. Ob in der Stuben, am offenen Kamin oder an der Bar – man fühlt sich überall wohl. Eine Blockhüttensauna und ein Biotopschwimmteich bieten zusätzliche Orte der Entspannung.

# Steirereck am Pogusch

8625 Turnau, Pogusch 21 • 0 38 63 20 00 00
www.steirereck.at • pogusch@steirereck.at

Im Einklang mit der Natur zu leben, das ist der Familie Reit-
bauer ein Anliegen. In ihrer Dependance, dem Steirereck am
Pogusch, kann man nicht nur beste Wirtshausküche aus
Produkten der eigenen Landwirtschaft, sondern auch Waldruhe, den klaren Sternenhimmel und ganz besondere Unterkünfte genießen. Auf 1100 Metern Seehöhe nächtigt man in
Zimmern, Vogelhäusern oder Hütten – allesamt aus hochwertigen Materialien gebaut und in die Natur eingebettet. In
den stylishen Baumhäusern ist man dem Himmel ein Stück
näher und im Glashaus verbringt man die Nacht zwischen
Zitrusbäumen und Kräutern in einer der Kabanen.

# Gästehaus Wallner

9220 Velden am Wörthersee, Waldweg 6 • 0 699 175 105 10
www.gaestehauswallner.com • office@gaestehauswallner.com

Ein Kleinod unter den Hotels in Velden haben Modedesi-
gnerin Gina Drewes und der Filmschaffende Martin Kirch-
ner eröffnet, als sie eine Pension aus den 50ern wiederbe-
lebten. Das Gästehaus Wallner mit moderner Kunst sowie
skurrilen Objekten ist eine wahre Oase für Vintage-Lieb-
haber. Die fünf individuellen Zimmer mit Balkon fungieren
zeitgleich als Galerie für österreichische Künstler, deren
Werke man hier erwerben kann. Im gesamten Haus sowie im
charmant gestalteten ruhigen Garten ist die Italienliebe der
Gastgeber spürbar. Im Schatten der alten Buchen genießt
man Kaffee und Wein von der Hausbar.

# Streklhof

9220 Velden am Wörthersee, Streklhofweg 1 • 0 42 74 25 01
www.streklhof.at • hotel@streklhof.at

Ruhe und Idylle. Wälder, Wiesen und Berge, so weit das Auge reicht. Auch das ist eine Seite von Velden. Zu finden ist diese auf einem Hochplateau in Aich, im Streklhof, in dem man von der Gastgeberfamilie herzlich in Empfang genommen wird. Denn Gastfreundschaft ist in diesem Haus mit Seele, das ländliche Tradition und Moderne vereint, oberstes Gebot. Das Hotel ist ein guter Ausgangspunkt für Wanderungen und Fahrradtouren, lädt aber mit seinem Wellnessstadl, dem In- und Outdoorpool sowie einer Sauna auch zum Verweilen ein. Beim abendlichen Vier-Gänge-Menü wird auf regionale Zutaten großen Wert gelegt.

# Babula am Augarten

1020 Wien, Heinestraße 15 • 0676 399 7311
www.babulahotel.com • office@babulahotel.com

Eine gemütliche Atmosphäre wie bei Oma, gepaart mit dem Lifestyle der heutigen Zeit – so inszeniert sich das Hotel Babula. Das Wort „Babula" stammt aus dem jüdisch-russischen Dialekt und bedeutet „Großmutter", die man mit Wohlgefühl und gutem Essen in Verbindung bringt. Genau darauf wird hier das Augenmerk gelegt und dafür werden zwei Konzepte miteinander kombiniert. Auf der einen Seite gibt es den Babula-Breakfast-Club, der die Herzen der Gäste höherschlagen lässt. Auf der anderen Seite findet man in der Pizzeria außergewöhnliche Pizzen. Zur Übernachtung wählt man aus sieben verschiedenen Kategorien.

# Der Wilhelmshof

1020 Wien, Kleine Stadtgutgasse 4 • 01 214 552 10
www.derwilhelmshof.com • info@derwilhelmshof.com

In einer ruhigen Seitengasse im Herzen von Wien liegt das extravagante Hotel Der Wilhelmshof, das sich der Kunst und Nachhaltigkeit verschrieben hat. Erstere begleitet die Gäste im gesamten Haus – sei es in den von Wiener Künstlern individuell gestalteten Zimmern, in der Eingangshalle, im Stiegenhaus oder im gARTen. Das Designhotel wird $CO_2$-neutral gekühlt und geheizt, kulinarisch achten die Gastgeber auf regionale, biologische und fair gehandelte Produkte, die man beim reichhaltigen Frühstück genießen kann. Abends lockt die stilvoll gestaltete Hotelbar mit exzellenten Weinen und kühlen Bieren.

© Dragon Images/shutterstock

# Gilbert

1070 Wien, Breite Gasse 9 • 01 523 13 45
www.hotel-gilbert.at • welcome@hotel-gilbert.at

Die begrünte Fassade im siebten Wiener Gemeindebezirk sticht sofort ins Auge. Dahinter verbirgt sich das außergewöhnliche Hotel Gilbert, in dem Vielfalt und Nachhaltigkeit gelebt werden. Modern und in skandinavischem Design präsentieren sich die Zimmer, bei denen man zwischen Fancy Flats, Classy Suites und Epic Lofts wählen kann. Auch ein Saunabereich, ein Gym und zwei top ausgestattete Meetingrooms stehen zur Verfügung. Die hauseigene Brasserie &flora ist der neue Foodie-Hotspot der Stadt, in dem Küchenchefin Parvin Razavi vom Frühstück bis zum Abendessen Gerichte mit regionalem Fokus kredenzt.

# Schreiners Essen & Wohnen

1070 Wien, Westbahnstraße 42 • 0676 475 40 60
www.schreiners.cc • wohnen@schreiners.cc

Ein Urlaub in der Stadt kann schnell einmal hektisch werden. Nicht so bei Schreiners Essen & Wohnen. Der private Garten gleicht einer idyllischen und ruhigen Naturoase, wie man sie mitten in Wien nicht erwarten würde. Das charmante Hotel umfasst vier Zimmer mit Balkon oder Terrasse, die durch zahlreiche Holzelemente viel Gemütlichkeit ausstrahlen, sowie ein Salettl im Grünen. Auf Wunsch wird für eine entspannte Zeit die hoteleigene Sauna eingeheizt. Entspannen lässt es sich auch im Restaurant: bei klassischer Wiener Küche mit modernen Einschlägen und einem Glas bestem österreichischem Wein.

# Gault&Millau

# Süße
# Säure
# & Tannine

Alle News rund um österreichische Weine
im Newsletter und auf gaultmillau.at

# Wiener Gäste Zimmer

1100 Wien, Waldgasse 3 • 01 6041088
www.gegenbauer.at • rooms@gegenbauer.at

Bier, Öle, Essig – seit 1929 lebt und arbeitet die Familie von Erwin Gegenbauer auf dem Gelände einer Fabrik im zehnten Wiener Gemeindebezirk und begeistert mit der Leidenschaft für ihr Handwerk. Wie man es sich vorstellt, wurde dort eine kleine Welt erschaffen, die auch für wenige Gäste geöffnet wird. Fünf ehemalige Wohnungen des Hauses wurden in die Wiener Gäste Zimmer verwandelt. Alles sehr reduziert, mit freigelegten roten Ziegelwänden. Die Schwimmhalle mit 70er-Jahre-Charme sowie die Gemeinschaftsküche dürfen mitbenutzt werden. Wunderbar ist auch das Frühstück aus selbst hergestellten Produkten.

# Zola

## Palais de Bohème

1020 Wien, Vorgartenstraße 217 • 01 8900870
www.hotelzola.com

Modern und doch die vergangenen Zeiten Wiens bewahrend, so präsentiert sich das Hotel Zola im zweiten Bezirk. Die hohen Decken lassen das Gefühl entstehen, sich in einem alten Palais zu befinden, der künstlerische Charakter kommt jedoch nicht zu kurz – und die Gäste werden auf eine spannende Entdeckungsreise geschickt. Verschiedene Epochen und Materialien werden harmonisch miteinander in Verbindung gebracht und lassen so im Hotel ein trendiges Ambiente entstehen. Ein Dinner im Kellerrestaurant Zazatam sollte man sich keinesfalls entgehen lassen. Nicht nur kulinarisch ein Erlebnis!

GOLF

# Cesta Grand Aktivhotel & Spa

5640 Bad Gastein, Miesbichlstraße 20 • 06434 25260
www.cesta-grand-hotel.com • office@cesta-grand-hotel.com

Bad Gastein zieht mit seiner atemberaubenden Naturlandschaft sowohl Sportbegeisterte als auch Erholungsuchende an. Im Cesta Grand wird beides miteinander vereint. Das Badeparadies SigNatur mit hauseigenem Thermalbecken garantiert herrliche Wellnessmomente, während Golfer ihr Glück auf dem Golfplatz Gastein finden, der mit altem Baumbestand und kleinen Gebirgsbächen malerisch in die Natur eingebettet und für alle Alters- und Spielklassen geeignet ist. Auf der Terrasse des Hotels fängt man die letzten Sonnenstrahlen ein, die Wohnhalle mit Kaminbar eignet sich wunderbar als gemütlicher Ausklang des Tages.

# Sarotla

6708 Brand, Mühledörfle 23 • 05559 248
www.sarotla.at • hotel@sarotla.at

Der Abschlag auf dem Green macht vor einer imposanten Bergkulisse noch mehr Spaß. Einen herrlichen Ausblick auf die Vorarlberger Alpen bietet der anspruchsvolle 18-Loch-Golfplatz Brand, der direkt am familiengeführten Hotel Sarotla startet und ein präzises Spiel erfordert. Das Ski-Golf-Bike-Hotel ist genau der richtige Partner für den Aktivurlaub. Morgens tankt man Kraft am Frühstücksbuffet mit hausgemachten Spezialitäten, nachmittags lädt das bergSPA mit Saunalandschaft und Whirlpool zum Entspannen ein. An der Hotelbar lässt man den Tag bei einem Drink Revue passieren.

# Traube Braz Alpen.Spa.Golf.Hotel

6751 Braz bei Bludenz, Klostertalerstraße 12 • 05552 28103

www.traubebraz.at • office@traubebraz.at

Im Traube Braz Alpen.Spa.Golf.Hotel genießt man alle Facetten der faszinierenden Landschaft der Klostertaler Bergwelt – und das nicht nur im herrlichen Atrium Spa, das auf zwei Ebenen einen stilvolle Auszeit verspricht. Die Golfanlage Bludenz-Braz, die für jedes Spielniveau geeignet ist, befindet sich nur einen Kilometer entfernt und punktet mit einzigartiger Kulisse. Als Gründerhotel des Golfclubs profitieren Hotelgäste außerdem von ermäßigten Green Fees. Das Hotel selbst verbindet Tradition mit Moderne. Jahrhundertealte Bauernstuben bilden einen gemütlichen Rahmen für kulinarische Genüsse.

# Golfresort Haugschlag

3874 Haugschlag, Nr. 160 • 02865 84410

www.golfresort.at • info@golfresort.at

Im Waldviertel wartet grenzenloses Golfvergnügen, umgeben von beeindruckender Naturlandschaft, auf die Freunde des gepflegten Rasenspiels. Das Golfresort Haugschlag, das genau auf die Bedürfnisse der Sportler ausgerichtet ist, eignet sich bestens als Ausgangspunkt, um die Golfplätze Haugschlag, Waldviertel und Herrensee zu bestreiten. Nur 15 Minuten mit dem E-Cart entfernt liegt außerdem der tschechische Golfclub Monachus. Im Hotel selbst nächtigt man in gemütlichen Zimmern oder in einer der 20 luxuriösen Suiten. Ein Wellnessbereich mit Sauna, Dampfbad und Pool steht ebenfalls zur Verfügung.

# Dolomitengolf Suites

9906 Lavant, Am Golfplatz 2 • 04 85 2 611 225 00
www.dolomitengolf-suites.com • info@dolomitengolf-suites.com

Anspruchsvolle Golfer finden im Hotel Dolomitengolf Suites im schönen Osttirol ihr persönliches Urlaubsglück. Die beiden hauseigenen, top gepflegten 18-Loch-Meisterschafts-plätze zählen zu den schönsten Golfplätzen der österreichischen Alpen. Dem milden Klima auf der Alpensüdseite sei Dank, dass hier eine lange Saison möglich ist. An das Hotel angeschlossen ist die Akademie Dolomitengolf, die Kurse für Einsteiger und Fortgeschrittene bietet. Nach einem gelungenen Spiel relaxt man im beheizten Außenpool und Badehaus. Das mit Hauben ausgezeichnete Restaurant Vincena begeistert mit kreativen Menüs.

# Gault&Millau

# Genussmesse, Weinfest und vieles mehr...

Alle Tickets zu unseren
kulinarischen Events auf
gaultmillau.at

# Alpenresort Schwarz

6414 Mieming, Obermieming 141 • 0 52 64 52 12
www.schwarz.at • hotel@schwarz.at

Im Alpenresort Schwarz werden die Bedürfnisse aller Generationen erfüllt und eine Vielfalt an facettenreichen Freizeitmöglichkeiten geboten. Neben Yoginis erfreuen sich auch
passionierte Golfer am familiengeführten Hotel, das auf
dem Mieminger Plateau direkt an einen 27-Loch-Golfplatz
angrenzt. Beginner üben auf dem 9-Loch-Parkcourse am
perfekten Schwung, der 18-Loch-Championscourse eignet
sich für Fortgeschrittene. Das großzügige Saunadorf sowie
ein Naturbadesee mit Blick auf die Alpen laden zum Entspannen ein. Auch ein Kinderclub, in dem die kleinen Gäste
betreut werden, steht zur Verfügung.

© Olena Yakobchuk/shutterstock

# Seeglück Hotel Forelle

9872 Millstatt am See, Fischergasse 65 • 04766 20500
www.hotel-forelle.at • office@hotel-forelle.at

Abschlag mit Panoramablick auf den Millstätter See! Das finden passionierte Golfer auf der abwechslungsreichen 18-Loch-Golfanlage Millstatt, die bereits mehrmals Austragungsort der European Challenge Tour war und somit die Ansprüche von Profis sowie Anfängern erfüllt. Nur wenige Minuten entfernt liegt das Seeglück Hotel Forelle, das auf Golfurlauber ausgerichtet ist. Nach einem Tag auf dem Green erfährt man hier Erholung am Badestrand mit Seezugang oder im Wellnessbereich mit Saunen, Dampfbad und Panoramapool. Morgens findet man Stärkung am Frühstücksbuffet, abends erfreut ein köstliches Gourmetmenü.

# Das Balance

9210 Pörtschach, Winklernstraße 68 • 04272 2479 • 0664 858 4201
www.balancehotel.at • office@balancehotel.at

Die Kraft der vier Elemente spürt man im Hotel Das Balance am Wörthersee. So sind auch die Zimmer nach der Vier-Elemente-Lehre gestaltet und entfalten unter anderem durch die Verwendung heimischer Hölzer eine harmonische Atmosphäre. Ruhe und Harmonie erfährt man auch im neuen Spabereich mit Salzwasserpool und Schneegrotte. Die südliche Lage ist besonders für Golfer reizvoll, die so früh in die Saison starten können. Ein kostenloser Shuttleservice bringt sie direkt zum Golfplatz in Moosburg, wo sie den Alltagsstress hinter sich lassen können.

# Am Golfhotel Gut Weissenhof

5550 Radstadt, Weissenhof 6 • 06452 7001
www.weissenhof.at • info@weissenhof.at

Umgeben von der Salzburger Bergwelt, auf der Sonnenseite des oberen Ennstals, befindet sich das Hotel Gut Weissenhof, das mit seiner Lage direkt am 18-Loch-Meisterschaftsplatz Radstadt und am 9-Loch-Akademieplatz Golferherzen höherschlagen lässt. Dazu trägt auch ein besonderes Highlight bei: der Birdie-Jet, die weltweit einzigartige Golfgondel, die Spieler zum Abschlag mit herrlicher Aussicht bringt. Sollte das Wetter einmal nicht mitspielen, lockt der hoteleigene Golfsimulator. Oder man genießt einfach Ruhe und Erholung im Wellnessbereich mit Saunen und Whirlpool.

# Das Moerisch

9871 Seeboden, Tangern 2 • 0 47 62 81 3 72
www.moerisch.at • info@moerisch.at

Individualisten, Familien und Golfer sind im Das Moerisch an der richtigen Adresse für einen aktiven wie erholsamen Urlaub. Die umliegenden Berge versprechen abwechslungsreiche Aktivitäten, die Lage direkt am Golfclub Millstätter See mit seinem 18-Loch-Platz und zahlreiche Vorteile für Hotelgäste machen das Hotel besonders für Golffans attraktiv. Man fühlt sich wohl in den Zimmern im italienischen Landhausstil, im top ausgestatteten Wellnessbereich und im haubenprämierten Restaurant mit österreichisch-mediterraner Küche. Ein eigener Seezugang mit Liegebereich lädt zum Sprung ins kühle Nass ein.

# Sportresidenz Zillertal ⓝ

6271 Uderns, Golfstraße 1 • 0 52 88 63 0 00
www.sportresidenz.at • info@golf-zillertal.at

Ein Hotel mit hauseigenem Golfplatz, das mit der unmittelbaren Nähe zu den Bergbahnen Hochzillertal-Kaltenbach und Spieljochbahn genauso Skifahrern wie Wanderern eine Auszeit bietet. In der Sportresidenz Zillertal kann man dank der umliegenden Naturlandschaft ungemein gut abschalten. Alle Zimmer eröffnen einen schönen Blick nach draußen, die Penthouse-Suite verfügt sogar über eine eigene Panoramasauna. Gastfreundschaft erlebt man im ganzen Haus – so auch in der mit einer Haube ausgezeichneten Genusswerkstatt, wo regionale sowie internationale Spezialitäten serviert werden.

Advent in Velden

# Seehotel Engstler

9220 Velden am Wörthersee, Am Corso 21 • 04274 26440
www.engstler.com • info@engstler.com

Wunderbare Stunden beim Lieblingssport erleben! Das Seehotel Engstler macht es möglich. Mitten in Velden und direkt
am Wörthersee gelegen, ist es der ideale Ort für Golfer, die
in wenigen Fahrminuten eine große Auswahl an Golfplätzen
zur Verfügung haben möchten. Im Alpen-Adria-Dreilände-
eck hat man die Qual der Wahl zwischen 15 ausgezeichneten Anlagen. Das Hotel selbst bietet außerdem kostenlose
Trainings mit einem Profi, Schwunganalyse sowie eine
moderne Indoor-Golfanlage. Weitere Pluspunkte sind eine
Kinderbetreuung, ein eigener Badestrand mit Liegewiese
und ein abwechslungsreicher Wellnessbereich.

# Warmbaderhof

9504 Warmbad-Villach, Kardischenallee 22–24 • 04242 300110
www.warmbaderhof.com • warmbaderhof@warmbad.at

Der Warmbaderhof punktet mit seiner Lage inmitten eines
Naturparks sowie einer Kombination aus Urlaubsresort und
Gesundheitszentrum. Für Wohlbefinden sorgen eine resor-
teigene Naturtherme, die Vibe Spa & Beauty Wellness- und
Saunalandschaft, ein Medical Spa-Angebot und ein Fine-
Dining-Restaurant. Zum breit gefächerten Aktivprogramm
gehören auch eine Driving Range sowie ein 6-Loch-Übungs-
golfplatz, wo man sein Handicap verbessern kann, bevor es
auf den wenige Kilometer entfernt liegenden 18-Loch-Platz
des Golfclubs Schloss Finkenstein geht, der mit seiner idyllischen Teichlandschaft begeistert.

HALB
PENSION

# Reiterhof

6215 Achenkirch, Achenkirch 380 • 05246 66 00
www.reiterhof.com • info@reiterhof.com

Im Natur- und Aktivresort Reiterhof am Achensee wird man in schönster Umgebung und bester Ausstattung empfangen. Mit einem Spa- und Aktivprogramm, Panorama-Außenpool, Whirlpool und Naturbadeteich bieten sich zahlreiche Entspannungsmöglichkeiten. Das Genießerkulinarium mit köstlichen Spezialitäten der österreichischen Küche, welche aus Zutaten von sorgfältig ausgewählten Lieferanten gezaubert werden, sorgt für kulinarische Genüsse. Die Umgebung lockt mit zahlreichen Aktivitäten, mit denen man sich das köstliche Speisenangebot „verdienen" kann.

# Miramonte

5640 Bad Gastein, Reitlpromenade 3 • 06434 25770
www.hotelmiramonte.com • info@hotelmiramonte.com

Das Hotel Miramonte ist der ideale Ausgangspunkt für einen traumhaften Bergurlaub Das Hotel bietet insgesamt sechs Zimmerkategorien an und man kann sich bei allen auf ein stilvolles und modern-rustikales Ambiente freuen. Die Küche kreiert Gerichte aus den reichhaltigen Produkten der Alpenlandschaft – sei es traditionell oder experimentell, vegetarisch oder vegan. Auch das Frühstück in Coffee-Shop-Atmosphäre sowie die Nachmittagsjause und das Abendessen mit österreichischen Klassikern und modernen Kombinationen lassen die Herzen der Gäste höherschlagen. Im Hotel gibt es außerdem ein Spa- und Yoga-Angebot.

# Das Ronacher

## Therme & Spa Resort

9546 Bad Kleinkirchheim, Thermenstraße 3 • 0 42 40 282
www.ronacher.com • hotel@ronacher.com

Wer in Kärnten einen Wellnessurlaub auf höchstem Niveau verbringen möchte, der wird mit diesem Hotel fündig. Umringt von wunderbarer Landschaft, kann man sich entspannen, fitter werden und sich von Luxusservice und familiärem Charme verwöhnen lassen. Mit einer exklusiven Saunalandschaft, Relaxoasen und einer einzigartigen Therme mit fünf Thermalbädern, die alle vom hauseigenen Heilwasser aus St. Kathrein gespeist werden, ist Das Ronacher in Bad Kleinkirchheim einzigartig. Die Slow-Food-Gourmetküche und die Möglichkeit, von Therapeuten begleitete Fastenkuren zu machen, runden das Angebot ab.

© Salzburger Land Tourismus

Almweg im Gasteinertal

# ... liebes Rot-Flüh

6673 Grän, Seestraße 26 • 05675 6431
www.rotflueh.com • traumhotel@rotflueh.com

Das Vier-Sterne-Superior-Hotel bietet seinen Gästen mit 101 liebevoll eingerichteten Zimmern und Suiten ein gemütliches Urlaubszuhause. Im Mittelpunkt soll der gesunde Körper stehen, so werden Gäste hier mit dem Wellness- und Gesundheitskonzept des Hotels verwöhnt, das auch Angebote wie F.-X.-Mayr-Kuren oder Ayurveda-Behandlungen umfasst. Eine wesentliche Rolle spielt im Gourmethotel selbstverständlich auch die Kulinarik. Unter anderem genießt man im Rahmen der einzigartigen Orjola-Wellfit-Küche gesunde und kreative Gerichte. Abends wird ein herrliches Fünf-Gänge-Wahlmenü serviert.

# TOP Hotel Hochgurgl

6456 Hochgurgl, Hochgurgler Straße 8 • 05256 62 65
www.tophochgurgl.com • tophotel@tophochgurgl.com

Mit der Skipiste direkt vor der Tür und einem unvergleichlichen Blick auf die umliegenden Dreitausender ist das TOP Hotel Hochgurgl in den Ötztaler Alpen der perfekte Ort für Wintersportfans. Die 71 charmanten Zimmer und Suiten im alpinen Stil bieten eine Kombination aus Gemütlichkeit und dezentem Luxus. Die exklusive Gastronomie des Hotels zeichnet sich durch höchste Qualität aus: Ob Fine Dining, Fondue oder Tiroler Klassiker, hier finden alle etwas! Nach einem sportlichen Tag relaxt man im Wellnessbereich, nimmt einen Après-Ski-Drink zu sich oder bestaunt das hauseigene Motorradmuseum.

# Tirol

6561 Ischgl, Dorfstraße 77 • 0 54 44 52 16
www.tirol-ischgl.at • hotel@tirol-ischgl.at

In bester Lage, direkt an den Pisten und Mountainbike-Trails von Ischgl, findet man das traditionsreiche Hotel Tirol. Es ist ein beliebter Treffpunkt für sportliche Reisende, die familiäres Ambiente, stilvolles alpines Design und Kulinarik zu schätzen wissen. Die besten Zutaten aus der Region spielen im kulinarischen Konzept des Hauses die Hauptrolle. Von einem entspannten Frühstück mit den besten Produkten aus den Tiroler Bergen bis hin zu einem Fünf-Gänge-Wahlmenü am Abend bietet das Hotel Tirol ein einzigartiges Geschmackserlebnis. Weiters begeistert der Spabereich des Hauses.

# Therme Laa – Hotel & Silent Spa

2136 Laa an der Thaya, Thermenplatz 3 • 0 25 22 847 007 33
www.therme-laa.at • hotel@therme-laa.at

Im malerischen Weinviertel findet man die Therme Laa – Hotel & Silent Spa. Die Wasserwelt der Therme Laa ist unvergleichlich, in zahlreichen Entspannungsbereichen genießt man komplette Ruhe. Für Hotelgäste gibt es einen eigenen Spabereich. Eine große Rolle bei einem Aufenthalt hier spielt auch das herrliche kulinarische Angebot. Das Restaurant Gaumenfreuden serviert lokale und köstliche Küche, auch das opulente Frühstücksbuffet mit erlesenen Zutaten aus der Region kann sich sehen lassen! Ein Highlight ist stets der Weinviertler Brunch, der an ausgewählten Terminen stattfindet.

# Der Berghof

6764 Lech am Arlberg, Dorf 161 • 0 55 83 26 35
www.derberghof.at • info@derberghof.at

Im Hotel Der Berghof gleicht kein Zimmer dem anderen.
Eines haben sie jedoch alle gemeinsam: warme Farben,
angenehme Holztöne und einen wunderbaren Ausblick auf
das Lechtal. Das familiär geführte Boutiquehotel lässt nicht
nur die Herzen von Naturburschen höherschlagen. Auch
Golffans und Wellnessliebhaber kommen auf ihre Kosten.
Leidenschaft, Leichtigkeit und der Hang zu regionalen Speisen werden in der Haubenküche vereint und in sieben Akten
von Küchenchef Rick Frank auf die Teller gebracht. Weitere kulinarische Highlights: ein Fondue-Stüberl sowie der
eigens mit Tee fusionierte Gin des Hauses.

Pfarrkirche Wagrain

# Sonnhof Ⓝ
by Vitus Winkler

5621 St. Veit im Pongau, Kirchweg 2 • 06415 4323
www.sonnhof-vituswinkler.at • sonnhof@vituswinkler.at

Bereits von Beginn an fühlt man sich gastfreundlich umsorgt und wohl. Der Sonnhof punktet beim ersten Eindruck vor allem mit seiner wahnsinnig idyllischen Lage im Pongau. Hier wirkt die unverfälschte Natur auf einen – und das tut gut und inspiriert. Das Hotel verfügt über 26 individuell gestaltete Zimmer, einen beheizten Außenpool mit traumhafter Weitsicht sowie das mit vier Hauben ausgezeichnete Restaurant Kräuterreich. Letzteres gilt es, besonders hervorzuheben, denn Küchenchef Vitus Winkler zaubert jeden Tag aufs Neue außergewöhnliche Menüs mit erlesenen Produkten aus der Region.

# Adapura Wagrain

5602 Wagrain, Markt 58 b • 06413 20555
www.adapura-wagrain.com • welcome@adapura-wagrain.com

Das Vier-Sterne-Hotel ADAPURA in Wagrain beeindruckt mit bester Lage direkt beim Skigebiet und bietet ein urbanes Konzept im Alpenstil. Unter dem Motto „New Art of a Stay" wird eine angenehme Atmosphäre geschaffen, in der die Gäste in ihrem Urlaub genau so sein können, wie sie wollen: chic oder doch lieber leger. Das Hotel verfügt über vier Restaurants mit unterschiedlichen Küchen und nimmt so die Gäste auf eine kleine Weltreise mit. Nun hat man nur die Qual der Wahl! Die Zimmer und Suiten sind modern gestaltet und bieten viel Platz. Die große Wellness- und Spalandschaft rundet das Angebot ab.

HUNDE

# Sonja – Alpine Resort

5721 Piesendorf, Talblick 1 • 06549 20200
www.sonja-alpine.com • info@sonja-alpine.com

Das Sonja – Alpine Resort in Zell am See-Kaprun ist der perfekte Ort für einen entspannten Urlaub. Nicht nur, aber auch für Haustierbesitzer! Das Hotel bietet sowohl Selbstversorger- als auch Verpflegungspakete an und ist somit der ideale Ort für alle Arten von Urlaub. Der Relax-Faktor darf keinesfalls fehlen: Der Wellnessbereich des Hotels mit Saunen, Pool und einer Dachterrasse mit Bergblick ist nach einem langen Tag voller Aktivitäten perfekt zur Entspannung geeignet. Das sympathische Personal kümmert sich stets liebevoll um das Wohl der Gäste und gibt die besten Tipps für Gassirunden.

# Almfrieden
Hotel & Romantikchalet

8972 Ramsau am Dachstein, Leiten 47 • 03687 81753
www.almfrieden.at • info@almfrieden.at

Inmitten der atemberaubenden Berglandschaft von Ramsau am Dachstein entspannen und gleichzeitig mit seinem vierbeinigen Begleiter zahlreiche Aktivitäten unternehmen: Das geht bei einem Urlaub im zauberhaften Almfrieden Hotel & Romantikchalet. Neben einem Hundetrainingsplatz und Gassiwiesen, einer Hundewaschstation und einer Futterbar werden auch verschiedene Workshops angeboten. Zur Erinnerung an den Aufenthalt kann man im Rahmen eines Hundefotoshootings ein Souvenir für zu Hause erstellen. Einen persönlichen Rückzugsort stellen unter anderem auch die wunderbaren neuen Panorama-Apartments dar.

# Hotel Grimming

5661 Rauris, Marktstraße 25 • 06544 62680
www.hotel-grimming.com • info@dogsfriends.at

Im Salzburger Land liegt mit dem Hotel Grimming das perfekte Ziel für einen unvergesslichen Urlaub mit Hund. Die Familie Langreiter begegnet all ihren Gästen mit größter Herzlichkeit – auch den Vierbeinern. Dank ihrer Erfahrung bietet das Haus alles, was man sich als hundeliebhabender Gast wünschen kann, etwa Hundewiesen, Hundeduschen und Hundebetten. Die gemütlichen Zimmer gliedern sich in die Kategorien MOPS, LABRADOR und MASTINO und sind zwar unterschiedlich groß, aber alle mit Liebe zum Detail gestaltet. Zum Verweilen und Plaudern laden die Stuben ein.

# Riederhof

6531 Ried im Oberinntal, Ried i. O. 113 • 05472 6214
www.hotel-riederhof.at • info@hotel-riederhof.at

Der Riederhof in Ried im Oberinntal ist das perfekte Reiseziel für alle, die ihren Urlaub mit Hund in Tirol verbringen möchten. Das Hotel bietet alles, was das Hundeherz begehrt: von einer großen Spielwiese bis hin zu einer Hundewaschanlage und einem eigenen Hundefrisör. Auch das Angebot an Hundefutter ist erstklassig. Selbstverständlich ist auch für das leibliche Wohl der Menschen gesorgt: Mit frischen und saisonalen Produkten werden Köstlichkeiten auf den Tisch gezaubert, dazu passend gibt es edle Tropfen aus dem Weinkeller. Für Entspannung sorgt der Wellnessbereich mit Außenpool und Saunen.

# Gartenhotel Magdalena

6273 Ried im Zillertal, Großriedstraße 23 • 0 52 83 22 43
www.magdalena.at • info@magdalena.at

Im Gartenhotel Magdalena verbringt man einen perfekten Urlaub mit seinem Hund. Das Vier-Sterne-Wellnesshotel bietet eine Vielzahl von Annehmlichkeiten für Fellnasen: Es gibt einen Hundeauslaufplatz und eine neu gestaltete Gartenanlage mit Hundeschwimmteich, einen Waschsalon und vieles mehr. Außerdem wird eine eigene Hundespeisekarte mit ausschließlich regionalen Produkten angeboten. Auch für den Mensch ist ein Aufenthalt hier wahre Erholung: Der Wellnessbereich verfügt unter anderem über einen Pool, Saunen und einen Ruheraum mit Wasserbetten. Die Naturküche sorgt für kulinarische Genüsse.

Wandern in Saalbach Hinterglemm

# Die Sonne

5753 Saalbach, Altachweg 334 • 0 65 41 72 02
www.hotel-sonne.at • saalbach@hotel-sonne.at

Inmitten der atemberaubenden Bergkulisse von Saalbach-
Hinterglemm liegt das Hotel Die Sonne. Als Vier-Sterne-
Superior-Familienhotel bietet es ein All-inclusive-Angebot,
tolle Abenteuer für die ganze Familie, aktive Stunden in der
Natur und Entspannung für Körper und Geist. Ob im Sommer
zum Wandern oder im Winter zum Skifahren: In den Bergen
des Salzburger Landes wird einem garantiert nicht langweilig! Die attraktive Lage sorgt für einen unvergesslichen
Urlaub für die ganze Familie. Auch für den besten Freund
des Menschen ist gesorgt: Hotelhund Viggerl begrüßt
andere vierbeinige Gäste herzlich.

# Das Eisenberg

8383 St. Martin an der Raab, Mitterberg 32–34 • 0 33 29 48 8 33
www.daseisenberg.at • hotel@daseisenberg.at

Erholung inmitten der unberührten Natur des Drei-Länder-
Naturparks: Das Eisenberg ist ein charmantes Vier-Sterne-
Resort im Südburgenland, wo man gemeinsam mit Familie
und Hund herrliche Tage verbringen kann. Für entspannte
Momente sorgt das Natur-Spa mit einem Panorama-Außenpool, Sauna und vielen weiteren Annehmlichkeiten. Der
Hund darf mit zum Pool genommen werden und ist auch
im Restaurant ein gern gesehener Gast. Außerdem gibt es
einen Hundespielplatz, eine Hundedusche und auf Wunsch
auch Hundesitting. Man nächtigt in hübschen Zimmern und
Suiten – entweder im Haupthaus oder im Romantikstadl.

# Ritzlerhof

6432 Sautens, Ritzlerhof 1 • 0 52 52 62 6 80
www.ritzlerhof.at • info@ritzlerhof.at

Im Hotel Ritzlerhof im Ötztal kann man einen traumhaften Urlaub mit Hund verbringen. Das hundefreundliche Erwachsenenhotel bietet 45 Doppelzimmer, Juniorsuiten und Suiten, die stilvoll mit natürlichen Materialien gestaltet sind. Mit vielen Annehmlichkeiten für Vierbeiner wie zum Beispiel einem Welcome-Paket mit Leckerlis, einer Hundedecke und einem eigenen Hunde-Agility-Parcours sorgt das Hotel für Begeisterung. Auch die Umgebung bietet zahlreiche Wege für ausgiebige Gassirunden. Nach den langen Spaziergängen findet man im wunderbaren Wellnessbereich Ruhe. Ein Highlight ist der Panoramapool.

# Bergresort Seefeld

6100 Seefeld, Münchner Straße 215 • 0 52 12 21 91
www.bergresort.at • bergresort@kaltschmid.info

Das Bergresort Seefeld bietet Erholung und Entspannung in der malerischen Tiroler Natur. Kulinarisch werden Gäste mit regionalen und internationalen Gerichten verwöhnt, begleitet von einer gut sortierten Weinkarte. Im Preis inbegriffen sind die Genusspension sowie ein tägliches Aktivprogramm. Man nächtigt in Zimmern, die mit viel Liebe zum Detail und Fokus auf Naturmaterialien gestaltet sind. Besonders hundefreundlich präsentiert sich das Hotel mit zahlreichen Angeboten für den vierbeinigen Begleiter, etwa einer Hundespielwiese mit Agility-Parcours, einem Hundebadeteich und vielem mehr.

# Larimar

7551 Stegersbach, Panoramaweg 2 • 03326 55100
www.larimarhotel.at • urlaub@larimarhotel.at

Das Hotel Larimar in Stegersbach im sonnigen Südburgenland bietet Erholung und Entspannung auf höchstem Niveau. Es ist das ideale Reiseziel für Hundebesitzer, die sich einen schönen Wellnessurlaub gönnen möchten. So gibt es hier einen eigenen Hundewellness- und Erlebnisbereich mit Agility-Parcours, einen Freilaufbereich, einen Hundeschwimmteich und einen riesigen Spazierpark. Hat sich der Hund genug ausgetobt, genießt man den großzügigen Thermenbereich mit acht verschiedenen Pools, Saunen, Ruhebereichen und vielem mehr. Die Krönung des Tages: das sechsgängige Abend-Wahlmenü.

# Hotel Zum Teichwirt

8163 Teichalm, Teichalm 41 • 03179 7169
www.teichwirt.at • hotel@teichwirt.at

Der Urlaub mit Hund im Hotel zum Teichwirt verspricht nicht nur Erholung und Entspannung, sondern auch Abenteuer und Aktivitäten in der herrlichen Natur des Naturparks Almenland. Die 18 gemütlichen Zimmer werden zum perfekten vorübergehenden Zuhause – für die familiäre Atmosphäre sorgen die herzlichen Mitarbeiter. Der Almgasthof des Hotels, der im Jahr 1798 erbaut wurde, bietet seinen Gästen nicht nur eine traditionelle Atmosphäre, sondern auch eine hervorragende regionale Küche. Auf den Wanderrouten direkt vorm Hotel können sich Mensch und Tier nach Herzenslust auspowern.

LUXUS

# Gault&Millau

# Entdecken Genießen & Erleben

Newsletter abonnieren und informiert bleiben auf
gaultmillau.at

# IMLAUER Hotel Schloss Pichlarn

8943 Aigen im Ennstal, Zur Linde 1 • 0 36 82 24 4 40
www.schlosspichlarn.at • hotel@schlosspichlarn.at

Das IMLAUER Hotel Schloss Pichlarn, ein exklusives Fünf-Sterne-Haus mit Geschichte, ist einzigartig gelegen und bietet einen Ausblick auf das imposante Grimmingmassiv. Privatsphäre und Erholung werden hier großgeschrieben! Gäste können am hoteleigenen 18-Loch-Golfplatz sportliche Höhepunkte erleben oder in der 4500 m² großen Spa-Oase, den Outdoor-Cabanas oder den stilvollen Zimmern entspannen. Im Restaurant des Hotels werden exzellente regionale Gerichte serviert. Das Hotel ist ganz am Puls der Zeit: Es setzt auf Nachhaltigkeit und plant, Schritt für Schritt ein klimaneutrales Biohotel zu werden.

# Scheiblhofer The Resort

7163 Andau, Resortplatz 1 • 0 21 76 26 10 8 00
www.theresort.at • reservation@theresort.at

Nur 600 Meter vom Weingut Scheiblhofer entfernt liegt das
wunderbare Hideaway Scheiblhofer The Resort, wo Erholung und Genuss auf höchstem Niveau geboten werden.
Natürlich gehört zu einem Aufenthalt auch ein Besuch des
dazugehörigen Weinguts. Genächtigt wird in eleganten Zimmern, die nach den bekanntesten Weinen benannt sind.
Der große Spabereich bietet einen Indoor- und Outdoorpool
sowie eine umfangreiche Saunalandschaft. In den Ruheräumen oder auf der Liegewiese lässt es sich herrlich entspannen. Auch die jüngsten Gäste kommen auf ihre Kosten und
können sich in der Youngstar Waterworld vergnügen.

© Monika Nguyen

# Singer Ⓝ

6622 Berwang, Berwang 52 • 05674 8181
www.hotelsinger.com • office@hotelsinger.com

Das Vier-Sterne-Superior-Hotel Singer in Berwang bietet seinen Gästen mit einer faszinierenden Kombination aus Luxus und Herzlichkeit eine Auszeit vom Alltag in idyllisch-alpiner Umgebung. Das Singer's SPA ist eine exklusive Wohlfühlwelt mit einer Vielzahl an Pools, Saunen, Ruhebereichen und verwöhnenden Behandlungen. Die Zimmer und Suiten des Hotels erfreuen das Auge mit natürlichen Materialien und präsentieren sich im Stil alpiner Gemütlichkeit. Die Verwöhnpension kredenzt von Haute Cuisine bis hin zu regionalen Köstlichkeiten mit internationalem Touch ein Geschmackserlebnis der Extraklasse!

# Schwärzler ⓃＮ

6900 Bregenz, Landstraße 9 • 05574 4990
schwaerzler.s-hotels.com • schwaerzler@s-hotels.com

Das Hotel Schwärzler befindet sich zwischen dem Gebhardsberg, der Bregenzer Ache und dem Bodensee. Das Umfeld und die Kultur der Region spielen auch im Inneren des Hauses eine Rolle. Zum Beispiel in den Zimmern, die zwar allesamt modernisiert sind, gleichzeitig aber auf das traditionsreiche Erbe verweisen. Im Restaurant, im Bistro oder in der Schwärzler Lounge und Bar werden gutbürgerliche Speisen und Snacks mit Zutaten aus der Region sowie ausgewählte Weine serviert. Völlige Erholung findet man im Spabereich des Hauses – ebenso mit edelsten Materialien aus Vorarlberg ausgestattet.

# Stock

6292 Finkenberg, Dorf 142 • 0 52 85 67 75
www.stock.at • urlaub@stock.at

Inspiriert von der Tiroler Lebensart, werden die Gäste des Resorts Stock mit familiärer Herzlichkeit und Gastfreundschaft empfangen. Hier wartet abwechslungsreiches Urlaubsvergnügen für jedermann. Natur-, Ski- und Wandergebiete liegen direkt vor der Haustüre, im exklusiven Wellnessbereich mit 12 Saunen und Ruheräumen lässt sich herrlich entspannen, während die Kinder im Kids-Club Spaß haben. Kulinarisch wird man ebenfalls bestens versorgt: Highlight ist das abendliche Sechs-Gänge-Menü, begleitet von edlen Weinen. In der Smoker's Lounge oder in der Kaminhalle lässt man dann den Tag ausklingen.

# Palais-Hotel Erzherzog Johann

8010 Graz, Sackstraße 3–5 • 0316 811616
www.erzherzog-johann.com • reception@erzherzog-johann.com

Im Herzen der Grazer Innenstadt befindet sich das Palais-Hotel Erzherzog Johann, ein historisches Haus mit Wurzeln im 16. Jahrhundert. Es ist eine Oase des Luxus und der Eleganz, die perfekt mit modernem Komfort und Topservice kombiniert wird. Antiquarische Möbel und historische Gemälde verleihen dem Hotel einen Hauch von Vintage-Charme. Jeder Gast findet hier seinen persönlichen Lieblingsplatz – sei es eine der einzigartig gestalteten Suiten, der Wintergarten, in dem das köstliche Frühstück serviert wird, oder die „Ernst Fuchs Bar", welche unvergessliche Cocktailerlebnisse bietet.

# Gault&Millau

# Süße Säure & Tannine

Alle News rund um österreichische Weine
im Newsletter und auf gaultmillau.at

# Schlossberghotel

Das Kunsthotel

8010 Graz, Kaiser-Franz-Josefs-Kai 30 • 0316 80 7 00
www.schlossberg-hotel.at • office@schlossberghotel.at

Ein Museum im Hotel – oder doch andersherum? Die Kunstsammlung des Grazer Schlossberghotels ist für Kunstliebhaber wohl genauso spannend wie ein gut bestückter Weinkeller für Kulinarikbegeisterte. Schlichtes Design sowie weiße Wände legen den Fokus auf die Werke von Xenia Hausner, Franz Motschnig und Hermann Nitsch. Der rote Faden setzt sich ebenso auf der begrünten Dachterrasse fort, die man durchaus als Skulpturengarten bezeichnen darf. Den Blick über die Dächer der Grazer Altstadt gibt es on top – wie die Kirsche auf dem Sahnehäubchen – dazu.

# Das Edelweiss

## Salzburg Mountain Resort

5611 Großarl, Unterbergstraße 65 • 06414 3000
www.edelweiss-grossarl.com • info@edelweiss-grossarl.com

Im DAS EDELWEISS erwarten Gäste Behaglichkeit und familiäre Herzlichkeit in Kombination mit luxuriöser Atmosphäre. In den Zimmern fühlt man sich sofort wohl – sie bestechen durch natürliche Materialien wie Stein, Glas und Holz. Seit Sommer 2023 ist das Haus auch um einige neue Zimmer und Suiten reicher, zudem wurde das Familien-Spa komplett erneuert und die Erlebniswelten für die Kinder vergrößert. Highlight des Hauses ist der wunderbare Wellnessbereich, der sich über fünf Etagen erstreckt und Zonen – sowohl für Familien als auch nur für Erwachsene – bietet. Unbedingt besuchen: die Panoramasauna.

# Alpine Palace

5754 Hinterglemm, Reiterkogelweg 169 • 0 65 41 63 46
www.hotel-alpine-palace.com • info@wolf-hotels.at

Ein luxuriöser Aktiv- und Wellnessurlaub mit zahlreichen
Möglichkeiten, die Natur zu entdecken, erwartet die Gäste
im Fünf-Sterne-Hotel Alpine Palace. Direkt neben der Seil-
bahnstation Reiterkogel gelegen, bietet das Haus das
ganze Jahr über perfekte Bedingungen für sportliche Tage.
Im Winter sorgen die hauseigene Skischule und der Skiverleih für zusätzliche Annehmlichkeiten. Eine herrliche
Zeit lässt sich auch im Wellnessbereich mit neun Saunen,
Soleschwimmbad und Whirlpool verbringen. Die Bürger-
stube, die Rauchkuchl oder das Gourmetrestaurant „Arte
Vinum" erfreuen Feinschmecker.

Sonnenuntergang Saalbach, Saalbach Hinterglemm

# Schlosshotel Ischgl

6561 Ischgl, Dorfstraße 85 • 05444 5633
www.schlosshotel-ischgl.com • office@schlosshotel-ischgl.com

Mit direkter Lage an der Skipiste und einem eigenen Ski-shop bietet das Schlosshotel Ischgl alles, was das Herz von Ski- und Snowboardfahrern höherschlagen lässt. Nach einem aktiven Tag auf der Piste können Gäste in den geschmackvoll eingerichteten Zimmern und Suiten oder im Schloss-Spa entspannen. Auch kulinarisch hat das Hotel einiges zu bieten: Vom exquisiten Frühstück über Fine-Dining-Menüs bis hin zu regionalen Spezialitäten ist für jeden Geschmack etwas dabei. Wer es noch privater mag, kann seinen Urlaub im luxuriösen Chalet Mathon, das nur vier Kilometer vom Hotel entfernt liegt, verbringen.

# TROFANA ROYAL RESORT

6561 Ischgl, Dorfstraße 95 • 05444 600
www.trofana-royal.at • office@trofana.at

Im Trofana Royal Resort erlebt man die perfekte Verbindung von Tradition und Luxus. Als Vorreiter der gehobenen Gastgeberkultur und als mehrfach ausgezeichnetes Hotel ist das Trofana Royal eine Legende unter den alpinen Hotels. In den geräumigen Zimmern und Suiten findet man zeitlose Eleganz und modernsten Komfort. Auch die mit Hauben ausgezeichnete Gourmetküche des Hauses lässt keine Wünsche offen. Im Royal-Spa kann man sich auf 2500 m² entspannen und die Seele baumeln lassen. Die Gastfreundschaft und der erstklassige Service des Teams machen den Aufenthalt unvergesslich.

© Tirol Werbung_Schreyer David

Kitzbühel

# Kempinski Hotel Das Tirol Jochberg

6373 Jochberg, Kitzbüheler Straße 48 • 05355 50100
www.kempinski.com • info.tirol@kempinski.com

Hier erlebt man die perfekte Kombination aus Luxus und Natur. Das Kempinski Hotel Das Tirol Jochberg in den atemberaubenden Kitzbüheler Alpen ist der ideale Rückzugsort für Ruhesuchende und Aktivurlauber gleichermaßen. Die großzügigen Zimmer und Suiten sorgen für Wohlfühlmomente. Im Restaurant Steinberg genießt man ortstypische Speisen mit mediterranem Einschlag, während das Sra Bua mit internationalen Köstlichkeiten und aufregenden Aromen aus aller Welt begeistert. Zum Entspannen lädt das Hotel mit beheizten Innen- und Außenpools, drei Saunen und einem umfangreichen Angebot an Anwendungen ein.

# A-ROSA Kitzbühel

6370 Kitzbühel, Ried Kaps 7 • 05356 656 608 13
www.a-rosa.at • kitzbuehel@a-rosa.at

Willkommen im Schlosshotel A-ROSA Kitzbühel, einem luxuriösen Rückzugsort inmitten der Tiroler Berge! Hier erwarten die Gäste atemberaubende Ausblicke auf die Kitzbüheler Alpen, kulinarische Highlights im Restaurant Streif, im Rōzu oder im Steakhouse Kaps und ein großzügiger, großer Wellnessbereich. Die neuen Suiten bieten noch mehr Freiraum und Individualität mit gemütlichem Kamin, eigener Sauna und vielem mehr. Ob zum Skifahren oder einfach nur zum Entspannen, das A-ROSA ist der perfekte Ort für eine Auszeit. Mit zahlreichen Annehmlichkeiten und perfektem Service ist das Hotel ein wahres Juwel.

# Grand Tirolia Kitzbühel

6370 Kitzbühel, Eichenheim 10 • 05356 66615
www.grandtirolia.com • info.grandtirolia@hommage-hotels.com

Wer für sein Golfspiel das Besondere sucht, der ist im Grand Tirolia Kitzbühel an der richtigen Adresse. Das Luxushotel ist ein exklusives Refugium für Bergsportler, aber auch Golfer, denn es liegt eingebettet in die Natur der Kitzbüheler Alpen sowie in eine der schönsten Golfanlagen Europas, den Championship Golf Course Eichenheim. Bei neun verfügbaren Zimmerkategorien findet jeder Gast seine perfekten vier Wände auf Zeit. Für den Genuss sorgen ein exquisites Frühstück auf dem Zimmerbalkon und zwei Restaurants. Entspannung ist im Spabereich mit Saunalandschaft und Pools garantiert.

# Gault&Millau

# Genussmesse, Weinfest und vieles mehr...

Alle Tickets zu unseren kulinarischen Events auf gaultmillau.at

# Tennerhof
## Gourmet & Spa de Charme Hotel

6370 Kitzbühel, Griesenauweg 26 • 05356 63181
www.tennerhof.com • office@tennerhof.com

Ein Urlaub in den Kitzbüheler Bergen zeichnet sich durch weitaus mehr als zahlreiche Freizeitaktivitäten in traumhafter Kulisse aus. Denn Kitzbühel ist anders, luxuriös, romantisch – einfach einzigartig! Auf leichter Anhöhe des weltbekannten Tiroler Ferienorts liegt, besser: thront der Tennerhof. Fünf Sterne zieren das Luxushotel. Zu Recht, denn weder die großzügigen Zimmer und Chalets mit Blick auf die berühmte Streif noch das zuvorkommende Personal lassen Wünsche offen. Auf den Whirlpool, Sauna sowie zahlreiche Anwendungen muss man auch in der kalten Jahreszeit nicht verzichten.

# Aurelio Hotel & Chalet

6764 Lech am Arlberg, Tannberg 130 • 0 55 83 22 14
www.aureliolech.com • office@aureliolech.com

Gelegen in einer atemberaubenden Berglandschaft, erwartet das luxuriöse Aurelio Hotel & Chalet seine Gäste. Mit nur zehn eleganten Zimmern und der damit einhergehenden Atmosphäre einer Privatresidenz ist es der perfekte Ort für eine erholsame Auszeit mit jedem erdenklichen Komfort. Die Sonnenterrasse bietet köstliche Drinks und feine Speisen und die Licca-Lounge lädt zum Entspannen am Kaminfeuer ein. Das Hotel zeichnet sich durch einen herausragenden Service aus, der auch ausgefallene Wünsche erfüllt, einschließlich eines Helikoptertransports oder eines Bentley-Shuttles.

© Patrick Schwienbacher

# Burg Vital Resort

6764 Lech am Arlberg, Oberlech 568 • 05583 3140
www.burgvitalresort.com • office@burgvitalresort.com

Auf 1700 Meter Höhe residiert das Burg Vital Resort in Oberlech inmitten der spektakulären Bergwelt. Das Fünf-Sterne-
Superior-Hotel lässt keine Wünsche von noch so anspruchsvollen Gästen offen. Der großzügige Wellnessbereich bietet
mit Saunen, Schwimmbad, Tepidarium, Dampfbad, Solebe-
cken und Co alles, was man für seine Tiefenentspannung
benötigt. Eine weitere Besonderheit: das Präventiv- und
Gesundheitspflegekonzept vitalPRÄVENT, welches die
Grundlagen eines gesundheitsorientierten Lebens vermittelt. Dies spiegelt sich auch in der hervorragenden Kulinarik
wider: Man isst gut, aber gesund!

beide Bilder © Herbert Lehmann

# Severin*s
## The Alpine Retreat

6764 Lech am Arlberg, Stubenbach 273 • 05583 339070

www.severins-lech.at • info@severins-lech.at

Auf einem malerischen Berghang inmitten der majestätischen Lecher Alpen erhebt sich ein Juwel des Luxus: das Severin*s – The Alpine Retreat. Hier verschmilzt das Beste aus der alpinen Tradition mit modernem Design zu einem einzigartigen Erlebnis. Die neun Suiten verzaubern mit stilvoller Einrichtung, die riesige Residence glänzt mit Extras wie einem privaten Kino und einem Whirlpool. Kunstaffine Gäste werden die saisonal wechselnden Werke regionaler Künstler lieben. Man entspannt im Wellnessbereich und lässt sich mit Köstlichkeiten im À-la-carte-Restaurant mit Bar, Lounge und Weinkeller verwöhnen.

# Die Hochkönigin
## Mountain Resort

5761 Maria Alm, Hochkönigstraße 27 • 06584 7447

www.hochkoenigin.com • urlaub@hochkoenigin.com

Alpiner Lifestyle, gepaart mit Luxus – und das für die ganze Familie: Damit erfüllt das Mountain Resort Die Hochkönigin die Urlaubsträume seiner Gäste. Bei einem Aufenthalt hier stellt sich von der ersten Minute an pures Wohlfühlen ein, denn jeder wird perfekt umsorgt. Kinder erfreuen sich im Kids-Club an der Gesellschaft Gleichaltriger, während die Eltern im Nature-Spa mit Adults-only-Bereich relaxen können. Für eine gemeinsame Wellnesszeit gibt es ein eigenes Family-Spa. Mit der „Genusspension Plus" ist man quasi rund um die Uhr kulinarisch bestens verpflegt.

# Das Kohlmayr

5562 Obertauern, Ringstraße 5 • 0 64 56 72 7 20
www.daskohlmayr.at • info@daskohlmayr.at

In Obertauern, mitten in den Alpen gelegen, befindet sich das Boutiquehotel Das Kohlmayr. Der großzügige Wellnessbereich erstreckt sich auf mehrere Ebenen und hat allerlei zu bieten. Manche Bereiche wie das Panorama-Spa und das Bergland-Spa stehen nur Erwachsenen zur Verfügung und garantieren wohltuende Ruhe. Dort relaxt man im Infinitypool, in der Skylounge oder in der Panoramasauna. Kinder können sich im Familien-Spa und im top ausgestatteten Mehrzweckraum austoben. Besonders hervorzuheben sind die luxuriösen Panoramasuiten mit einmaligem Ausblick sowie die grandiose Küche des Hauses.

# Das Seekarhaus

5562 Obertauern, Seekarstraße 32 • 0 64 56 20 0 10
www.seekarhaus.at • info@seekarhaus.at

Im Seekarhaus wird Luxus- mit Skiurlaub verbunden. Das Hotel auf dem Hochplateau in Obertauern wird seit vielen Jahren von Familie Krings geführt. Die Lage direkt an der Piste und der eigene Skiverleih begünstigen einen unbekümmerten Winterurlaub – ganz gleich ob als Familie (Kinderbetreuung inklusive) oder Alleinreisender. Entspannte Stunden bereitet der Wellnessbereich mit Panoramasauna und Outdoorpool, die einen phänomenalen Blick eröffnen. Bei dieser Qualität des Hauses enttäuscht auch das Kulinarische nicht: Serviert werden Fine-Dining-Gerichte, die nicht kunstvoller angerichtet sein könnten.

# Hotel Schloss Mönchstein

5020 Salzburg, Mönchsberg Park 26 • 0662 84 85 55 50
www.monchstein.at • salzburg@monchstein.at

Schon die Lage des Hotels Schloss Mönchstein ist phänomenal. Mit atemberaubendem Rundumblick auf Salzburg und trotzdem in unmittelbarer Nähe zum Stadtzentrum ist das Fünf-Sterne-Superior-Hotel der ideale Ausgangsort für einen wunderbaren Städtetrip. Weiters beeindrucken die luxuriösen Zimmer und Suiten des Hotels sowie sein kulinarisches Angebot: Das mit vier Hauben gekrönte Restaurant The Glass Garden bietet herrliche Genüsse mit Panorama. Entspannung findet man im Mönchstein-Spa. Außerdem ist das Hotel perfekt für jegliche Veranstaltungen.

# Sacher Salzburg

5020 Salzburg, Schwarzstraße 5–7 • 0662 88 97 70
www.sacher.com • salzburg@sacher.com

Das renommierte Hotel Sacher in Salzburg bietet erstklassigen Komfort, Gastfreundlichkeit und Kultur im Herzen der Mozartstadt. Man nächtigt in 110 einzigartig und edel gestalteten Zimmern und Suiten, einige davon mit Balkon und Blick auf die Altstadt und die Festung Hohensalzburg. Kulinarik wird im Sacher großgeschrieben – ganz besonders ist die Möglichkeit, in privatem Ambiente in den „Chambres Séparêes" zu speisen. Einen erlebnisreichen Tag lässt man im Health Club mit exklusiven Treatments ausklingen.

# Sheraton Grand Salzburg ®

5020 Salzburg, Auerspergstraße 4 • 0662 88 999
www.marriott.com • sheraton.salzburg@sheraton.com

Im Sheraton Grand Salzburg verbringt man eine unbeschwerte Zeit. Es begegnen einem der gewohnte erstklassige Luxus der Hotelmarke sowie der Charme der Mozartstadt. Das Hotel ist direkt hinter dem Mirabellgarten gelegen und eignet sich somit ideal als Unterkunft für einen Städtetrip. Auch von den Zimmern aus blickt man über die Dächer von Salzburg – bis hin zum Schloss Mirabell. Die Ausstattung des Hotels ist klassisch und schlicht, ohne dass es an etwas fehlen würde. Besonders ansehnlich ist die Lobby, in der mit Fischgrätparkett und Loungesesseln ein gemütliches Ambiente geschaffen wurde.

# Tannenhof

6580 St. Anton am Arlberg, Nassereiner Straße 98 • 05446 30 311
www.hoteltannenhof.net • info@hoteltannenhof.net

Der Tannenhof ist ein kleines, aber feines Luxushotel mit sieben eindrucksvollen Suiten, das sich ganz der Erschaffung von exklusiven Verwöhnmomenten für seine Gäste verschrieben hat. Dabei steht die absolute Privatsphäre im Fokus. Das kreative Küchenteam unter der Leitung von Küchenchef Gustav Jantscher zaubert feinste Kreationen auf die Teller des Gourmetrestaurants und aus dem hauseigenen Weinkeller findet man passende edle Tropfen. Im Tannenhof-Spa genießt man Momente der Ruhe. Der Helikopter- und Maserati-Service sowie ein persönlicher Assistent runden das Angebot ab.

# Maiensee

6580 St. Christoph am Arlberg, St. Christoph 24 • 05446 2804
www.maiensee.com • info@maiensee.com

Unvergessliche Skiferien erlebt man im familiengeführten Hotel Maiensee. Das Haus strahlt vom ersten Moment an eine heimelige Atmosphäre aus. Direkt an der Piste und einem Sessellift gelegen, bietet es eine ideale Ausgangslage für eifrige Wintersportler. Man nächtigt in liebe- und stilvoll eingerichteten Zimmern, erholt die müden Beine nach einem aufregenden Tag im Schnee in der Zirben-Soft-Sauna, im Dampfbad oder im Whirlpool und erfreut sich abends an schmackhafter Tiroler Hausmannskost oder kreativ-leichten Gerichten. Mit einem großen Spielzimmer wurde auch an die kleinen Gäste gedacht.

# Klosterbräu

6100 Seefeld, Klosterstraße 30 • 05215 2621
www.klosterbraeu.at • info@klosterbraeu.com

Das Hotel Klosterbräu ist ein exklusives Hotel in der Region Seefeld auf einem wunderschönen Hochplateau auf 1200 Metern, umgeben von den Tiroler Alpen. In der einzigartigen Naturkulisse bieten sich Wander- und Skiausflüge in den Bergen an. Der Wellnessbereich mit fünf Wasserflächen und sieben Themensaunen ist ideal geeignet, um nach einem aufregenden Urlaubstag dem Körper etwas Gutes zu tun. Nicht entgehen lassen sollte man sich eine Führung in der hauseigenen Brauerei: Hier kann man sich zum Abschluss des Tages durch die verschiedenen Bierspezialitäten kosten.

# Cervosa

Wellness & Verwöhnhotel – Gourmet & SPA Resort

6534 Serfaus, Herrenanger 11 • 0 54 76 62 11
www.cervosa.com • info@cervosa.com

Das Fünf-Sterne-Hotel Cervosa in Serfaus bietet seinen Gästen eine einzigartige Wellness- und Beautywelt auf 3000 m². Hier kann man das ganze Jahr über einen beheizten Infinity-Außenpool, ein Panoramahallenbad sowie verschiedene Whirlpools genießen. Man darf sich über einige Neuerungen freuen, zum Beispiel erstrahlen zwei Stuben im Restaurant in frischem Glanz, im Panoramafitnessraum gibt es neue Geräte, eine Photovoltalkanlage wurde installiert und der Saunabereich wurde um Highlights erweitert. Für das leibliche Wohl sorgt die Cervosa-Verwöhnpension mit allerlei Köstlichkeiten.

# Das Central

## Alpine. Luxury. Life.

6450 Sölden, Auweg 3 • 05254 2260
www.central-soelden.com • info@central-soelden.at

Im luxuriösen Das Central erlebt man unvergessliche Momente inmitten der bezaubernden Berglandschaft. Die eleganten Zimmer und Suiten bieten höchsten Komfort in rustikalem, klassischem oder modernem Ambiente. Besonders die Küche ist ein Highlight – kulinarische Meisterwerke genießt man nicht nur in der Ötztaler Stube, sondern auch an drei Standorten am Berg. Für Entspannung sorgen die Wasserwelt und eine Vielzahl an vitalisierenden Beauty-Treatments. Gäste der exklusiven, 205 m² großen Präsidentensuite können sogar im eigenen Private-Spa relaxen. Der erstklassige Service übertrifft alle Erwartungen.

# Interalpen-Hotel Tyrol

6410 Telfs, Dr.-Hans-Liebherr-Alpenstraße 1 • 050 80 9 30
www.interalpen.com • reservation@interalpen.com

Das Interalpen-Hotel Tyrol in der Region Seefeld ist der perfekte Ort für einen entspannten Familienurlaub. Von den
Familiensuiten mit Verbindungstür über die professionelle
Kinderbetreuung bis hin zur separaten Jugendlounge – hier
werden sowohl Eltern als auch Kinder begeistert sein! Das
großzügige Interalpen-Spa bietet Wellness für die ganze
Familie. Mit der neuen Kooperation mit LUX TENNIS bietet
das Hotel jetzt auch Tennis-Enthusiasten ein besonderes
Trainingserlebnis. Der Küchenchef setzt auf Tiroler Klassiker
mit modernen Einflüssen, auch Nachhaltigkeit ist ein wichti-
ger Fokus im Hotel.

beide Fotos © Interalpen-Hotel Tyrol

# Falkensteiner Schlosshotel Velden

9220 Velden am Wörthersee, Schlosspark 1 • 0 42 74 52 00 00

www.falkensteiner.com/schlosshotel-velden •

schlossvelden@reservations.falkensteiner.com

Das Falkensteiner Schlosshotel Velden begeistert neben seiner wunderbaren Lage am Wörthersee und seinem stilvollen Ambiente vor allem mit seiner individuellen Betreuung. Hier bleibt kein Urlaubswunsch unerfüllt! Das Acquapura SPA & Slow.Living erstreckt sich über 3600 m² und verfügt über Innen- und Außenpools, verschiedene Saunen und ein SPA-Cinema. Der exklusive Beach-Club mit Seezugang ist ebenfalls ein Highlight. Mehrere Restaurants bieten eine vielfältige Haubenkulinarik, darunter das mehrfach ausgezeichnete Gourmetrestaurant Seespitz. Ein besonderer Genuss ist das Frühstück mit Panoramablick.

# Ambassador Hotel ⓝ

1010 Wien, Kärntner Straße 22 / Neuer Markt 5 • 01 96 16 10

www.ambassador.at • office@ambassador.at

Das Ambassador ist ein Hotel, das Wiener Flair par excellence ausstrahlt. Klassisches Mobiliar, Kunstwerke an den Wänden, Fischgrätparkett und edle Stoffe harmonieren wunderbar mit der zentralen Lage im ersten Gemeindebezirk bei der Kärntner Straße. Das Restaurant im ersten Stock, der Schanigarten und die Atriumbar schaffen für jeden Anlass das entsprechende Ambiente. Hier können köstliche Dinner, erlesene Weine oder einfache Kaffeespezialitäten genossen werden. Bei all dem Komfort blickt das Hotel auch auf eine mehr als 100-jährige Vergangenheit zurück, die im Hause bis heute allgegenwärtig ist.

# Bristol

1010 Wien, Kärntner Ring 1 • 01 515160
www.bristolvienna.com • hotel.bristol@luxurycollection.com

In erstklassiger Lage direkt bei der Wiener Staatsoper erwartet das Hotel Bristol seine Gäste und bietet den perfekten Ausgangsort für einen noblen Aufenthalt in der Hauptstadt. Hier spielen Kultur, Musik und elegantes Design die Hauptrolle. Die Opera-Suiten mit einzigartigen Kunstwerken, wertvollen Antiquitäten und opulenten Teppichen sind eine Klasse für sich. Für die passende kulinarische Untermalung ist auch gesorgt – Besonderheiten sind der Bristol Afternoon Tea und das Multi-Sensory-Dining-Erlebnis, welches ein saisonal angepasstes Sechs-Gänge-Menü mit künstlerischen Live-Visuals bietet.

# Grand Hotel Wien

1010 Wien, Kärntner Ring 9 • 01 515800
www.grandhotelwien.com • info@grandhotelwien.com

Das Grand Hotel Wien verbindet historischen Charme mit modernem Luxus und sticht vor allem durch seinen herausragenden Service hervor. Feinschmecker werden in den ausgezeichneten Restaurants verwöhnt – spektakulär ist der Blick von der Terrasse auf die Karlskirche. Unbedingt muss man der exklusiven Wagemut Kavalierbar einen Besuch abstatten. Sie verfügt über eine einzigartige Barkarte und eine ganz besondere Atmosphäre. Im Grand-Spa relaxt man im sechsten Stock in stilvoller Umgebung mit Design-Details wie freigelegtem historischem Mauerwerk, Mosaik und einem originellen Lichtkonzept.

# Imperial Wien

1015 Wien, Kärntner Ring 16 • 01 50 11 00
www.imperialvienna.com • hotel.imperial@luxurycollection.com

Das ikonische Luxushotel Imperial blickt inzwischen auf eine 150-jährige Geschichte zurück – das ehemalige Palais versprüht seit jeher ein royales Flair. Die 79 Zimmer und 59 Suiten sind elegant mit antiken Möbeln eingerichtet. Im ganzen Haus erwartet die Gäste ein exzellenter Service. Besonders die Concierges lesen einem jeden Wunsch von den Lippen ab. Schon der Eintritt in die Lobby ist ein Erlebnis: Sie verfügt über eine prächtige Treppe und beeindruckende Kronleuchter. Feine Kulinarik, edle Tropfen und die Imperial-Torte genießt man im Restaurant Opus, dem Café Imperial und in der Bar.

# Palais Coburg Hotel Residenz

1010 Wien, Coburgbastei 4 • 01 518181 30
www.palais-coburg.com • reservierung@palais-coburg.com

Ein Aufenthalt im Palais Coburg ist speziell für Kulinarikliebhaber etwas ganz Besonderes, denn direkt im Haus befindet sich eines der besten Restaurants des Landes: das Gourmet Restaurant Silvio Nickol, welches mit fünf Hauben prämiert ist. Dieses hohe Niveau zieht sich durch das ganze Hotel und man darf sich auf edle Suiten, einen herrlichen Spa-Bereich, beste Betreuung durch das exzellente Personal und vieles mehr freuen. Für besondere Veranstaltungen wie etwa Hochzeiten oder Konzerte bieten außergewöhnliche Räumlichkeiten, zum Beispiel die Kasematten oder die Prunkräume, den passenden Rahmen.

# Palais Hansen Kempinski Vienna

1010 Wien, Schottenring 24 • 01 2361000
www.kempinski.com/vienna • info.vienna@kempinski.com

Seit mehr als 150 Jahren besteht das historische Palais an der Ringstraße, in welchem sich heutzutage eines der besten Luxushotels Wiens befindet. Das Palais Hansen Kempinski vereint historisches Ambiente mit modernen Annehmlichkeiten und Topservice. Das kompetente Team garantiert den Gästen Privatsphäre und sorgt für einen herausragenden Aufenthalt. Mit über 152 eleganten Zimmern und Suiten, dem exquisiten, mit vier Hauben prämierten Fine-Dining-Restaurant EDVARD sowie dem Kempinski Ihe Spa mit Fitnessstudio ist dieses Hotel ein Paradies für alle, die den Alltagsstress vergessen möchten.

# Park Hyatt Vienna

1010 Wien, Am Hof 2 • 01 227401234
www.parkhyattvienna.at • vienna.park@hyatt.com

Ein Aufenthalt im Park Hyatt Vienna bedeutet nicht nur, in bester Lage Wiens in einem Hotel zu nächtigen, welches der Inbegriff von Luxus und Eleganz ist. Durch den hervorragenden Service wird ein Aufenthalt hier auch zum wahren Erlebnis. Im ganzen Haus begeistert die Kombination von modernem Design, edlen Materialien und dem historischen Charme des Gebäudes, einer ehemaligen Bank. Für das leibliche Wohl ist mit authentischer Küche und erlesenen Getränken gesorgt. Für Entspannung wiederum sorgt das elegante Arany-Spa mit Pool, Fitnesscenter und dem besonderen Rossano-Ferretti-Hairspa.

# Rosewood Vienna

1010 Wien, Petersplatz 7 • 01 799 98 88
www.rosewoodhotels.com/vienna • vienna.reservations@rosewoodhotels.com

Im Herzen der Wiener Altstadt empfängt das Rosewood Vienna, ein luxuriöses Refugium in einem liebevoll restaurierten Gebäude aus dem 19. Jahrhundert, seine Gäste mit großzügigen Zimmern und Suiten mit einer eleganten zeitgenössischen Ausstattung. Kulinarisch begeistert die Brasserie, in der innovative österreichische und europäische Gerichte serviert werden. Die Rooftop-Bar verspricht herrliche Cocktails mit einem spektakulären Blick auf die Stadt. Nach einem langen Tag lädt man seine Energie im Asaya-Spa wieder auf. Für ein privates Wellnesserlebnis bietet sich die exklusive Social-Suite an.

# Sacher Wien

1010 Wien, Philharmonikerstraße 4 • 01 51 45 60
www.sacher.com • wien@sacher.com

Im Herzen der Stadt liegt das wohl bekannteste Hotel Wiens: Das Sacher schafft gekonnt die Kombination aus Tradition und Moderne. Das Hotel bietet einzigartige Räumlichkeiten für Tagungen und Veranstaltungen im hochherrschaftlichen Ambiente und eine Oase der Entspannung mit außergewöhnlichen Behandlungen. Jedes der Zimmer und Suiten ist ein Highlight für sich. Das kulinarische Angebot ist beeindruckend und reicht von österreichischen über internationale Spezialitäten bis hin zur berühmten „Original Sacher-Torte". Mit dem Conciergeservice wird jeder Aufenthalt zu einem besonderen Erlebnis.

# Sans Souci Wien

1070 Wien, Burggasse 2 • 01 522 25 20
www.sanssouci-wien.com • hotel@sanssouci-wien.com

Das Luxushotel Sans Souci Wien bietet einen Ruhepol inmitten des kulturellen und belebten Zentrums von Wien, direkt neben dem Wiener MuseumsQuartier. Die 63 individuell gestalteten Zimmer und Suiten verbinden das unverwechselbare Design von yoo mit einer entspannten Atmosphäre von zurückhaltendem Luxus. Für Kunstliebhaber ist die hauseigene Sammlung moderner Kunst ein Highlight. Das Hotel-Team setzt sich neben seiner gelebten Gastfreundschaft auch für Umweltfreundlichkeit ein. Das Restaurant Veranda bietet biologische, regionale und saisonale Produkte von Bauern und Lieferanten aus der Nähe.

# The Amauris Vienna ⓝ

♙ Neueröffnung des Jahres 2024
1010 Wien, Kärntner Ring 8 • 01 22 1 22
www.theamauris.com • vienna@theamauris.com

Entlang der Wiener Ringstraße reihen sich zahlreiche namhafte Hotels. Einige von ihnen beherbergen seit jeher wichtige Persönlichkeiten und Promis. Nun hat ein weiteres Hotel seine Türen geöffnet, das vielleicht noch nicht durch seine eigene Geschichte, jedoch durch die gelungene Kombination aus Elementen verschiedenster Epochen überzeugt. Alt und neu ergänzen einander im Stiegenhaus mit dem gusseisernen Fahrstuhl ebenso wie in der privaten Kunstgalerie. Im Restaurant Glasswing setzt man auf das altbewährte kulinarische Erbe Österreichs mit einem Hauch mediterraner Raffinesse.

# The Leo Grand

1010 Wien, Bauernmarkt 1 • 01 90 6 06

www.theleogrand.com • reception@theleogrand.com

Kaum betritt man die Lobby, fühlt man sich wie in einer anderen Welt. Edle Tapeten und Accessoires machen das unkonventionelle Konzept des Hotels The Leo Grand aus, das Individualismus, Design und Luxus zelebriert. Mitten in der Wiener Innenstadt gelegen, markiert es den perfekten Ausgangspunkt für alle Sehenswürdigkeiten der Umgebung. Die großzügigen Zimmer und Suiten des Stadthotels wurden bunt und detailreich gestaltet, Hotspot bei Touristen und Einheimischen stellt das Restaurant dar, das von der DOTS-Gruppe bespielt wird – Fusion-Küche mit französischen und Wiener Einflüssen at its best!

# The Ritz-Carlton, Vienna

1010 Wien, Schubertring 5–7 • 01 311 88

www.ritzcarlton.com

Das The Ritz-Carlton, Vienna ist ein luxuriöses Fünf-Sterne-Hotel in Wien, das in vier historischen Palästen aus dem 19. Jahrhundert untergebracht ist. Es verbindet den legendären The-Ritz-Carlton-Service mit Wiener Gastfreundschaft und bietet seinen Gästen mit 200 eleganten Zimmern und Suiten den idealen Ausgangspunkt, um die Stadt zu entdecken. Je nach Laune speist und trinkt man entweder im Dstrikt Steakhouse, in der „Pastamara – Bar con Cucina", in der eleganten D-Bar oder in der Rooftop Bar. Ein Highlight ist außerdem der Spa-Bereich mit einem 18 Meter langen Indoorpool mit Unterwassermusik.

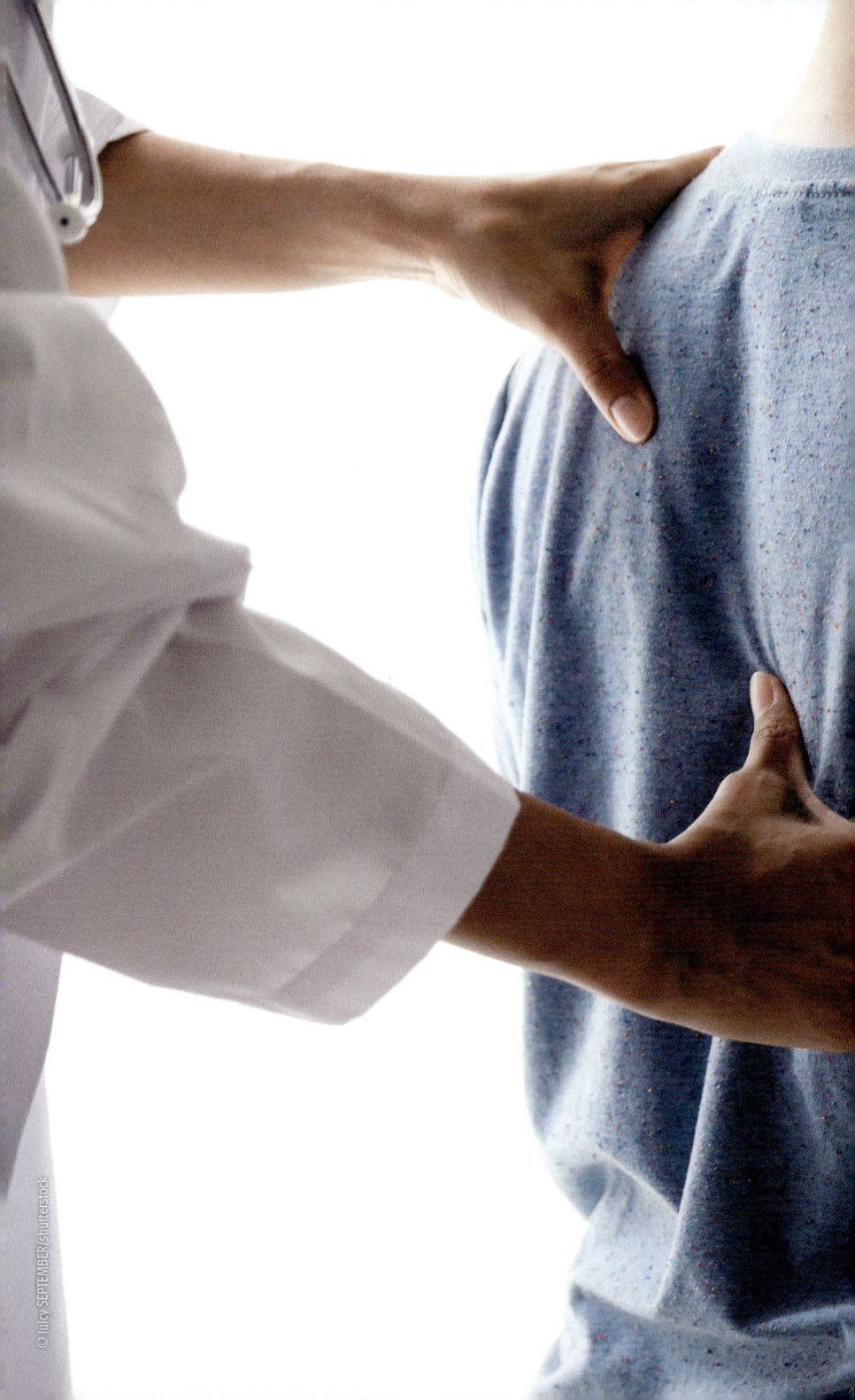

# MAYRLIFE Medical Health Resort Altaussee

8992 Altaussee, Fischerndorf 222 • 0 36 22 71 4 50

www.vivamayr.com • reservations@vivamayr.com

Im eleganten Mayrlife Medical Health Resort Altaussee wird die perfekte Kombination aus Erholung, Entspannung und Gesundheit geboten. Ob man zur Gewichtsoptimierung, zur Stärkung des Immunsystems, zur Entgiftung oder zur Stressreduktion kommt – hier gibt es das passende medizinische Programm! Das einzigartige Health-Concept basiert auf Ernährung, Bewegung und mentaler Stärke. Die moderne Mayr-Medizin in Kombination mit Yoga, Kryotherapie, hydrotherapeutischen Anwendungen, Therapiemassagen und vielem mehr komplettiert den Aufenthalt. Die individuelle Diagnose und Behandlung sind selbstverständlich.

# Die Klause ⓝ

8344 Bad Gleichenberg, Taxbergstraße 15/17/19 • 0664 533 2490

www.die-klause.at • willkommen@die-klause.at

Die Klause ist ein einzigartiges ökomedizinisches Projekt, das verschiedene Wirkfelder vereint. Gäste mit Erschöpfungssymptomen, körperlichen und psychischen Beschwerden oder Nachsorgebedarf nach schweren Erkrankungen finden hier individuell angepasste Therapieprogramme in intimer Atmosphäre. Das Haus verfügt über nur elf Zimmer sowie die besondere Eremitenhütte. Dadurch kann das Expertenteam bestens auf die individuellen Bedürfnisse der Gäste eingehen. Sehr hervorzuheben ist die Küche, in der mit Produkten aus eigener biozertifizierter Landwirtschaft herrliche Gerichte gezaubert werden.

# Miraverde Ⓝ

4540 Bad Hall, Kurpromenade 1 • 07258 7990
www.eurothermen.at/bad-hall/hotel-miraverde • office.badhall@eurothermen.at

Das mit vier Sternen dekorierte Gesundheitshotel Miraverde versteht sich als ein Ort zum Ankommen. Im schön gestalteten Kurpark im EurothermenResort in Bad Hall gelegen, werden Gäste dazu eingeladen, mithilfe individueller Behandlungen – zu den Schwerpunkten Fasten, Entspannung und Ernährung – das Wohlbefinden und die eigene Gesundheit zu stärken. Das umfangreiche Wellness- und Spa-Angebot sowie auch die hauseigene Therme schaffen Erholung. Das Restaurant Bellevue mit Frühstücksbuffet und abendlichem Fünf-Gänge-Menü ist das entsprechende kulinarische Pendant.

# Das Sieben Ⓝ

## Gesundheits-Resort

6323 Bad Häring, Kurstraße 14 • 05332 20800
www.das-sieben.com • reservierung@das-sieben.com

Achtung, Geheimtipp! DAS SIEBEN ist ein Adults-only-Hotel in traumhafter Lage in den Tiroler Bergen und beeindruckt mit einem einzigartigen Gesundheitskonzept namens Medical SPA by SiebenMed, welches Schul- und Komplementärmedizin kombiniert. Jeder Gast erhält so ein maßgeschneidertes Programm mit individueller Betreuung. Herrliche Entspannung bieten die großzügige Sauna- und Badelandschaften – wunderbar ist der Panoramablick auf die Alpen vom ganzjährig beheizten Außenpool und aus dem Ruheraum. Für Sportliebhaber findet sich mit Sicherheit die richtige Betätigung im Aktivprogramm.

# Vortuna Gesundheitsresort

4190 Bad Leonfelden, Spielau 8 a • 0 72 13 63 6 30
www.vortuna.at • office@vortuna.at

Wer auf der Suche nach einem exklusiven Medical-Spa-Hotel ist, wird das elegante Vortuna Gesundheitsresort lieben. Das Gesundheitszentrum ist auf ganzheitliche Vorsorge und Rehabilitation spezialisiert. Als Basis für körperliche und seelische Gesundheit werden natürliche Heil- und Kraftquellen genutzt: Bewährte Methoden wie Moor- und Kneipp-Therapien werden mit modernem medizinischem Wissen kombiniert.Genächtigt wird im modernen Premiumhotel – dort setzt man auf Ruhe, Bewegung und besten Service. Im Panoramarestaurant genießt man naturnahe, hochwertige Kulinarik mit Zutaten aus dem Mühlviertel.

# Vivea Zum Landsknecht ⓝ
## Gesundheitshotel

2853 Bad Schönau, Kurhausstraße 11 • 0 26 46 905 001 501
www.vivea-hotels.com/hotels/bad-schoenau-zum-landsknecht •
schoenau@vivea-hotels.com

Im Vivea Zum Landsknecht können Gäste sich vollends entspannen und gleichzeitig ihre Gesundheit fördern. Die Heilquelle mit natürlichem $CO_2$-Vorkommen und die medizinisch-therapeutischen Leistungen machen das Hotel zu einem Ort, an dem Gäste in Begleitung von Gesundheitsexperten ihre körperliche Leistungsfähigkeit steigern und Beschwerden wie Durchblutungsstörungen und Herz-Kreislauf-Erkrankungen lindern. Im Spa-Bereich mit komplett erneuerter Saunalandschaft und stilvoll eingerichteten Ruheräumen mit atemberaubender Aussicht auf die umliegende Naturlandschaft lässt man die Seele baumeln.

# Vivea Zur Quelle Ⓝ
## Gesundheitshotel

2853 Bad Schönau, Landsknechteplatz 1 • 0 26 46 905 002 501
www.vivea-hotels.com/hotels/bad-schoenau-zur-quelle • zur.quelle@vivea-hotels.com

Im Vivea Zur Quelle in Niederösterreich verbringt man einen unvergesslichen Gesundheitsurlaub. Mit traditionellen und modernen Therapiemethoden in professioneller ärztlicher Begleitung werden hier die Leistungsfähigkeit und Gesundheit gesteigert. Besonders wirksam sind die $CO_2$-Therapien, die auf individuelle Bedürfnisse abgestimmt werden können und zur Verbesserung der Gesundheit von Gefäßen und Herz-Kreislauf-System beitragen. Tiefenentspannung findet man in der großzügigen Sauna- und Badelandschaft mit Hallenbad und Außenpool. Das Haus ist auch bestens für Haustierbesitzer geeignet.

# Rickatschwende F. X. Mayr Health Retreat

6850 Dornbirn, Rickatschwende 1 • 0 55 72 25 35 00
www.rickatschwende.com • office@rickatschwende.com

Gesundheit ist die Basis für ein glückliches Leben. Mit einem Aufenthalt im Rickatschwende F. X. Mayr Health Retreat macht man einen Schritt in die richtige Richtung: Die moderne F.-X.-Mayr-Methode ist effektiv für einen gesünderen Lebensstil. Über 30 Jahre Erfahrung in seriöser Komplementärmedizin sorgen hier für eine individuelle, ärztlich überwachte Diät in angenehmem Ambiente. Verschiedene Kuranwendungen und professionell angeleitete Trainings sorgen für Energierückgewinnung. Das moderne Therapie- und Wellnesszentrum bietet verschiedene Saunen, Ruheräume und ein Hallenbad.

# La Pura

la pura women's health resort kamptal

3571 Gars am Kamp, Hauptplatz 58 • 0 29 85 266 67 42
www.lapura.at • reservierung@lapura.at

Das la pura women's health resort, ein Vier-Sterne-Superior-Resort im idyllischen Waldviertel, ist speziell auf die gesundheitlichen Bedürfnisse von Frauen ausgerichtet. Ärzte, Therapeuten und Kosmetiker kümmern sich um das Wohlbefinden und die Gesundheit der Gäste. Entspannung findet man in den gemütlichen Zimmern und Suiten sowie im Ladies Spa, welcher mit verschiedenen Annehmlichkeiten wie Saunen, Laconium und einem Rasulbad für Beautyrituale und Peelings lockt. Die GourMed® Cuisine ist gesund und köstlich. Auch ein individuelles Tagungsangebot für Frauen ist vorhanden.

# Park Igls

Gesundheitszentrum

6080 Igls, Igler Straße 51 • 0512 37 73 05
www.park-igls.at • info@park-igls.at

Erholung für Körper und Geist: Im Gesundheitszentrum Park Igls findet man die perfekte, medizinisch begleitete Auszeit mit Schwerpunkt auf gesunder Ernährung, bewusster Bewegung und tiefgreifender Regeneration. Die traditionelle F.-X.-Mayr-Medizin wird hier mit modernsten Methoden der Schulmedizin kombiniert. Für jeden Gast erstellt das erfahrene Ärzte- und Therapeutenteam ein individuelles Konzept, unter anderem wird einem eine der acht Ernährungsstufen zum Gourmetfasten zugeteilt. Besondere Entspannung bieten der großzügige Spa-Bereich sowie die Zimmer und Suiten mit Blick auf die Berge.

# Lanserhof Lans

6072 Lans, Kochholzweg 153 • 0512 38 66 60

www.lanserhof.com • info.lans@lanserhof.com

Im Jahr 1984 öffnete der erste Lanserhof in Tirol seine Tore – seitdem gilt er als führendes Health-Resort in Europa. Das Lanserhof-Concept vereint Naturheilkunde und moderne Medizin, um Gästen dabei zu helfen, sich ganzheitlich zu regenerieren. Im Fokus steht die Lanserhof-Kur, die auf der gründlichen Regeneration des Darms basiert. Neben therapeutischen Anwendungen und umfangreichen Diagnostiken bietet das Resort unter anderem auch Kryotherapie, Schmerztherapie und Intervall-Hypoxie-Hyperoxie-Therapie an. Die großzügigen Zimmer, Appartements und Suiten bieten Gästen einen persönlichen Ort der Ruhe.

# The Original FX Mayr

9082 Maria Wörth, Golfstraße 2 • 0 42 73 25 1 10

www.original-mayr.com • info@original-mayr.com

Das weltweit erste Kompetenzzentrum für F.-X.-Mayr-Medizin hilft seinen Gästen seit jeher, in ein gesundes Leben zurückzufinden. Ärztliche Diagnostik, abgestimmte Ernährung und gezielte Therapien stärken die Darmgesundheit und das Immunsystem. Man entspannt im Strandhaus am See oder im Spa-Bereich im Haupthaus. Die Kur-Effekte kann man mit Virtual-Reality-ICAROS-Fitness und nicht invasiven Lifting-Methoden unterstützen. Achtsames Essen steht hier im Mittelpunkt – wahlweise speist man in absoluter Ruhe oder in Gesellschaft. Die einzige Ablenkung: der traumhafte Panoramablick auf das Wasser.

Wörthersee

# Vivamayr Maria Wörth

9082 Maria Wörth, Seepromenade 11 • 04273 31117
www.vivamayr.com • office@vivamayr.com

Individualität wird hier großgeschrieben! Im Vivamayr Maria Wörth erwarten die Gäste individuell abgestimmte Behandlungen, um ihren Gesundheitsbedürfnissen gerecht zu werden. Das Team bietet medizinische Leistungen in den verschiedenen Bereichen, Diagnostik, Personal Training, Yoga, Massagen und mehr. Ein besonderer Fokus liegt auf gesunder Ernährung mit der köstlichen VIVAMAYR Cuisine. Für den Aufenthalt kann man aus 46 Zimmern und Suiten, Apartments oder einer Villa mit Seeblick wählen. Das Resort verfügt über eine großzügige Wellnessanlage mit Badestrand, Saunen und einem Fitnessraum.

# Bad Reuthe Ⓝ
## Gesundhotel

6870 Reuthe, Bad 70 • 05514 22650
www.badreuthe.at • office@badreuthe.at

Hier steht die körperliche Gesundheit im Mittelpunkt! Dafür hat das Hotel Bad Reuthe kompetente Spezialisten mit an Bord geholt, die den Gästen bei ihrem Aufenthalt beratend zur Seite stehen. Dank Heilmethoden wie Moorbäder, medizinische Massagen und sonstige Wellness-Treats kann man sich bei einem Aufenthalt in Reuthe gänzlich auf das eigene Wohlbefinden konzentrieren. On top gibt es die wunderschöne Kulturlandschaft des Bregenzerwalds mit ihren Bergen und weiten Wiesen sowie im hoteleigenen Restaurant köstliche Vorarlberger Spezialitäten – vom Frühstück bis zum abendlichen Dinner.

# Gugerbauer Ⓝ

4780 Schärding, Kurhausstraße 4 • 0 77 12 31 91
www.hotel-gugerbauer.at • info@hotel-gugerbauer.at

Fasten – aber genussvoll: Das wird möglich im Gesundheitshotel Gugerbauer, das bereits in vierter Generation geführt wird. Das Haus hat sich auf Fastenkuren spezialisiert, die den Gästen Energie und Wohlbefinden zurückgeben. Das professionelle Personal begleitet die Gäste durch die Kur – mit frisch zubereiteten Säften, Suppen und basischen Menüs fällt der Verzicht nicht schwer! Im Spa- und Wellnessbereich entspannt man etwa im Pool oder bei Massagen, Beauty-Treatments und therapeutischen Anwendungen. Zum Verweilen laden die modernen Zimmer, die Restaurantterrasse und der schöne Garten ein.

# Schloss Kurhotel Strobl Ⓝ

5350 Strobl, Salzburgerstraße 20 • 0 61 37 73 10
kurhotel-strobl.at • gesundheit@kurhotel-strobl.at

Das Schloss Kurhotel Strobl im Salzkammergut ist dafür bekannt, ein Zentrum für Kur und aktive Gesundheitsvorsorge zu sein. Neben diesen Schwerpunkten kann das Haus jedoch auch als traditionelles Urlaubshotel genossen werden. Dank der günstigen Lage direkt am Wolfgangsee empfiehlt sich ein Besuch in den Sommermonaten. Die Geschichte des Hauses geht auf das beginnende 20. Jahrhundert zurück, die Räumlichkeiten wurden jedoch umfangreich modernisiert – so auch der Wellnessbereich mit Sauna, Dampfbad und Ruheraum. In kulinarischer Hinsicht wird auf eine ausgewogene Ernährung der Gäste geachtet.

# Vivea Bad Traunstein Ⓝ
## Gesundheitshotel

3632 Traunstein, Kurhausstraße 50 • 02878 25050
www.vivea-hotels.com/hotels/bad-traunstein • traunstein@vivea-hotels.com

Im hübschen Bad Traunstein erwartet das moderne Vivea mit seinem kompetenten Team seine Gäste. Spezialisiert ist das Hotel auf die Linderung von Beschwerden des Bewegungsapparats und Beeinträchtigungen von Leber, Galle, Magen und Darm. Das Heilmoor in der unmittelbaren Umgebung wird für klassische, moderne und traditionelle Methoden wie Heilmassagen, GammaSwing, Ganzkörperkältetherapie und Kneipp-Anwendungen genutzt. Hier kann man sich in der Sauna- und Badelandschaft mit fünf wohltuenden Saunen und Dampfbädern sowie Hallen- und Außenpool entspannen. Auch für Haustiere ist das Hotel geeignet.

# Vivea Umhausen Ⓝ
## Gesundheitshotel

6441 Umhausen, Lehgasse 50 • 05255 50160
www.vivea-hotels.com/hotels/umhausen-im-oetztal • umhausen@vivea-hotels.com

Im Vivea Umhausen im Ötztal erfreut man sich das ganze Jahr über an einer Vielfalt an kulturellen, sportlichen und gesundheitlichen Angeboten. Das natürliche Heilvorkommen von Radon steht hier im Fokus und wird in einer breiten Palette an medizinisch-therapeutischen Leistungen genutzt. Für jeden Gast wird durch das medizinische Fachpersonal ein individueller Therapieplan erstellt – so kann man inmitten des traumhaften Alpenpanoramas Entspannung finden und die Hektik des Alltags hinter sich lassen. Highlights sind das Unterhaltungs-, Aktiv- und Gesundheitsprogramm sowie die gesunde Kulinarik.

# Gault&Millau

# Süße Säure & Tannine

**Alle News rund um österreichische Weine im Newsletter und auf gaultmillau.at**

# Die Alpbacherin

6236 Alpbach, Alpbach 405 • 05336 5003
www.die-alpbacherin.com • info@die-alpbacherin.com

Aus der kleinen Frühstückspension Haus Angelika wurde Ende 2019 Die Alpbacherin. Das familiengeführte Hotel besitzt seitdem 53 modernisierte Zimmer und Suiten, einen Infinitypool, einen Spa- und Saunabereich sowie ein Restaurant auf Vier-Sterne-Hotel-Niveau. Von außen noch immer an die ländliche Bauweise der Region angelehnt, wurde das Haus im Inneren von Grund auf renoviert. Der Bezug zur Region wird dennoch mit heimischen Materialien hergestellt. Als Gast erlebt man einen unbekümmerten Aufenthalt in Tirol, der sowohl in optischer als auch in kulinarischer Hinsicht Bestes aus der Region bietet.

# Puitalm

Natur I Apart I Hotel

6471 Arzl im Pitztal, Plattenrain 1 • 05412 22242
www.puitalm.at • office@puitalm.at

Naturbewusstsein steht auf der Puitalm an erster Stelle.
Das Aparthotel ermöglicht seinen Gästen einen Urlaub
zurück zum Ursprünglichen. Zur Auswahl stehen 25 ein-
ladende Appartements mit puristischem, naturnahem
Design ohne viel Schnickschnack. Dieser wird auch nicht
benötigt, liegt das Hotel doch auf 1476 Meter und entzückt
dank der Höhenlage mit fulminanten Aussichten. Im Restaurant, das großzügig verglast ist, werden Wildspeziali-
täten aus eigener Jagd sowie Tiroler Klassiker aufgetischt.
Was es sonst noch gibt? Einen Infinitypool, einen Fitnessraum und eine Panoramasauna.

# Die Wasnerin

8990 Bad Aussee, Sommersbergseestraße 19 • 0 36 22 52 1 08
www.diewasnerin.at • info@diewasnerin.at

Erholungsuchende finden im Hotel Die Wasnerin in Bad Aussee die ideale Destination für ihre Auszeit. Das familiär geführte Vier-Sterne-Superior-Hotel befindet sich inmitten der atemberaubenden Natur des Salzkammerguts und bietet auf 2400 m² einen modernen Wellnessbereich mit vielen Rückzugsmöglichkeiten, Pools und Saunen sowie besonderen Annehmlichkeiten wie der Schnee.Kristall-Kabine. Für noch tiefere Entspannung sorgt das NABEL.DAS SPA mit Massagen und Kosmetikanwendungen. Stets im Zentrum steht die Verbindung zur Natur und Maßnahmen zum Umweltschutz sind allgegenwärtig.

# Maria Plain ⓝ

5101 Bergheim bei Salzburg, Plainbergweg 41–43 • 0662 450 70 10
www.mariaplain.com • info@mariaplain.com

Das Hotel Maria Plain liegt gleich unterhalb der Kirche, man befindet sich nördlich der Festspielstadt Salzburg, aber schon von Weitem ist das Ensemble gut zu sehen, da es auf den Anhöhen des Plainbergs liegt. Die 28 Zimmer sind stilvoll, mit Parkett und gemütlichem Mobiliar, eingerichtet. Außerdem wurde 2018 ein traditionelles Bauernhaus aus dem Pongau aufgestellt und mit geräumigen Appartements ausgestattet (Plainstöckl). Im großen Gastgarten genießt man authentische, gutbürgerliche Küche mit Gerichten wie Wiener Schnitzel und Salzburger Nockerl mit einem fulminanten Ausblick auf die Stadt.

# Biohotel Schwanen

♔ Hotel des Jahres 2023

6874 Bizau, Kirchdorf 77 • 05514 2133
www.biohotel-schwanen.com • emanuel@biohotel-schwanen.com

Das Biohotel Schwanen im Bregenzerwald bietet seinen Gästen nicht nur eine naturverbundene Atmosphäre und herzlichen Service, sondern auch exzellentes Essen. Die Küche orientiert sich an der Lehre von Hildegard von Bingen: Es wird bedingungslos biologisch gekocht. Dabei werden Produkte aus eigenem Anbau sowie von Partnern aus der Region verwendet. Dank des Mottos „reduce to max" können Gäste einen besonders achtsamen Urlaub verbringen. So wird etwa auf WLAN in den Zimmern bewusst verzichtet. Die spürbare Kraft und die Freude am Leben in dieser naturverbundenen Region sind hier allgegenwärtig.

# BERGHOTEL MADLENER ⓝ

6884 Damüls, Schwende 22 • 05510 2210
www.berghotel-madlener.at • info@berghotel-madlener.at

Damüls gilt als schneereichstes Dorf der Welt. Kein Wunder also, dass das Berghotel Madlener jährlich zahlreiche Skiurlauber aus aller Welt anzieht. Ganz nach den eigenen Bedürfnissen kann hier dank der idyllischen Umgebung auf 1430 Meter Ski gefahren und gewandert werden. Die Zimmer sind liebevoll und mit viel Holz eingerichtet – im Restaurant wird eine für Vorarlberg landestypische Küche serviert, mit vorrangig regionalen und saisonalen Zutaten. Abends kann sauniert und anschließend im Ruheraum vollends entspannt werden.

# der daberer. das biohotel

9635 Dellach/Gailtal, St. Daniel 32 • 0 47 18 590
www.biohotel-daberer.at • info@biohotel-daberer.at

Inmitten herrlichster und ruhiger Natur, fernab von lärmen-
den Straßen, lässt sich der Urlaub im der daberer. in den
Kärntner Bergen besonders gut genießen! Das Hotel ist ein
Hideaway im Gailtal, das von Wiesen und Wäldern umgeben
ist. Die Zimmer sind individuell eingerichtet und sorgen mit
zurückhaltenden Farben, weichen Stoffen und Holz für eine
Wohlfühlatmosphäre. Die beliebten Alpin-Chalets erstrahlen in einem neuen Look. Nachhaltiges Wirtschaften wird
großgeschrieben – vor allem beeindruckt die Küche. Die
handwerklich perfekten Gerichte bauen auf zwei Konstan-
ten auf: Slow Food und Bio.

# Ratscher Landhaus

Wein- und Genusshotel

8461 Ehrenhausen, Ottenberg 35 • 0 34 53 23 1 30
www.ratscher-landhaus.at • info@ratscher-landhaus.at

Das Ratscher Landhaus ist eine der schönsten Unterkünfte
in der Südsteiermark und befindet sich inmitten der malerischen Weinberge. Die Panoramazimmer bieten ausreichend
Platz und eine traumhafte Aussicht auf die Weingärten.
Das hauseigene Weingartenrestaurant offeriert täglich ein
abwechslungsreiches Vier-Gänge-Menü und wem untertags nach etwas Süßem ist, der kann im Kaffeehaus vor-
beischauen. Egal, ob man im großzügigen Wellnessbereich
entspannen oder im großen Naturpool mit einem eigenen
seichten Kinderbereich herumtollen will: Ein entspannter
Familienurlaub ist hier garantiert.

# Fräulein Leni Ⓝ

8462 Gamlitz, Kranach 3 • 0 34 53 20 8 00
www.fraeulein-leni.com • hallo@frl-leni.com

Feine Weine, eine qualitativ anspruchsvolle Küche und Idylle pur gibt es im Fräulein Leni. Das seit Frühling 2023 geöffnete Hotel in der Südsteiermark möchte den Gästen einen Urlaub voller Ruhe und Zufriedenheit schenken – und das kommt an. Die 23 Zimmer sind liebevoll eingerichtet und mit natürlichen Materialien und Panoramafenstern ausgestattet. Einen gleichermaßen schönen Ausblick nach Gamlitz gibt es vom Infinitypool aus, auch Saunieren ist im Angebot. Gaumenfreuden und vortreffliche südsteirische Weine beschert das Gasthaus. Für noch mehr Momente in der Natur kann ein Picknick gebucht werden.

# Triforêt Alpinresort Ⓝ

4573 Hinterstoder, Hutterer Böden 70 • 0 75 64 93 0 13
triforet.at • info@triforet.at

Im Weltcup-Skigebiet Hinterstoder ist ein Resort am Entstehen, welches im Dezember 2023 eröffnet und das unberührte Natur mit höchstem Komfort vereinen möchte. Bei einem Blick in die Räumlichkeiten wird einem das Motto des Triforêt Alpinresort – „Your Private Escape" – verdeutlicht: Das einstige Berghotel wurde umgebaut und durch luxuriöse Chalets erweitert, in denen den Gästen zukünftig Privatsphäre auf höchstem Niveau geboten wird. Gleichzeitig möchte das Haus eine Auszeit vom Alltagstrubel schaffen. Auf 1410 Meter Seehöhe wird es einen umfangreichen Spabereich sowie ein Fine-Dining-Restaurant geben.

# Chesa Valisa

6992 Hirschegg /Kleinwalsertal, Gerbeweg 18 • 05517 54140
www.naturhotel.at • info@naturhotel.at

Im Kleinwalsertal gibt es mit dem Naturhotel Chesa Valisa den perfekten Zufluchtsort für naturverbundene Menschen. Das familiengeführte Biohotel bietet seinen Gästen die Möglichkeit, in einer wunderschönen Umgebung zu entspannen. Die Geschichte des Hotels reicht über 500 Jahre zurück! Zu den Highlights des Hauses gehören ein 2000 m² großes SPA mit Außenpool, Saunen und Ruheräumen sowie das Restaurant „Kesslers Walereck", das regionale Bioküche mit veganen und ayurvedischen Optionen serviert – und obendrein mit einer Haube prämiert ist. Man urlaubt hier bereits seit mehreren Jahren klimaneutral!

# Kraftalm Ⓝ

6305 Itter, Barmerberg 24 • 05332 75152
www.kraftalm.at • hallo@kraftalm.at

Wer eine Pause vom Alltag braucht, sollte auf die Alm fahren und alle Sorgen im Tal lassen. Getreu diesem Motto verläuft der Urlaub auf der Kraftalm. Die Anreise zum Hotel auf 1355 Metern vollendet man mit einer Gondelfahrt. Oben erwartet einen nicht nur die herzliche Gastfreundschaft der Familie Hölzl, sondern auch der herrliche Blick auf die Kitzbüheler Alpen. Diesen genießt man auch von den 29 eleganten Zimmern aus. Hier nächtigt man in Poleposition für jeglichen Bergsport. Highlights des Hauses sind der Infinitypool und die Panoramasauna. Den Tag beendet man mit einem köstlichen Dinner.

# Gradonna Mountain Resort

9981 Kals am Großglockner, Gradonna 1 • 04876 82000
www.gradonna.at • info@gradonna.at

Egal, ob Wellness, Ski- oder Wanderurlaub: Im Gradonna werden Gäste mit verschiedensten Bedürfnissen glücklich! In unmittelbarer Nähe zum Großglockner lässt sich hier sowohl der Sommer- als auch der Winterurlaub aktiv verbringen. Man nächtigt entweder in den eleganten Zimmern und Suiten oder in den großzügigen Luxus-Chalets. Für entspannte Momente sorgt der Spabereich. Mit Blick auf die Hohen Tauern kann man sich im ausgezeichneten Restaurant verwöhnen lassen. Die alpenländische Küchenlinie mit mediterranen Einflüssen spiegelt die Region ideal auf dem Teller wider!

# ever.grün Ⓝ

5710 Kaprun, Imbachstraße 5 • 06547 20610
www.evergruen.at • willkommen@evergruen.at

Ein junges Hotelkonzept, dass sich an Menschen richtet, die eine Auszeit in den Bergen suchen. Das Vier-Sterne-Hotel ever.grün liegt in Kaprun, im Salzburger Pinzgau, und eröffnet seinen Gästen viele Aktivitäten in der Natur – vom Ski- und Snowboardfahren übers Schneeschuhwandern bis hin zum sommerlichen Mountainbiken. Zurück im Hotel kann man die ereignisreichen Tage im beheizten Outdoorpool oder in einer der Saunen Revue passieren lassen, bevor es schließlich ins Restaurant geht, wo klassische Speisen mit orientalischem Twist serviert werden. Außerdem: Hunde sind ebenfalls herzlich willkommen.

# Molzbachhof

2880 Kirchberg am Wechsel, Tratten 36 • 02641 2203
www.molzbachhof.at • office@molzbachhof.at

In Kirchberg am Wechsel bietet der Molzbachhof seit 50 Jahren Urlaubserlebnisse mit Naturfokus. Die Gäste können beim Wandern, Mountainbiken oder auf der Sommerrodelbahn die herrliche Umgebung in sich aufsaugen, aber auch im Hotel steht die Natur im Mittelpunkt: Das Highlight des Hauses ist das Paradiesgart'l: Hier blühen und gedeihen zahlreiche Pflanzen und Kräuter, die in der Küche des Hauses verwendet werden. Auch der glasklare Naturteich verzaubert einen hier. Im Inneren des Hotels sorgt etwa der großzügige Einsatz von Holz für einen angenehmen Duft und tiefen Schlaf.

# Elisabeth Ⓝ

6365 Kirchberg in Tirol, Aschauer Straße 75 • 0 53 57 22 77
www.hotel-elisabeth-tirol.at • info@hotel-elisabeth-tirol.com

Seit Jahrzehnten ist das Hotel in den Kitzbüheler Alpen in Familienhand und seither wird versucht, mit der Zeit zu gehen, aber dennoch am Ursprung zu bleiben. Vintage-Möbel in Kombination mit Luxuselementen schaffen eine ausgewogene ästhetische Balance. Der Hotelkomplex teilt sich auf drei Häuser auf, die allesamt mit einer anderen Stilistik eingerichtet sind. Für das kulinarische Wohl sorgt das Restaurant – mit ausgewogenem Frühstücksbuffet, einer feinen Nachmittagsjause und einem sechsgängigen Gourmetdinner. Käse, Fleisch und Co stammen ausschließlich von lokalen Genussquellen.

# Bichlhof
## Sport- & Wellnesshotel

6370 Kitzbühel, Bichlnweg 153 • 0 53 56 64 0 22
www.bichlhof.at • office@bichlhof.at

Im wunderschönen Kitzbühel bietet der Bichlhof die perfekte Möglichkeit, sich inmitten der Natur zu erholen. Mit seinen großzügigen Zimmern und Suiten, einem 10.000 m² großen Garten sowie einem 1200 m² großen Wellnessbereich mit Panoramahallenbad und ganzjährig beheiztem Außenpool lässt der Bichlhof keine Wünsche offen. Hier urlaubt man im Einklang mit der Natur – dies spiegelt sich auch in der Küche wider: Es werden regionale Produkte verwendet, die teilweise auch aus der eigenen Erzeugung stammen. Hier kommen Naturliebhaber, Wanderer und Bergsportler voll auf ihre Kosten.

# Andreas Hofer Ⓝ

6330 Kufstein, Georg-Pirmoser-Straße 8 • 05372 6980

www.andreas-hofer.com • info@andreas-hofer.com

In Kufstein mit seiner mittelalterlichen Festung und in der Nähe zu Naturlandschaften lässt es sich toll urlauben. Als potenzielle Unterkunft – insbesondere auch für Familien mit Kindern – eignet sich das Hotel Andreas Hofer, das direkt im Zentrum der Stadt liegt. Auch wenn die Zimmer nicht auf dem neuesten Stand sind, sind sie komfortabel eingerichtet und verfügen über alles Notwendige. Die Hoteliers Sabine und Thomas sind sorgsame Gastgeber und legen großen Wert auf saisonale und regionale Produkte. Außerdem sind sie Jäger und bieten daher im Restaurant regelmäßig Wildgerichte an.

# Naturhotel Waldklause

♔ Hotel des Jahres 2022

6444 Längenfeld, Unterlängenfeld 190 • 05253 5455

www.waldklause.at • office@waldklause.at

In der Waldklause stehen Natur und Nachhaltigkeit im Mittelpunkt des Gästeerlebnisses. Das Hotel befindet sich im Tiroler Ötztal und bietet sich damit ideal für einen Aktivurlaub an. Auch für eine ruhige Auszeit ist das Hotel mit seinem wunderbaren Spa der perfekte Ort. Dort relaxt man beispielsweise in verschiedenen Saunen und Sole-Whirlpools und kann sich Behandlungen mit alpinen Produkten gönnen, die sowohl das äußere als auch das innere Wohlbefinden fördern. Das Restaurant stellt die regionale Küche in den Vordergrund, wobei alle Zutaten von lokalen Lieferanten bezogen werden.

Panorama in Leogang

# Krainer ⓝ

8665 Langenwang, Grazer Straße 12 • 0 38 54 20 22
www.hotel-krainer.com • restaurant@hotel-krainer.com

Das Hotel Krainer in Langenwang steht für Genuss in historischem Ambiente. Ein besonderes Highlight ist zweifelsohne das mit vier Gault&Millau-Hauben ausgezeichnete
Restaurant. Nach der Philosophie einer „neuen steirischen
Küche" servieren Astrid und Andreas Krainer Gerichte mit
modernem Charme und traditionellen Details. Dabei immer
im Mittelpunkt: die Zusammenarbeit mit Bauern, Produzenten und Lieferanten aus der Region. Da das Haus nahe der
Fischbacher Alpen gelegen ist, kommen auch das Skifahren,
Wandern und Mountainbiken nicht zu kurz.

# Biohotel Rupertus ⓝ

5771 Leogang, Hütten 40 • 0 65 83 84 66
www.rupertus.at • info@rupertus.at

Im familiengeführten Hotel Rupertus in Leogang werden Bio
und Klimaneutralität geliebt und gelebt. Die Gäste werden
hier das ganze Jahr über begrüßt und können sich auf einen
Aufenthalt voller Abwechslung freuen. Für die Gaumenfreuden ist das Restaurant zuständig, das getreu der Philosophie ausschließlich biologische Gerichte mit regionalen
Zutaten serviert. die Abwechslung wiederum gelingt einerseits mit dem Wellness- und Yoga-Angebot des Hauses,
andererseits durch die aktive Region rundherum, wo man
Biken, Wandern und Skifahren kann. Daneben lässt es sich
in den Zirbenbetten herrlich schlafen.

# Puradies
## Mein Naturresort

5771 Leogang, Rain 9 • 06583 8275 • 0664 216 09 60
www.puradies.com • info@puradies.com

Das Puradies fügt sich perfekt in die traumhafte Alpenlandschaft ein und erwartet seine Gäste mit zahlreichen Highlights. Unter anderem beeindruckt das Haus mit einigen
Neuerungen im Heaven-Spa: Auf 1500 m² erwarten einen als
Gast neue Wassererlebnisse, Ruheräume und Kuschelkojen
und ein separates Adults-only-Saunahaus. Des Weiteren
eröffnet das Restaurant „Ess:enz" mit einem neuen Konzept. Nächtigen kann man entweder im Designhotel direkt
oder im zugehörigen Chaletdorf. Für grüne Tagungen bietet sich das Event-Chalet an. Der Bar „Freiraum" muss man
unbedingt einen Besuch abstatten.

beide Fotos © creatingclick

# Gault&Millau

# Entdecken
# Genießen
# & Erleben

Newsletter abonnieren und informiert bleiben auf
gaultmillau.at

# Gipfelhaus Magdalensberg ⓝ

9064 Magdalensberg, Magdalensberg 16 • 0 42 24 22 49
www.hotel-magdalensberg.at • info@magdalensberg.com

Schöne Aussichten über Kärnten und herzliche Gastfreundschaft – das erwartet einen im Gipfelhaus Magdalensberg.
Seit 2020 erstrahlt das Hotel in neuem Glanz und zeigt sich
mit renovierten Zimmern und einem Wellnessbereich. Ein
Traum ist der Blick von der Terrasse. Hier kann man gemütlich einkehren und in der Sonne sitzen. Für Kinder gibt es
einen Erlebnisspielplatz sowie einen Indoorspielraum, auch
das hauseigene Wildtiergehege sorgt für Beschäftigung.
Außerdem lohnenswert ist ein Blick in den Weinkeller, wo
jeder Gast auf Wunsch eine Flasche aussuchen kann.

# Schloss Kammer ⓝ

5751 Maishofen, Kammererstraße 22 • 0 65 42 68 2 02
www.schlosskammer.com • schloss.kammer@sbg.at

In den Pinzgauer Bergen kann nicht nur wunderbar Ski
gefahren werden, auch Unterkünfte gibt es dort besondere.
Eines ist das Schloss Kammer in Maishofen. Hier strömt
einem als Gast Geschichte gepaart mit Gastlichkeit entgegen. Die Zimmer sind rustikal und mit liebevollen Details
ausgestattet, weitere Highlights sind die Badstubn mit
Sauna und Steinbad sowie der Naturteich. Außerdem auf
dem Schlosshof: eine eigene Landwirtschaft mit Tieren,
Schafen und Pferden, deren Erzeugnisse im Restaurant verarbeitet werden. Ein besonderer Tipp der Speisekarte sind
die in der Pfanne servierten Kasnock'n!

# Montestyria Mariazell

## Chalet & Suiten

8630 Mariazell, Kalvarienberg 5 • 03882 93080
www.montestyria.at • welcome@montestyria.at

Die Chalets und Suiten des Hotels Montestyria Mariazell
bieten eine Extraportion Luxus. Ganz besonders ist nicht
nur der Fernblick, sondern auch die gemütliche Einrichtung
mit viel Liebe fürs Detail. Weitere Highlights sind der hoteleigene Badesteg am Erlaufsee sowie der beheizte Infinitypool. Zwar verfügt das Hotel über kein Restaurant, jedoch
bietet die Umgebung einige tolle Lokale – bei der Suche
zeigt sich das Personal sehr behilflich. Wie wäre es etwa mit
einem hausgebrauten Bier der Mariazeller Wirtshausküche,
die nur fünf Minuten entfernt ist?

# Edenlehen Ⓝ

6290 Mayrhofen, Edenlehen 676 • 05285 62300
www.edenlehen.com • info@edenlehen.com

So wie sich das Hotel Edenlehen in die Zillertaler Berglandschaft schmiegt, könnte es glatt auf einer Postkarte abgebildet sein. Seit 50 Jahren ist das Haus unter der Leitung von
Familie Hundsbichler und hat sich mit der Zeit vom Bauernhof zum Vier-Sterne-Hotel entwickelt hat. Entsprechend der
rustikalen Erscheinung sind auch die Zimmer gemütlich eingerichtet. Dass der Einklang mit der Natur durchwegs eine
wichtige Rolle spielt, zeigt sich bei den Speisen im Restaurant – von Bioeiern der Hofhühner bis zu Fleischerzeugnis-
sen aus der eigenen Metzgerei. Auch Gastfreundschaft wird
hier großgeschrieben.

# Naturhotel Alpenrose Ⓝ

9872 Millstatt am See, Obermillstatt 84 • 04766 2500
www.naturhotel-alpenrose.at • info@naturhotel-alpenrose.at

940 Meter hoch über dem Millstättersee liegt das Naturhotel Alpenrose. Die Gestaltung des Hauses schafft eine einzigartige Atmosphäre mit direktem Blick auf See und Berge.
Die lichtdurchfluteten, mit Holz gestalteten Räume laden
zum Verweilen ein. Das abendliche Vier-Gänge-Menü und
die besonderen Themenfrühstücke sorgen für Gaumenfreuden. Die vielfältigen Aktivitäten in den Nockbergen bieten
Aktivurlaubern eine ideales Programm. Aus einem Urlaub in
der Alpenrose kehrt man gestärkt in den Alltag zurück und
nimmt sich ein bisschen Bewusstsein aus dem Urlaub ohne
TV-Geräte und WLAN in den Zimmern mit.

# Gut Sonnberghof Ⓝ
Naturhotel

5730 Mittersill, Lämmerbichl 8 • 0 65 62 83 11
www.sonnberghof.at • info@sonnberghof.at

Das Gut Sonnberghof im Salzburger Land erwartet seine Gäste als Oase der Erholung und Aktivität inmitten einer majestätischen Bergkulisse. Der Rundblick auf die Alpen fasziniert und die frische Luft lädt zum Wandern, Skifahren und Genießen ein. Das Sonnberg-Spa bietet einen In- und Outdoorpool, Ruhebereiche und einen Yogaraum. Die Zimmer verteilen sich auf das Vitalhaus, das Bauernhaus, das Kräuterhaus und das Waldhaus und bieten garantiert etwas für jeden Geschmack. In den urigen Stuben wird man mit regionalen Köstlichkeiten, teilweise hergestellt mit Zutaten vom eigenen Biobauernhof, verwöhnt.

# RelaxResort Kothmühle

3364 Neuhofen an der Ybbs, Kothmühle 1 • 7475 52 112
www.kothmuehle.at • office@kothmuehle.at

Das RelaxResort Kothmühle in Niederösterreich bietet stilvolle Zimmer und Suiten, die eine perfekte Symbiose aus Moderne und Tradition darstellen. Mit viel hellem Holz und liebevollen Details ausgestattet, schaffen sie ein unverwechselbares Ambiente. Kulinarisch werden Mostviertler Spezialitäten sowie internationale Haute Cuisine geboten, wobei frische Zutaten aus der Region im Fokus stehen. Der 20.000 m² große RelaxGarten lädt mit Naturbadeteich, Relaxliegen, Kräutergarten, Feuerstelle, Kneipp-Weg und einer neu angelegten Bienenfutterwiese zum Verweilen ein.

# Vila Vita Pannonia Ⓝ

7152 Pamhagen, Storchengasse 1 • 0 21 75 21 80
www.vilavitapannonia.at • info@vilavitapannonia.at

Wohl nur eine Sache ist nach den großen Umbauarbeiten im Vila Vita Pannonia gleich geblieben: der hervorragende Service. Ansonsten erstrahlt wohl jeder Bereich des Hotels in neuem Glanz. Neue Zimmer, Appartements, Suiten und Residenzen am See werden zum Zuhause auf Zeit, der Wellness- und Saunabereich wurde generalüberholt, außerdem beinhaltet er nun auch ein weiteres Gebäude mit Self-Aufguss-Sauna. Der Umbau verlief auch im Sinne der Nachhaltigkeit: Zum Heizen setzt man von nun an auf Biomasse und Luftwärme. Am besten sollte man sich die ganzen Neuerungen persönlich ansehen!

Beide Fotos © VILA VITA Pannonia

# Biohotel Grafenast

6136 Pill, Pillbergstraße 205 • 05242 63209
www.grafenast.at • sehnsucht@grafenast.at

Das familiengeführte Biohotel Grafenast im Karwendel legt großen Wert auf Nachhaltigkeit und Ökologie, was sich in der Einrichtung der Zimmer und der Ausstattung des Hotels widerspiegelt und durch die $CO_2$-Neutralität bewiesen wird. Die umliegende Natur und die wunderbare Wellnessoase mit Waldsauna, Tepidarium und vielem mehr bieten für Erholungsuchende alles, was das Herz begehrt. Auch für die Ausrichtung von naturnahen Seminaren ist das Hotel bestens ausgestattet. Im Biorestaurant werden allerlei köstliche Kreationen serviert. Hier lautet das Motto: „Aus dem Garten auf den Teller".

# RETTER Bio-Natur-Resort

8225 Pöllauberg, Pöllauberg 88 • 03335 2690
www.retter.at • hotel@retter.at

Das Retter Bio-Natur-Resort ist ein Ort der Entspannung und des Genusses im Herzen des Naturparks Pöllauer Tal und bietet Gästen einen klimafreundlichen Urlaub dank seiner Schwerpunkte Nachhaltigkeit und ökologischer Landwirtschaft. Die Philosophie des Resorts basiert auf Innovation ohne Kompromisse sowie auf dem Engagement für langfristige Beziehungen zu Gästen, Mitarbeitern und Lieferanten. Das Restaurant des Resorts verwendet ausschließlich regionale Produkte. Hier wird alles vom Tier verwertet und so finden sich auch vergessen geglaubte Gerichte immer wieder auf der Speisekarte.

# Weingut Neustifter Ⓝ
## Restaurant & Hotel

2170 Poysdorf, Am Golfplatz 9 • 02552 20606
www.hotel-neustifter.com • info@hotel-neustifter.at

Nebst dem familiengeführten Weingut Neustifter liegt das gleichnamige Hotel. Hier wird man als Gast liebevoll begrüßt und kann eine abwechslungsreiche Auszeit im Weinviertel genießen. Die Weingärten, die das Hotel sowie das Weingut umgeben, schaffen eine besondere Idylle und bilden zudem die Kulisse der Restaurantterrasse. Möglichkeiten zur Freizeitbeschäftigung gibt es darüber hinaus zur Genüge: Wer mag, begibt sich auf ein Picknick auf der Aussichtsplattform, golft zwischen den Weinbergen oder flaniert durch die Kellergasse, die hinter dem Hotel entlangführt.

# Liebnitzmühle Ⓝ

3820 Raabs/Thaya, Liebnitz 38 • 02846 7501
www.liebnitzmuehle.at • hotel@liebnitzmuehle.at

Die Liebnitzmühle befindet sich im grünen Waldviertel und sieht sich selbst als „Adult Only" – begrüßt somit alle Gäste ab 12 Jahren. Die Einrichtung ist schlicht gehalten, hält aber alles Wichtige bereit und verfügt auch über notwendigen Komfort. Auch wenn der Whirlpool zum Zeitpunkt unseres Aufenthalts gerade defekt war, konnte man hervorragend in der Sauna und im Hallenbad mit Panoramafenster entspannen. Das hoteleigene Restaurant bietet abwechslungsreiche Gerichte – vom Lammbeuschel bis hin zum Waldviertler Karpfenfilet. In der Umgebung gibt es zudem zig Möglichkeiten zur Freizeitgestaltung.

# Ramsauhof

8972 Ramsau am Dachstein, Ramsau 220 • 03687 81965
www.ramsauhof.at • ramsauhof@simonlehner-hotels.at

Der Ramsauhof liegt auf einem sonnigen Hochplateau nahe Schladming und bietet herrliche Entspannungsmomente in traumhafter Natur. Das Hotel ist ein Ort, an dem man die Batterien wieder aufladen und neue Kraft tanken kann – etwa in seinem großen Ahorngarten oder im Montanaqua-Spa mit Panoramahallenbad. Bei den verschiedenen Zimmerkategorien, die alle von hellem Holz geprägt sind, wird jeder fündig! Der Panoramablick und das aufmerksame Team bleiben auch lange nach der Abreise noch in Erinnerung! Bewusster Genuss steht hier im Fokus und es werden Gerichte für jeden Geschmack kreiert.

# Schloss Münichau ⓝ

6370 Reith bei Kitzbühel, Münichau 1 • 05356 62962
www.muenichau.com • info@muenichau.com

Wie in ein vergangenes Jahrhundert versetzt fühlt man sich im Schloss Münichau bei Kitzbühel. Dieses Gefühl begleitet einen als Gast bis in jedes Zimmer, die allesamt mit Antiquitäten ausgestattet sind und einen historischen Charakter ausstrahlen. Neben den Hotelzimmern kann auch das Chalet nebenan gebucht werden. Das Personal ist sowohl im Hotel als auch im Restaurant, wo österreichische Klassiker wie Tafelspitz und Kaiserschmarren serviert werden, überaus zuvorkommend und familiär. Ein zusätzlicher Pluspunkt bei einem Urlaub im Schloss ist die Nähe zu den Loipen und zum Schwarzsee.

# Hotel zum Mohren ®

6600 Reutte, Untermarkt 26 • 05672 62345
www.hotel-mohren.at • info@hotel-mohren.at

In der idyllischen Naturparkregion Reutte, umgeben von einer beeindruckenden Berg- und Seenlandschaft, liegt das Hotel zum Mohren. Diese günstige Lage macht das Haus zum idealen Ausgangspunkt für sommerliche Wanderungen und winterliches Skivergnügen. Dank des Wechsels zwischen Alpen, Tälern, Bächen, Seen und Wäldern ist in Reutte ein abwechslungsreicher Urlaub im Grünen vorprogrammiert. Entspannung bringt der Wellnessbereich mit Hallenbad, finnischer Sauna und Kräuterdampfbad. Im Restaurant stehen, je nach Saison, österreichische wie auch internationale Gerichte auf der Karte.

# Genusshotel Riegersburg

8333 Riegersburg, Starzenberg 144 • 03153 20020
www.genusshotel-riegersburg.at • info@genusshotel-riegersburg.at

Ob für einen Kurztrip, für einen Rad- oder Wanderurlaub oder für Tagungen: Das Genusshotel Riegersburg, harmonisch eingebettet in die südoststeirischen Weinberge, bietet für alle Bedürfnisse den idealen Komfort. Die Zimmer liefern einen prachtvollen Blick auf die Riegersburg, ein kleiner Wellnessbereich mit Sauna, Dampfbad und Ruheraum lädt zum Entspannen ein. Besonders Genussreisende werden sich hier wohlfühlen, denn das Hotel ist der ideale Ausgangspunkt für kulinarische Entdeckungsreisen mit der Zotter-Schokoladen-, der Vulcano-Schinken- und der Gölles-Edelbrand- und Essigmanufaktur in der Nähe.

Salzach und Salzburger Altstadt mit Festung Hohensalzburg

# Schöne Aussicht ⓝ

5023 Salzburg/Gnigl, Heuberg 3 • 0662 640608
www.salzburgpanorama.at • hotel@salzburgpanorama.at

Das Hotel Schöne Aussicht liegt nur drei Kilometer vom Salzburger Stadtzentrum entfernt und schafft so unentschlossenen Gästen den perfekten Kompromiss zwischen ländlichem und städtischem Urlaub. Der Name des Hauses kommt vom phänomenalen Blick auf die Mozartstadt, der einem dank der günstigen Lage auf dem Heuberg eröffnet wird. Nach einem umtriebigen Tag in der Stadt oder in der umliegenden Natur kann bei Sonnenuntergang auf der Terrasse diniert oder im Außenpool entspannt werden. Im Restaurant gibt es Klassiker der österreichischen Hausmannskost wie Wiener Schnitzel, Backhendl und Topfenknödel.

# Naturhotel Kitzspitz ⓝ

6392 St. Jakob In Haus, Reith 18 • 05354 88165
www.kitzspitz.at • info@kitzspitz.at

Das Naturhotel Kitzspitz ist besonders geeignet für Familien, die in der atemberaubenden Kulisse der Kitzbüheler Alpen entspannen, aber auch Aktivität in ihren Urlaub integrieren möchten. Das Haus sieht sich als Generationenhotel und bietet für jedes Alter das Passende. Die Kleinsten erleben beim Kinder- und Jugendprogramm spannende Abenteuer, die Erwachsenen können sich ganz den Annehmlichkeiten wie Pools, Panorama-Ruhebereichen und vielem mehr im Wellnessbereich widmen. Die herrlichen Kreationen aus der nachhaltigen und saisonalen Naturküche schmecken allen Gästen – ganz altersunabhängig.

# Garten-Hotel Ochensberger

8181 St. Ruprecht an der Raab, Untere Hauptstraße 181 • 0 31 78 51 3 20
www.ochensberger.at • gartenhotel@ochensberger.at

Das Garten-Hotel Ochsenberger ist ein Paradies der Ruhe
inmitten der Oststeiermark. Hier finden Genussmenschen
und Naturliebhaber wohltuende Lieblingsplätze, sowohl
im Hotel als auch in der Natur. Für vollkommene Ruhe bietet sich das Adults-only-Spa an: Dort gibt einen beheizten
Indoorpool, eine Saunalandschaft, einen Raum der Stille mit
Wasserbetten und eine Relaxbar. Das Halbpensionsangebot
beinhaltet ein herrliches viergängiges Gaumenfreudenmenü
mit saisonal-regionalen Zutaten. Auffallend ist der zuvorkommende Service.

# Bachmanngut Ⓝ
## an Wolfgangsee

5360 St. Wolfgang, Au 53 • 0 61 38 22 7 70
www.bachmanngut.at • info@bachmanngut.at

Traumhafte Tage inmitten der Natur verbringt man im Bach-
manngut am Wolfgangsee. Das Vier-Sterne-Hotel punktet
mit einer liebevollen Atmosphäre mit persönlichem Service,
einem stilvollen Mix aus Tradition und Moderne in den Zimmern sowie einer gehobenen Wirtshausküche. Der neue
Reitstall begeistert vor allem die jungen Gäste. Zahlreiche
Aktivitäten wie Tennis spielen, im Wolfgangsee schwimmen
oder eine Runde auf einem der zahlreichen umliegenden
Golfplätze drehen sind hier möglich – es wird nie langweilig! Genauso wichtig ist die richtige Entspannung, die man
im Herbarium-Spa findet.

# Gut Guntrams

2625 Schwarzau am Steinfelde, Guntrams 11 • 0 26 27 83 3 33
www.guntrams11.at • info@guntrams11.at

Unweit von Wien gelegen, empfängt das großzügig angelegte Gut Guntrams seine Gäste. Hier kann man gleich aus
drei verschiedenen Unterkunftsarten wählen: Im Naturhotel Flora entspannt man in einem der sechs gemütlichen Zimmer und genießt die herrliche Aussicht; die Villa
Tranquillini bietet zwei große Ferienwohnungen und ein
Studio, die sich allesamt für Familien eignen; die Garten-
lofts sind drei außergewöhnliche Designersuiten aus Voll-
holz mit Granitbadewanne und Open-Air-Dusche. Im Lokal
„Veranda" kann man hausgemachte Bioprodukte und köstliche Speisen genießen.

# Hirschen Ⓝ

6867 Schwarzenberg, Hof 14 • 0 55 12 29 44
www.hotel-hirschen-bregenzerwald.at • info@hirschenschwarzenberg.at

Im Hotel Hirschen trifft Jung auf Alt – das aber auf eine
wesentlich besonderere Art, als es die oft verwendete Floskel vermuten lässt. Das Haus in Schwarzenberg ist 265
Jahre alt, geführt wird es aber von Menschen, die am Zahn
der Zeit leben. Für den Gast bedeutet das: traditionsreiche
und mit vollem Komfort ausgestattete Zimmer und Appartements, viel Kunst an den Wänden und ein kulinarisches
Angebot, das über den Bregenzerwälder Tellerrand hinaus-
geht. Leider ist der Spabereich bis Ende Jänner 2024 wegen
Umbau geschlossen – eine Alternative bietet bis dahin die
Spezialsauna im Gastgarten.

# Thierseerhof

6335 Thiersee, Hinterthiersee 74 • 05376 5510
www.thierseerhof.at • hotel@thierseerhof.at

Der Thierseerhof unweit von Kufstein lädt zur Entspannung in den Bergen ein. Mit höchsten Qualitätsstandards
und einem ruhigen Ambiente kann man sich vollkommen
auf die Natur einlassen. Auch im Wellnessbereich hat man
das Grün des herrlichen Garten stets im Blick – sei es im
gemütlichen Ruheraum oder im Hallenbad. Die hervorragende Küche mit regionalen und Tiroler Produkten in Kombination mit einer großen Weinauswahl bringt die Gäste
zum Schwärmen. Nach einem erlebnisreichen Tag zieht
man sich in die eleganten, von Naturmaterialien geprägten
Zimmer und Suiten zurück.

# Gault&Millau

# Genussmesse, Weinfest und vieles mehr...

Alle Tickets zu unseren
kulinarischen Events auf
gaultmillau.at

# Die Kanzlerin ⓝ

## Bergresort

9542 Treffen a. Ossiacher See, Kanzelhöhe 8 • 05 02 3 84
www.bergresort-diekanzlerin.at • info@naturelhotels.com

Das Bergresort Die Kanzlerin auf der Gerlitzen bietet eine atemberaubende Aussicht auf den Ossiacher See und die umliegenden Berge und ist ein idealer Ort für einen Familienurlaub. Die 94 Appartements und Suiten bestechen mit einem charmanten Alpin-Look und werden zum perfekten Urlaubszuhause. Im Wellnessbereich mit Pool, Sauna, Dampfbad und Co lässt man die Seele baumeln und genießt die Ruhe – der Nachwuchs wird derweil von der Kinderbetreuung umsorgt. Für Abwechslung und Unterhaltung sorgt das Freizeitprogramm, kulinarische Genüsse in höchster Qualität findet man im Bergrestaurant.

© Franz Gerdl / Kärnten Werbung

Ossiacher See im Herbst

# Berghotel Tulbingerkogel

3001 Tulbingerkogel, Tulbingerkogel 1 • 02273 73 91 • 0676 629 0088
www.tulbingerkogel.at • hotel@tulbingerkogel.at

Leicht erreichbar und doch fernab vom Trubel befindet sich
das Berghotel Tulbingerkogel als eine Oase der Ruhe nahe
Wien. Die Lage in der Naturidylle des Wienerwalds macht
es zu einem der beliebtesten Seminarhotels des Landes, in
dem Tagungen in- und outdoor abgehalten werden können.
Ausgestattet mit neun technisch topmodernen Seminarräumen für zwei bis 200 Personen, eignet sich das Hotel
perfekt auch für größere Gruppen. Kulinarisch werden die
Gäste im haubenprämierten Restaurant mit Spezialitäten
wie Wild, Pilzen oder Spargel verwöhnt. Im Wohlfühlbereich
tankt man Energie für den nächsten Tag.

Gondelbahn Roten 8er in Wagrain-Kleinarl

# Naturhotel Edelweiss

5602 Wagrain, Weberlandl 65 • 0 64 13 84 47
www.mein-edelweiss.at • hotel@mein-edelweiss.at

Das Naturhotel Edelweiss ist ein Ort für Menschen, die Sehnsucht nach Natur und Ruhe haben und eine Auszeit in einer traumhaften Alleinlage im Salzburger Land suchen. Auf einem Sonnenplateau über Wagrain gelegen, erwartet die Gäste ein Paradies mit einem unvergleichlichen Panoramablick. Es ist ein idealer Ausgangspunkt für Aktive und Familien, die das Wandern und Mountainbiken ebenso schätzen wie Ski- und Schneeschuhtouren. Danach findet man Entspannung im eleganten wie energieeffizienten Green-Spa. Die Verwöhnpension, deren Highlight das Fünf-Gänge-Abendmenü ist, sorgt für kulinarische Höhepunkte.

# Gerl ⓝ

5071 Wals bei Salzburg, Bundesstraße 50 • 0662 85055 20
www.hotel-gerl.at • info@hotel-gerl.at

Das Bundesland Salzburg ist ein buntes Soziotop aus Kultur, Kulinarik und Natur und versprüht gleichzeitig etwas Modernes. Auch im Gerl werden all diese Attribute vereint. An oberster Stelle der jungen Gastgeber steht das Wohlbefinden ihrer Gäste. Das beginnt bereits bei der lebensfrohen Art, mit der sie ihre Gäste begrüßen. Mit einer mehr als großen Auswahl an Brot und Gebäck, diversem Aufschnitt, eingelegtem Gemüse und vielem mehr kann der Tag nur mit einem Lächeln beginnen. Danach geht es zum Yoga und zum Entspannen in die Biosauna. Farbe tankt man am besten im Halbschatten der Palmen auf einer Liege.

# Biohotel Gralhof

9762 Weissensee, Neusach 7 • 0 47 13 22 13
www.gralhof.at • info@gralhof.at

In der traumhaften Naturkulisse am Weissensee liegt das
Biohotel Gralhof. Hier wurde der sanfte Tourismus zum
Leitgedanken und dies zeigt sich in verschiedenen Bereichen. Das hoteleigene Restaurant „Freiblick" serviert
abends haubenprämierte Fünf-Gänge-Menüs. Auch auf
Nachhaltigkeit und den Erhalt der Natur wird großer Wert
gelegt, so werden etwa 100 Prozent Biolebensmittel verwendet, Ökostrom aus der Region bezogen oder angefal-
lene Emissionen kompensiert. Nur konsequent ist es dann,
dass regional und saisonal gekocht wird und möglichst
alle Teile vom Tier verwertet werden.

© Gert Perauer / Kärnten Werbung

# Theresa
## Genießer- & Wellnesshotel

6280 Zell am Ziller, Bahnhofstraße 15 • 05282 22860
www.theresa.at • info@theresa.at

Im Hotel Theresa können Gäste die Simplizität der Natur auf eine neue Art und Weise erleben und im Herzen des Zillertals entspannen. Mit Liebe zum Detail und vor allem durch den aufmerksamen Service wird im Familienhotel dafür gesorgt, dass man den Aufenthalt in vollen Zügen genießen kann. Die umliegenden Berge bieten großartige Möglichkeiten, die Urlaubszeit aktiv in der Natur zu verbringen. Auch ein großzügiger Spabereich mit fünf verschiedenen beheizten Pools darf natürlich nicht fehlen. Wo die Zutaten für die Gourmetküche herkommen, ist hier zentral – und das schmeckt man!

# Bentleys House ⓝ

6763 Zürs am Arlberg, Haus Nr. 78 • 05583 2463
www.bentleyshouse.at • info@bentleyshouse.com

In den großzügigen und geschmackvoll eingerichteten Chalets von Bentleys House springt einem als Gast höchstes Wohlfühlambiente entgegen. Die vier Appartements sind unterschiedlich groß und bieten bis zu sechs Personen Platz. Mit der idyllischen Lage im Arlberger Dorf Zürs finden Sport- wie auch Naturliebhaber das passende Freizeitprogramm. Abends kann dann im Spa-Bereich, in der finnischen Sauna oder im Ruheraum entspannt werden. Das Frühstück wird täglich ins Chalet serviert – mit bestem Service und unter Berücksichtigung zusätzlicher Wünsche. Auch die Küche ist mit allem Wichtigem ausgestattet.

ROMANTISCH

# Geniesserhotel Bergergut

4170 Afiesl, Nr. 7 • 0 72 16 44 51
www.romantik.at • bergergut@romantik.at

Das Bergergut stellt sich als „individueller Lieblingsort" vor. Dafür hat das Hotel auch einiges zu bieten. Im Zentrum stehen stets die Zweisamkeit, vielfältige Genussmomente und die Entschleunigung. Die individuell eingerichteten Zimmer, die gelebte Gastlichkeit und das kulinarische Angebot schaffen es schließlich, all das umzusetzen. Das Hotel richtet sich an Paare, die sich im ganzen Haus, unter anderem im 1000 m² großen Wellnessbereich, näherkommen können. Ein Highlight ist die Küche von Thomas Hofer, der fast ausschließlich mit Produkten aus dem Mühlviertel arbeitet.

# Hotel im Park

8490 Bad Radkersburg, Kurhausstraße 5 • 0 34 76 25 710
www.hotel-im-park.at • verwaltung@hotel-im-park.at

Mediterranes Ambiente, Wellness und Romantik: Das Hotel im Park in Bad Radkersburg im Süden der Steiermark bietet seinen Gästen privaten Thermen- und Saunagenuss, wohltuende Wellness- und Beautyprogramme sowie vielseitige kulinarische Highlights. Besonderes Urlaubsgefühl kommt im Sommer dank der vielen Sonnenstunden – den meisten von ganz Österreich – auf. Die Zimmer sind behaglich eingerichtet und erfüllen die Erwartungen anspruchsvoller Gäste. Zweisamkeit kann man im Hotel im Park sowohl bei den Spa-Leistungen als auch bei romantischen Spaziergängen im Garten genießen.

# GAMS zu zweit

6870 Bezau, Platz 44 • 5514 2220
www.hotel-gams.at • info@hotel-gams.at

Im Hotel Gams im Bregenzerwald genießt man das Leben und insbesondere die Liebe. Das Konzept und die Angebote des Hauses bewähren sich bereits seit vielen Jahren und haben schon einer Vielzahl an Paaren eine glückliche Auszeit beschert. Das gelingt unter anderem mit dem groß angelegten Spabereich mit Rooftop-Skypool, Gartensauna und verschiedenen weiteren Saunen sowie mit den liebevoll eingerichteten Zimmern. Alle Suiten sind übrigens mit Himmelbett, offenem Kamin, Whirlpool und Balkon ausgestattet. Im Restaurant rundet die Kulinarik das Angebot des Hotels ab.

# Seefischer

9873 Döbriach, Fischerweg 1 • 0 42 46 77120
www.seefischer.at • hotel@seefischer.at

Ruhige, entspannende Stunden am Millstätter See erwarten einen im Hotel Seefischer. Die Räumlichkeiten wurden vor nicht allzu langer Zeit renoviert und bieten den Gästen nun noch mehr Komfort. Zu den Neuheiten zählen etwa die erneuerte Fassade, das gemütliche Sonnendeck mit Panoramablick und eine E-Bike-Rental-Station. Das Haus versteht sich außerdem als Romantikhotel und möchte daher besonders Paaren einen Urlaub mit viel Zweisamkeit ermöglichen. Entsprechend romantische Angebote sind das Picknick im Rosengarten oder eine Auszeit im Wellnessbereich – allesamt mit imposantem Seeblick.

# Spielmann

6632 Ehrwald, Wettersteinstraße 24 • 0 56 73 22 25
www.hotel-spielmann.com • info@hotel-spielmann.com

Das Hotel Spielmann ist in eine Landschaft eingebettet, die idyllischer nicht sein könnte. Inmitten von Ehrwald in Tirol verbringen Paare eine gemeinsame Auszeit im Grünen, im Wellnessbereich oder aber sie genießen feine Kulinarik bei Kerzenschein. Die Gastgeberfamilie kümmert sich seit mittlerweile vier Generationen darum, Traditionen und moderne Annehmlichkeiten zu vereinen. Entstanden ist dadurch ein Ort, der Aktivurlaubern eine optimale Ausgangslage zum Wandern und anschließend erholsame Stunden beim Wellnessen und in den gemütlichen Zimmern bietet. Nicht zu vergessen: die regionale Küche.

# Elixhauser Wirt
## Spa Hotel

5161 Elixhausen, Dorfstraße 14 • 0662 480 21 20
www.elixhauserwirt.at • romantikspahotel@elixhauserwirt.com

Zweisamkeit und Erholung darf man sich als Gast im Elixhauser Wirt erwarten. Das Hotel befindet sich nahe der Mozartstadt, in einer idyllischen Ortschaft, und beherbergt insgesamt 74 modern eingerichtete Zimmer. Die Reihe an Inklusivleistungen für zwei macht einen Aufenthalt zu einem richtigen Romantikurlaub. Einige davon sind im Wellnessareal angesiedelt, wo man himmlische Entspannung findet. Im hoteleigenen Wirtshaus genießt man ein reichhaltiges Frühstück sowie romantische Dinner. Wenn man nicht gerade Zeit im Hotel verbringt, lohnt sich ein Ausflug in die Altstadt oder in die umliegende Natur.

# Nudelbacher Ⓝ
## Das Landidyll-Hotel

9560 Feldkirchen, Nudelbacherweg 1 • 04276 3275
www.nudelbacher.at • hotel@nudelbacher.at

Im Nudelbacher dürfen sich Gäste auf Landidylle und pure Gastfreundschaft freuen. Das Hotel ist familiengeführt und liegt direkt im Grünen, umgeben von Wäldern. So verbringt man einen behaglichen, ruhigen Urlaub in Feldkirchen in Kärnten. Kein Zimmer gleicht dabei dem anderen – jedes ist individuell eingerichtet. Das „Love Story"-Zimmer etwa ist in blauem Samt und Gold gehalten und mit einer großzügigen Badewanne ausgestattet. Im Restaurant werden Gerichte mit besten Produkten aus der umliegenden Landwirtschaft zubereitet, zum Beispiel für das romantische Dinner auf der Hotelterrasse.

# Elisabeth Ⓝ

6263 Fügen, Hochfügener Straße 67 • 05288 62972
www.elisabeth-fuegen.at • info@elisabeth-fuegen.at

Wunderschön eingebettet ins Zillertal, direkt an der Talstation des Skigebiets Spieljoch und in herrlicher Hanglage mit Blick auf die Bergwelt, liegt das Hotel Elisabeth in Fügen. Nach einem kräftigenden Frühstück, welches den Auftakt der wunderbaren Verwöhnpension bildet, bietet sich natürlich das Skigebiet hier als perfekte Tagesgestaltung an. Abgerundet wird ein perfekter Urlaubstag im großzügig gestalteten Wellnessbereich mit Innen- und Außenpool, Erlebnisduschen und vier verschiedenen Saunen zum Schwitzen. Familie Rainer kümmert sich stets persönlich um das Wohl ihrer Gäste.

# Weinrefugium Brolli Südsteiermark

8462 Gamlitz, Eckberg 107 • 0 34 53 42 12
weinrefugium.at • info@weinrefugium.at

Man nehme köstlichen Wein und einen idyllischen Rückzugsort in Gamlitz: Im Weinrefugium Brolli ist der Name Programm. Hier können es sich Gäste richtig gut gehen lassen und hausgemachte Spezialitäten sowie vielseitige Wellnessangebote genießen. Dabei hat man stets das beeindruckende Panorama der Südsteiermark im Blick. Die komfortabel eingerichteten und freundlichen Zimmer mit Balkon garantieren einen erholsamen Schlaf. Da das Hotel am Weingut liegt, bietet sich außerdem eine Verkostung der eigens gekelterten Weine in der Vinothek an.

# Das Schiff

6952 Hittisau, Heideggen 311 • 0 55 13 62 2 00
www.schiff-hittisau.com • info@schiff-hittisau.com

Ob im wunderschönen Garten auf der Sonnenliege am Pool, beim Yoga im Freien oder in der Badestube mit Pool und Sauna: Das Schiff in Hittisau schafft viele schöne Urlaubsmomente. Die Gastfreundschaft des Hauses und die unberührte Natur der Region helfen vollends beim Entspannen. Das Hotel, das seinen Fokus auf Romantik setzt, blickt auf eine fast 200-jährige Vergangenheit zurück. Die Gastgeberfamilie Metzler achtet darauf, dass die bewegte Geschichte und die Tradition stets im Haus zu spüren sind. In den Restaurants wird – dank der vielen Bregenzerwälder Produkte – ebenfalls an den Wurzeln festgehalten.

# Maiers Kuschelhotel

8282 Loipersdorf, Henndorf, Therme 7 • 3382 86 86 60

www.maiers.at • reservierung@maiers.at

Im Maiers Kuschelhotel werden prickelnde Momente zu zweit angekündigt. Das Angebot des Hauses zeigt sich vielversprechend: Im Wellnessbereich schaffen der Jungle-Spa oder die spektakuläre Dampfgrotte Privatsphäre, daneben bringt auch die Erlebnissauna mit audiovisuellen Effekten Abwechslung im Vergleich zu klassischen Spas. Vom „Kuschelgarten" aus blickt man auf die Hügel der Thermenregion. Die Zimmer sind geschmackvoll und romantisch eingerichtet, ohne kitschig zu sein. Für noch privatere Stunden können die „Love Logdes" gebucht werden – Tiny Houses mit Panoramafenster.

# Verwöhnhotel Kristall

6213 Pertisau, Seebergstraße 10 • 0 52 43 54 90 • 0676 604 7593

www.kristall-pertisau.at • info@kristall-pertisau.at

Das Kristall ist ein Verwöhnhotel. Seit Kurzem als Adultsonly-Haus geführt, richtet sich das Hotel nunmehr ausschließlich an die Bedürfnisse von Erwachsenen. Somit ist den Reisenden Ruhe, Entspannung und ein Auftanken der Batterien gesichert. Die herrliche Lage an einem der sonnigsten Plätze von Pertisau am Achensee begünstigt einen unbeschwerten Urlaub. Wer sich nach der umfangreichen Wellness-Alm nach der Natur sehnt, muss nur durch die Haustüre treten. Aufgrund der Waldrandlage beginnen die Wanderrouten bereits vor dem Hotel, auch der Achensee sowie Golfplätze sind in Gehweite.

# LAKE'S – my lake hotel & spa

9210 Pörtschach, Augustenstraße 24 • 04272 20505
www.mylakehotel.com • rezeption@mylakehotel.com

Bereits die Aussicht und der Steg des Lake's in Pörtschach am Wörthersee bringen einen ins Träumen. Das Lifestylehotel hat mit seiner Lage einen der schönsten Plätze am beliebten Kärntner See, dem auch das Innere des Hauses alle Ehre macht. Im Lake's werden den Gästen neben dem Wellnessbereich mit Saunen, Ruhezonen und Outdoorpool auch eine Reihe an Kosmetikleistungen geboten. Die Zimmer sind hell und im maritimen Stil gehalten, die meisten davon besitzen sogar einen Balkon mit beeindruckendem Blick auf den See. Sowohl hier als auch direkt am Steg genießen Paare eine romantische Zeit.

# Seehotel Brandauer's Villen

5350 Strobl, Moosgasse 6 • 06137 7205
www.brandauers.info • hotel@brandauers.info

Im Hotel Brandauer's Villen ist man umgeben von Bergen und man genießt die direkte Lage am Wolfgangsee. Von dieser Kombination werden besonders Paare angesprochen, zusätzlich zur bestehenden Idylle wird nämlich ein Schwerpunkt auf Romantik gelegt. Das Wellnessareal mit Massagen und Saunen sowie auch der direkte Seezugang bilden die perfekten Orte für Entspannung. Gleichermaßen zur Ruhe kommen kann man auch in den gemütlichen Zimmern, die es mit Berg- sowie Seeblick und Balkon gibt. In der traditionellen Stube werden schließlich kreative Speisen serviert, die die Gäste mit Ausblick auf den See genießen können.

# Hotel Zell am See

5700 Zell am See, Sebastian-Hörl-Straße 11 • 0 65 42 72 5 20 • 0664 406 0444
www.romantik-hotel.at • info@romantik-hotel.at

Authentisch, traditionsreich und romantisch ist das Hotel der Familie Hörl in Zell am See. Die liebevoll eingerichteten und zum Teil neu renovierten Zimmer sind nur ein Highlight. Alle Räumlichkeiten sind individuell, aber stets mit Bezug zur Region ausgestattet – also mit viel Holz sowie naturnahen Materialien und Stoffen. Im hauseigenen Restaurant erwartet die Gäste ein Romantik-Dinner, das bei Schönwetter auch auf der Terrasse genossen werden kann. Überdies werden Gäste zu jeder Jahreszeit willkommen geheißen, auch die Region im Salzburger Land hat ganzjährig viel zu bieten.

© Salzburgerland Tourismus

Zell am See Panorama

SCHLOSSER

# Hotel Schloss Dürnstein

3601 Dürnstein, Nr. 2 • 0 2711 212
www.schloss.at • hotel@schloss.at

Die Wachau hat schon einige Leute begeistert. Nicht umsonst gilt sie als eine der schönsten Gegenden des Landes. Für einen Urlaub in der Region ist das Hotel Schloss Dürnstein ein idealer Ausgangspunkt mit Geschichte. Das 400 Jahre alte Schloss besticht durch sein historisches Ambiente und die eleganten Zimmer laden zur Reise in eine andere Zeit ein. Von der Schlossterrasse aus bietet sich ein herrlicher Blick auf die Donau, den man bei einem köstlichen Dinner mit einem Glas Wachauer Wein genießen kann.

# Hotel Schloss Gabelhofen Ⓝ

8753 Fohnsdorf, Schlossgasse 54 • 0 3573 55550
www.gabelhofen.at • willkommen@schloss-gabelhofen.at

Das Schloss Gabelhofen, das man über eine Brücke erreicht, ist nicht nur von außen beeindruckend. Das Gemäuer vermittelt ein historisches Flair, drinnen erlebt man als Gast höchsten Komfort. Obwohl das Schloss etwas verwinkelt ist, ist es lichtdurchflutet, hell und großzügig – von der Lobby bis hin zu den Zimmern. Neben klassischen Doppelzimmern wurden kürzlich auch die Türme des Hauses zu luxuriösen Suiten ausgebaut. Als Hotelgast kann man zusätzlich kostenlos in der Therme Fohnsdorf, die nur fünf Gehminuten entfernt ist, entspannen. Gespeist wird im gemütlich-rustikalen Restaurant unter Gewölben.

# Landhaus Koller

4824 Gosau, Pass-Gschütt-Straße 23 • 0 61 36 88 41 • 0664 531 4741
www.hotel-koller.com • office@hotel-koller.com

Wer auf einen Lift, nicht aber auf ein historisches Ambiente und eine familiäre Atmosphäre verzichten kann, der wird im Landhaus Koller in Gosau den idealen Urlaubsort finden! Im geschichtsträchtigen Landhaus wohnt man hier in einem von nur 20 Zimmern. Der Blick Richtung Gosaukamm und die Dachsteinregion lassen in sportlichen Urlaubern die Wanderlust aufkommen. Wer es lieber ruhiger angeht, wird garantiert im umliegenden Hotelgarten ein Lieblingsplatzerl finden. Ein beheizter Pool, Sauna und Infrarotkabine runden das naturverbundene Urlaubsvergnügen im Stile der Sommerfrische perfekt ab.

# Schloss Thalheim

3141 Kapelln an der Perschling, Thalheim 22 • 0 27 84 20 0 79
www.schlossthalheim.at • reservierung@schlossthalheim.at

Im Schloss Thalheim werden Erholung und Harmonie großgeschrieben. Die behutsam renovierten historischen Gemäuer bieten nicht nur elegante Zimmer und Suiten, sondern auch ein einzigartiges Ambiente, das dazu einlädt, sich selbst ein Stück näherzukommen. In der modernen Spalandschaft steht das Wohlbefinden der Gäste im Fokus: Hier kann man sich bei verschiedenen Behandlungen wie Massagen oder einem Kosmetikservice verwöhnen lassen oder man findet bei Yoga und Meditation seine Mitte. Das Restaurant des Hotels erfreut mit kulinarischen Höhepunkten – von österreichischer bis hin zu mediterraner Küche.

# Gault&Millau

## Süße Säure & Tannine

Alle News rund um österreichische Weine
im Newsletter und auf gaultmillau.at

# Zum Oberjäger

Boutiquehotel

7322 Lackenbach, Schloss 1 • 0 26 19 86 26 26

www.oberjäger.at • reservierung@oberjaeger.at

Inmitten des Burgenlands befindet sich das Hotel Zum Oberjäger, das den Gästen eine Vielzahl an Einrichtungen und Annehmlichkeiten bietet. Dazu gehören komfortable Zimmer, die mit historischen Möbeln aus der „Sammlung Privatstiftung Esterházy" bestückt sind, ein Restaurant mit regionaler Küche und einer großen Auswahl an Getränken sowie ein feiner Wellnessbereich mit Outdoorsauna. Kulinarisches Zentrum des einzigartigen Boutiquehotels ist der Kochsalon, in dem das reichhaltige Frühstück serviert wird, der sich aber auch hervorragend für Kochseminare eignet. Entschleunigung ist hier garantiert.

# Schloss Thannegg

8962 Michaelerberg-Pruggern, Schlossweg 1 • 0 36 85 23 21 00

www.schloss-thannegg.at • info@schloss-thannegg.at

Inmitten der beeindruckenden Berglandschaft von Schladming-Dachstein thront das Schloss Thannegg, ein über 1000 Jahre altes Juwel, das unter Denkmalschutz steht. Das mittelalterliche Ambiente und die stilvolle Restaurierung machen den Aufenthalt hier zu einem einzigartigen Erlebnis. Das Schloss ist außerdem seit Jahren beinahe $CO_2$-neutral und setzt damit ein Zeichen für Nachhaltigkeit, die auch auf kulinarischer Ebene umgesetzt wird. Im Rittersaal, im Wappengewölbe und auf der Innenhofterrasse werden raffinierte regionale Köstlichkeiten serviert.

# Schlosshotel Mondsee

5310 Mondsee, Schlosshof 1a • 0 62 32 50 01
www.schlossmondsee.at • info@schlossmondsee.at

Im familiengeführten Schlosshotel Mondsee fühlt man sich
wie in der Zeit zurückversetzt: hohe Räumlichkeiten, historisches Ambiente und ein Service, der keine Wünsche
offenlässt. Ein Hingucker ist neben dem schönen Inneren
in jedem Fall der Innenhof, wo man die Sommerabende
genüsslich bei einem Dinner ausklingen lassen kann. Sollte
es das Wetter nicht zulassen, so kann man in den beiden
Restaurants des Schlosses dinieren. Für ein Betthupferl
eignet sich die Castello-Bar. Außerdem bei einem Besuch
besonders empfehlenswert: eine Führung durch das Haus,
inklusive des eindrucksvollen Prunkraums.

# Hotel Schloss Fernsteinsee

6465 Nassereith, Fernstein 475 • 0 52 65 52 10 • 0676 350 0586
www.fernsteinsee.at • hotel@fernsteinsee.at

Das Hotel Schloss Fernsteinsee hat eine lange Geschichte als exklusive Ferienresidenz und beeindruckt bis heute durch seine atemberaubende Lage. Das königliche Flair vergangener Tage ist noch immer spürbar und die liebevoll modernisierten Zimmer lassen keine Wünsche offen. Für Gäste, die auf noch mehr Privatsphäre Wert legen, bietet das nahe gelegene Appartementhaus am Gebirgsbach eine ideale Alternative. Inmitten der unberührten Natur mit ihren kristallklaren Seen gibt es zahlreiche Freizeitmöglichkeiten wie Bootfahrten, Angeln oder Tauchen, die einen Aufenthalt unvergesslich machen.

# Bergschlössl

6580 St. Anton am Arlberg, Kandaharweg 13 • 0 54 46 22 20
www.bergschloessl.at • welcome@bergschloessl.at

Im Hotel Bergschlössl erwartet die Gäste eine exklusive und unvergleichliche Urlaubserfahrung, die von der persönlichen Betreuung der Familie Moosbrugger-Lettner gekrönt wird. Mit nur acht eleganten Zimmern und einer atemberaubenden Lage, direkt an der Piste, ist dieses Hotel der perfekte Ort, um den Bergurlaub der Träume zu erleben. Trotz moderner Annehmlichkeiten wird das historische Ambiente der geschichtsträchtigen Mauern bewahrt. Im Restaurant Basecamp werden hausgemachte Pastaspezialitäten serviert, die Schauküche ermöglicht zudem einen Einblick in die Frische der verwendeten Lebensmittel.

# Das Schloss an der Eisenstrasse

3340 Waidhofen an der Ybbs, Am Schlossplatz 1 • 0 74 42 505
www.schlosseisenstrasse.at • office@schlosseisenstrasse.at

Das Schloss an der Eisenstraße ist ein Hotel, in dem Historisches mit Gegenwärtigem verbunden wird. Da die einzelnen
Zimmer modern und gemütlich eingerichtet sind, könnte es
glatt in Vergessenheit geraten, dass man in einem Schloss
nächtigt. Das Ambiente der Vergangenheit begegnet einem
jedoch spätestens im Restaurant wieder, von dem man dank
der Panoramafenster auf die geschichtsträchtige Klein-
stadt Waidhofen blickt. Kulinarisch ist man mit Mostviertler
Küche sowie internationalen Gerichten bestens bedient. In
den kleinen Saunen, dem Ruheraum sowie dem Indoorpool
kann königlich relaxt werden.

# Parkhhotel Schönbrunn

1130 Wien, Hietzinger Hauptstraße 10–14 • 01 87 80 40
www.austria-trend.at/de/hotels/parkhotel-schoenbrunn •
parkhotel.schoenbrunn@austria-trend.at

Das Parkhotel Schönbrunn ist ein neobarocker Palast,
in dem einst Kaiser Franz Joseph I. seine Gäste empfing.
Trotz moderner Ausstattung spürt man noch immer das
royale Ambiente des Hauses. Wie es sich für ein imperiales
Gebäude gehört, sind auch die Zimmer edel und elegant
gehalten, viele davon mit Blick in den hoteleigenen Garten.
Die Restaurants, das Schlosscafé und die elegante Glo-
riette-Bar bieten allesamt ein ganz besonderes kulinarisches
Erlebnis. Darüber hinaus eignet sich das Parkhotel Schönbrunn auch hervorragend als Location für Veranstaltungen.

Winter Panorama in Zell am See

# Schloss Wilhelminenberg

1160 Wien, Savoyenstraße 2 • 01 485 85 03
www.austria-trend.at/de/hotels/schloss-wilhelminenberg •
schloss.wilhelminenberg@austria-trend.at

Den Urlaub in Wien in einem ehemaligen Jagdschloss aus dem 18. Jahrhundert verbringen und dabei eine einzigartige Aussicht genießen? Das macht das Schloss Wilhelminenberg möglich, das eine Oase der Ruhe inmitten eines Parks ist, der zu ausgiebigen Spaziergängen einlädt. Hier kann man dem Trubel der Stadt entfliehen und eine Vielzahl an Sehenswürdigkeiten dennoch öffentlich schnell erreichen. Im Wintergarten oder auf der Terrasse genießt man nicht nur den Ausblick, sondern auch ein köstliches Frühstück. Die Zimmer und Suiten bestechen durch Eleganz und Stil.

# Schlosshotel Prielau

5700 Zell am See, Hofmannsthalstraße 10 • 0 65 42 72 91 10
www.schloss-prielau.at • info@schloss-prielau.at

Mit sieben charmanten Zimmern, zwei Suiten und einem Appartment im Fischerhaus ist das Schlosshotel Prielau besonders für diejenigen geeignet, die den Reiz eines kleinen Hotels schätzen, aber trotzdem nicht auf Komfort und Luxus verzichten möchten. Eingebettet in einen Park, liegt die Unterkunft am Nordufer des Zeller Sees, an dem auch ein Privatstrand für Hotelgäste zur Verfügung steht. Ein kleiner Wellnessbereich dient der Entspannung. Nicht entgehen lassen sollte man sich ein Dinner im haubenprämierten MAYER's Restaurant. Das Schloss empfiehlt sich außerdem als einzigartige Eventlocation.

# Hubertushof Anif Ⓝ

5081 Anif, Alpenstraße 110 • 0 62 46 89 70
www.hubertushof-anif.at • hotel@hubertushof-anif.at

Ein hervorragendes Seminarhotel zeichnet sich heutzutage durch weitaus mehr als helle Meetingräume, eine schnelle Internetverbindung und eine gute Infrastruktur aus. Komfortable Zimmer, ein Fitnessraum für jene, die sich nach einem langen Meeting auspowern möchten, sowie ein umfangreiches Wellnessangebot an Massagen sind im Hubertushof mindestens genauso wichtig. Auch auf die kulinarischen Aspekte wird im Vier-Sterne-Hotel großen Wert gelegt: Beginnend beim vielfältigen Frühstück bis hin zum Businesslunch und zum mehrgängigen Abendessen.

# Ammerhauser

5102 Anthering, Dorfstraße 1 • 06223 2204
www.ammerhauser.at • info@ammerhauser.at

Inmitten des malerischen Naturdorfs Anthering und nur 20 Minuten von Salzburg entfernt, erwartet das Hotel Ammerhauser seine Gäste. Hier wird besonderer Wert auf den persönlichen Kontakt gelegt, der maßgeblich zum Wohlbefinden der Gäste beiträgt. Die sechs modernen Seminarräume des Hotels sind unterschiedlich groß und mit multimedialer Technologie ausgestattet. Ein unschlagbarer Vorteil, der bei einer Teilnahme vor Ort genossen werden kann, ist die frische Küche der Region. Viele Zutaten stammen direkt aus der unmittelbaren Umgebung und garantieren ein kulinarisches Erlebnis der Extraklasse.

# Bründl
## Spa Hotel

4190 Bad Leonfelden, Badweg 1 • 07213 61177
www.hotelbruendl.at • info@hotelbruendl.at

Die schöne Landschaft des Mühlviertels lädt nicht nur zum Entspannen, sondern auch zum Arbeiten und Kreativwerden ein. Denn der Grundsatz des Hotels lautet, die Arbeit zu genießen. Die sechs Seminarräume bieten jeglichen Komfort und modernste Technik. Das Beste: Sie können mit mobilen Trennwänden flexibel gestaltet werden und haben Zugang zum Innenhof oder zu einer Terrasse. Das Hotel hält auch vielfältige Angebote für Teambuilding wie Paddeln, Bogenschießen oder E-Bike-Touren bereit. Der Wellness- und Fitnessbereich darf mitbenutzt werden und kulinarisch wird man ebenfalls bestens versorgt.

# At the park hotel

2500 Baden bei Wien, Kaiser-Franz-Ring 5 • 0 22 52 44 3 86
www.atthepark.at • office@thepark.at

Im Herzen der Kaiserstadt Baden erwartet das At the Park Hotel seine Gäste in angenehmer Atmosphäre. Die erstklassige Lage mit Blick auf den Kurpark vermittelt sofort ein Gefühl von Entspannung. Sechs Seminarräume eignen sich für jeden Anlass und jede Gruppengröße. Die Räume sind mit moderner Präsentationstechnik ausgestattet. Mit der Show Kitchen gibt es darüber hinaus einen Ort, der sich perfekt für Incentives und Teambuildings anbietet. Das erfahrene Küchenteam liefert individuelle kulinarische Verpflegung. Abschalten lässt sich wunderbar im Wellnessbereich oder abends an der Hotelbar.

# Seminar- und Eventhotel Krainerhütte

2500 Baden bei Wien, Helenental 41 • 0 22 52 44 5 11

www.krainerhuette.at • frontoffice@krainerhuette.at

Die einzigartige Kombination aus naturnaher Lage, großzügigen Veranstaltungsräumlichkeiten und Erholungsmöglichkeiten findet man im Seminar- und Eventhotel Krainerhütte, einem idealen Ort, um Seminare, Tagungen und Events abzuhalten und dabei eine harmonische Verbindung zwischen Arbeit und Entspannung herzustellen. Im Helenental im Biosphärenpark Wienerwald gelegen, lässt man sich von der Natur inspirieren. Der Spirit-Park mit Erlebnisstationen und Arbeitsflächen eignet sich wunderbar für Teamaktivitäten, die WALDNESS-Angebote laden zur Entdeckungsreise ein.

# Sattlerwirt

6341 Ebbs, Oberndorf 89 • 0 53 73 42 2 03 • 0664 411 0569

www.sattlerwirt.at • info@sattlerwirt.at

Der Sattlerwirt in Ebbs vereint auf einzigartige Weise Tradition und Moderne, was sich insbesondere in der harmonischen Verbindung des traditionellen Stammhauses mit dem modernen Neubau widerspiegelt. Der Tagungsbereich bietet einen großzügigen Seminarraum von 145 m², der auch in mehrere kleine Bereiche aufgeteilt werden kann. Im dritten Stock steht zusätzlich ein Raum mit 70 m², einem Pausenbereich und einer kleinen Dachterrasse zur Verfügung. Erholung verspricht der hauseigene Wellnessbereich mit Sole-Dampfbad und Sauna. Hier kann man die Seele baumeln lassen und sich rundum wohlfühlen.

# Altes Kloster

2410 Hainburg an der Donau, Fabriksplatz 1a • 0 21 65 64 02 0
www.altes-kloster.com • hotel@alteskloster.at

Das Hotel Altes Kloster hat für Seminargäste einiges zu bieten, um Tagungen und Konferenzen so angenehm wie möglich zu gestalten. Dazu gehören moderne Räumlichkeiten mit verschiedenen Größen, beste Technik sowie Catering- und Pauschalangebote für Verpflegung und Getränke. Die ruhige Stimmung und das eindrucksvolle Gebäude aus dem 17. Jahrhundert liefern einen idealen Rahmen, um kreativ zu werden. Der Wellnessbereich lädt dazu ein, nach einem erfolgreichen Arbeitstag gepflegt zur Ruhe zu kommen und sich auf ein herrliches Abendessen im Restaurant zu freuen.

# Hotel Nationalpark

7142 Illmitz, Apetloner Straße 56 • 0 21 75 36 00
www.hotel-nationalpark.com • office@hotel-nationalpark.com

Für Naturliebhaber ist das Hotel Nationalpark ein absoluter Geheimtipp! Hier wird man von der einzigartigen Steppenseelandschaft des Seewinkels umgeben, die für eine unvergleichliche Atmosphäre sorgt. Das Hotel bietet 45 gemütliche Zimmer sowie sechs top ausgestattete Seminarräume, in denen bis zu 200 Teilnehmer Platz finden. Ein wahrer Blickfang ist der Seminargarten, der während der Pausen zur Erholung einlädt. Im Wellnessbereich kann man herrlich entspannen und den atemberaubenden Ausblick genießen, bevor man die Loungebar oder den Weinkeller aufsucht, um den Tag ausklingen zu lassen.

# Staribacher

Hotel-Restaurant

8430 Leibnitz, Grottenhof 5 • 0 3452 8 2 5 50
www.staribacher.at • hotel@staribacher.at

Im Hotel Staribacher erlebt man unvergessliche Tage inmitten der idyllischen Weinberge der Südsteiermark. Die entspannte Atmosphäre lädt dazu ein, unbeschwerte Stunden zu genießen. Der Seminarraum, der Meetingraum und die Business-Suite sind lichtdurchflutet und mit modernster Technik ausgestattet und liefern so den perfekten Rahmen für Veranstaltungen aller Art. 41 gemütliche Zimmer sowie ein Indoorpoolbereich mit Sauna laden zur Entspannung ein. Die Küche verwöhnt die Gäste mit kulinarischen Köstlichkeiten und bietet beim Dinner am Kitchen Table einen Einblick hinter die Kulissen.

# Marienhof

2651 Reichenau an der Rax, Hauptstrasse 71–73 • 0 26 66 52 9 95
www.marienhof.at • hotel@marienhof.at

Familie Pirker hat es sich zur Aufgabe gemacht, ihren Gästen einen unvergesslichen Aufenthalt zu bereiten. Dabei wird auch der Service für Seminarteilnehmer großgeschrieben. Die neun Tagungsräume bieten Platz für bis zu 133 Personen und sind für jede Form von Veranstaltung geeignet. Der Zugang zum Garten sorgt für erholsame Pausen. Erholung findet man nach getaner Arbeit auch im Panoramapool im Wellnessbereich und später beim regionalen Vier-Gänge-Menü im Restaurant. Für sportliche Betätigung steht ein gut ausgestatteter Fitnessraum bereit. Ein reichhaltiges Frühstück spendet morgens Kraft.

# Parkhotel Hirschwang

2651 Reichenau an der Rax, Trautenberg-Straße 1 • 0 26 66 58 1 10
www.seminarparkhotel.at • office@seminarparkhotel.at

Eingebettet in eine wunderschöne Naturlandschaft am Fuße des majestätischen Raxgebirges, befindet sich das Parkhotel Hirschwang, das allen Gästen einen entspannten Aufenthalt ermöglicht. Neben komfortablen Zimmern und Suiten, einem Wellnessbereich mit Sauna, Dampfbad und Innenpool und einem Restaurant, das köstliche Speisen der österreichischen Küche serviert, verfügt das Hotel über zehn moderne Tagungs- und Veranstaltungsräume, die sich ideal für Meetings, Konferenzen oder private Feiern eignen. Das erfahrene Team des Hotels hilft gerne bei der Organisation maßgeschneiderter Events.

# IMLAUER HOTEL PITTER ⓝ

5020 Salzburg, Rainerstraße 6 • 0662 88 97 80
imlauer.com/hotel-pitter-salzburg • pitter@imlauer.com

Bereits die Lage vom Imlauer Hotel Pitter ist vielversprechend. Nur wenige Schritte vom Schloss Mirabell und dem dazugehörigen Mirabellgarten entfernt, liegt das Hotel im Herzen von Salzburg. Das familiengeführte Haus blickt auf eine traditionsreiche Vergangenheit zurück, die auch den Gästen bei ihrem Besuch vermittelt wird. Die Zimmer sind klassisch und schlicht ausgestattet und bieten jeglichen Komfort. Was das Hotel außerdem ausmacht, ist das Sky-Restaurant. Hoch oben über den Dächern der Mozartstadt werden neben dem morgendlichen Frühstück auch Dinner-Menüs sowie Cocktails serviert.

# Hotel des Glücks

3684 St. Oswald, Untere Hauptstraße 4 • 07415 7295
www.hoteldesgluecks.at • willkommen@hoteldesgluecks.at

Tagen im Grünen! Darauf hat sich das Hotel des Glücks in St. Oswald spezialisiert und bietet seinen Seminargästen nun bereits seit 20 Jahren nicht nur eine besondere Location, sondern auch erstklassige und persönliche Betreuung. Die vier hellen Seminarräume wurden mittels Feng-Shui gestaltet und bieten modernste Ausstattung wie zum Beispiel die Weframe-One-Technologie für hybride Meetings. Verschiedene Events zu Boden und in der Höhe eignen sich perfekt für Teambuilding-Veranstaltungen. Im Wellnessbereich mit japanischem Ruheraum, Whirlpool und Sauna lässt man den Tag Revue passieren.

# Refugium Hochstrass

3073 Stössing, Hochstrass 7 • 02744 20500
www.refugium-hochstrass.at • office@refugium-hochstrass.at

Das Refugium Hochstrass ist ein Hoteljuwel in einem denkmalgeschützten Gebäude, das einst als Schulkloster diente – ein idealer Ort für alle, die auf der Suche nach Ruhe und Konzentration sind, sei es für Seminare oder andere Aktivitäten. Sechs erstklassige Seminarräume im Dachgeschoss bieten nicht nur eine inspirierende Umgebung, sondern auch einen atemberaubenden Blick auf die umliegende Landschaft. Ein Highlight ist zweifelsohne die Klosterkapelle, die sich perfekt für Vorträge eignet. Im Speisesaal mit Wintergarten kann man sich an kulinarischen Köstlichkeiten erfreuen.

# Wesenufer

Hotel & Seminarkultur an der Donau

4085 Wesenufer, Wesenufer 1 • 07718 20090
www.hotel-wesenufer.at • office@hotel-wesenufer.at

Das Hotel Wesenufer ist ein wahrhaft idyllischer Ort direkt an der Donau. Das geschichtsträchtige Gebäude beherbergt insgesamt 49 moderne Zimmer, von denen die meisten einen atemberaubenden Blick auf das Wasser bieten. Für Tagungen und Seminare sehen fünf geräumige Veranstaltungsräume zur Verfügung, in denen 19 bis 250 Personen Platz finden. Zusätzlich gibt es zwei kleinere Besprechungsräume und die Möglichkeit, Veranstaltungen hybrid durchzuführen. Meetings können auch draußen auf der Tagungswiese oder der Terrasse abgehalten werden. Der Wellnessbereich sorgt für erholsame Entspannungsmomente.

# ARCOTEL Kaiserwasser

1220 Wien, Wagramer Straße 8 • 01 224240
www.arcotelhotels.com/de/kaiserwasser_hotel_wien • kaiserwasser@arcotelhotels.com

Nur wenige Schritte von der UNO City, dem Austria Center und dem Vienna International Center entfernt und an einem idyllischen Altarm der Donau gelegen, bietet das ARCOTEL Kaiserwasser seinen Gästen eine erstklassige Lage. Für Tagungen und Konferenzen ist das Hotel mit neun modernen, individuell kombinierbaren Seminarräumen, die bis zu 340 Personen fassen, perfekt ausgestattet. Zwei Meetingräume mit Blick über die Stadt sowie fünf privatere Business-Suiten stehen ebenfalls zur Verfügung. Zum Abschalten eignen sich der hoteleigene Steg am Wasser und der Wellness- und Fitnessbereich wunderbar.

# Maxx
## by Steigenberger Vienna

1050 Wien, Margaretengürtel 142 • 01 361 639 00
www.hrewards.com/de/maxx-hotel-vienna • reservations.vienna@maxxhotel.com

Wer für ein Seminar auf der Suche nach einem trendigen, gut angebundenen Hotel in Wien ist, der wird mit dem Maxx by Steigenberger Vienna fündig. Die perfekte Lage zwischen dem Westbahnhof und der Wiener Innenstadt macht es für Geschäfts- und Freizeitreisende gleichermaßen attraktiv. Die vier multifunktionalen Konferenzräume, die Platz für bis zu 160 Personen bieten, sind ideal für Meetings. Das freundliche Team steht jederzeit zur Verfügung, um für einen reibungslosen Ablauf zu sorgen. Der exklusive Spabereich ganz oben beeindruckt mit Blick auf den Stephansdom und lädt zum Abschalten ein.

© Atiketta Sangasaeng/shutterstock

# Meliá Vienna

1220 Wien, Donau-City-Straße 7 • 01 90 1 04
www.melia.com • melia.vienna@melia.com

Das Meliá Vienna ist die perfekte Wahl für alle, die eine einzigartige Location für ihre Veranstaltung, ihr Meeting oder ihr Seminar suchen. Direkt an der Donau und im höchsten Wolkenkratzer Österreichs gelegen, ist hier höchste Qualität garantiert. Über 1000 m² können flexibel aufgeteilt werden, neun Konferenzräume überzeugen darüber hinaus mit modernster Ausstattung und ein Ballsaal für ein Galadinner steht ebenfalls zur Verfügung. Für einen Businesslunch beeindruckt das stilvolle Restaurant in 220 Metern Höhe. Eine Auszeit zwischendurch gönnt man sich im Fitnessbereich mit atemberaubendem Ausblick.

# Renaissance Wien Hotel

1150 Wien, Linke Wienzeile/Ullmannstraße 71 • 01 89 10 20
www.marriott.com • renaissance.wien@renaissancehotels.com

Die unmittelbare Nähe zum Schloss Schönbrunn, zum Naschmarkt und zur Stadthalle machen das Renaissance Wien Hotel zum idealen Ausgangspunkt für einen Citytrip. Der Kontrast zwischen modernem Design, barocken Elementen und dem Charme der 1920er-Jahre verleiht dem Hotel eine spannende Atmosphäre. Auch Geschäftsreisende fühlen sich hier wohl. Acht flexible Konferenzräume, ausgestattet mit modernster Technik, sowie vier Break-out-Rooms liefern einen optimalen Rahmen für Firmenveranstaltungen. Ein engagiertes Team des Hotels steht zur Verfügung, um maßgeschneiderte Veranstaltungen zu planen.

# Gault&Millau

# Genussmesse, Weinfest und vieles mehr…

Alle Tickets zu unseren
kulinarischen Events auf
gaultmillau.at

# Das Kaiserblick Hotel

6352 Ellmau, Kirchbichl 5 • 05358 2230
www.kaiserblick.at • office@kaiserblick.at

Direkt vor der Haustüre des Hotels Kaiserblick erstrecken sich 284 erstklassig präparierte Pistenkilometer im Skigebiet Wilder Kaiser, die grenzenlosen Wintergenuss versprechen. Im Hotel selbst geht der Genuss weiter – sei es in puncto Kulinarik beim großen Frühstücksbuffet, in der Showküche oder beim mehrgängigen Dinnerangebot. Oder aber im Kaiser-Spa: Dort erwarten die Gäste nämlich ein neuer Infinity-Sky-Pool, elf Saunen und Dampfbäder sowie ein Outdoor-Jacuzzi. Mit einem Spielzimmer, Kino und Kindersauna wird auch auf die Bedürfnisse der kleinen Gäste Rücksicht genommen.

# Tirol Lodge Ellmau

6352 Ellmau, Weissachgraben 14A • 05358 44666
www.tirollodge.at • info@tirollodge.at

Ein Ort zum Relaxen, aber auch ein idealer Ausgangspunkt
für Action und Abenteuer ist die Tirol Lodge Ellmau. Denn
die fantastische Bergwelt der Region Wilder Kaiser liegt
einem hier quasi zu Füßen, befindet sich doch die Talstation
der Gondelbahn Hartkaiser direkt vor der Haustüre. Speziell
auf die Bedürfnisse von Sportlern wird hier eingegangen.
Entspannung ist im Wellnessbereich mit Panoramasauna
und Außenpool garantiert. An Tiroler und internationaler
Küche stärkt man sich in vier Restaurants, bevor ein genuss-
voller Ausklang an der Hotelbar mit Kamin folgt.

# Alpin Resort Stubaier Hof ®

6166 Fulpmes, Herrengasse 9 • 0 52 25 62 2 66
www.stubaierhof.at • hotel@stubaierhof.at

Bereits bei der Anfahrt zum Stubaier Hof wird man von einer malerischen Landschaft begleitet. Inmitten des Stubaitals, umgeben von jeder Menge Natur, befindet sich schließlich das Hotel. Das mit vier Sternen dekorierte Haus ist von außen rustikal anmutend, innen zeigen sich die Räumlichkeiten im modernen Alpenstil. Aktivitäten birgt ein Urlaub im Stubaier Hof einige: Neben dem Wellnessangebot bietet es sich besonders an, das Stubaital zu erkunden – entweder auf Skiern, mit dem Bike oder in Wanderschuhen. Für noch mehr Abwechslung empfiehlt sich ein Städtetrip ins nahe gelegene Innsbruck.

# Das Zwölferhaus

5754 Hinterglemm, Zwölferkogelweg 137 • 0 65 41 63 17
www.daszwoelferhaus.at • info@daszwoelferhaus.at

Direkt neben der Talstation der Zwölferkogelbahn befindet sich dieses klein feine Boutiquehotel mit familiärer Atmosphäre, von dem aus man in die Bergwelt eintauchen kann. Mitten im Bike- und Wanderparadies Saalbach-Hinterglemm gelegen, kann man seine Ferien im Zwölferhaus aktiv und erlebnisreich gestalten. Mit Golfplätzen, Klettergärten, Badeseen sowie Snowparks und einer Snowtubing-Bahn hält die Umgebung einiges an Abwechslung parat. Absolutes Highlight ist das elegante SKY-Wellness im Dachgeschoss, das mit Panoramasauna, einem Ruheraum mit Blick auf die Skipiste und einem Tauchbecken punktet.

# Birkenhöhe ⓝ

6992 Hirschegg /Kleinwalsertal, Oberseitestraße 34 • 0 55 17 55 87
www.birkenhoehe.com • info@birkenhoehe.com

Mit dem Hotel Birkenhöhe erwartet die Gäste ein ruhiges familiäres Haus in atemberaubender Alpenkulisse. Die Küche des Hotels basiert auf regionalen Produkten, die von heimischen Bauern im Tal erzeugt werden. Die Gäste können sich zurücklehnen und im Restaurant Felix köstliche Fünf-Gänge-Menüs im Rahmen der Verwöhnpension genießen oder im gehobenen À-la-carte-Restaurant Sonnenstühle kulinarische Handwerkskunst erleben. Darüber hinaus kann man in der 700 m² großen Vitalwelt mit herrlichem Bergpanorama entspannen oder das Kleinwalsertal mit seinen vielfältigen Freizeitmöglichkeiten erkunden.

# Yscla
Genießerhotel

6561 Ischgl, Dorfstraße 73 • 0 54 44 52 75
www.yscla.at • info@yscla.at

Wer Exklusivität und Genuss unter einem Dach vereint haben möchte, ist im Gourmet-Boutiquehotel Yscla an der richtigen Adresse. Luxus und Komfort, kombiniert mit alpinem Charme, werden in den 32 großzügigen Zimmern und Suiten miteinander verbunden. Absolutes Highlight ist das hochwertige kulinarische Angebot, angefangen vom Bistro Guxa bis zu Benjamin Parths raffinierter Fünf-Hauben-Küche im Restaurant Stüva. In der Yscla-Vital-Therme mit Saunen, Dampfbad und Aquaviva-Bereich mit Wald- und Naturgeräuschen kann man herrlich abschalten. Sportler erfreut die zentrale Lage direkt an der Talabfahrt.

# Zaglgut
## Chalets & Suiten

5710 Kaprun, Zaglweg 10 • 0 65 47 70 2 00
www.zaglgut.at • office@zaglgut.at

Bei einem Skiurlaub ist die Nähe zu den Pisten und Gletschern mit am wichtigsten. Diese wird beim Zaglgut in Kaprun erfüllt. Das „mehr" bezieht sich dabei auf den überaus gastfreundlichen Umgang des Personals sowie das restliche Angebot des Hauses. Und das kann sich sehen lassen. Die geräumigen Suiten und Chalets sind mit Holz ausgekleidet und verfügen über höchsten Komfort. Außerdem blickt man von den Zimmern aus direkt auf die umliegende Berglandschaft. Im Wellnessrefugium mit Pool, Sauna und Dampfbad findet man die Entspannung, die man sich nach einem aktiven Tag auf der Piste wünscht.

© Salzburgerland Tourismus

# Goldener Greif Kitzbühel Ⓝ

6370 Kitzbühel, Schulgasse 3 • 05356 64311
www.greifkitz.at • hotel@greifkitz.at

Ein Haus mit Tradition: Der Goldene Greif ist zentral und dennoch ruhig in Kitzbühel gelegen und zeichnet sich im Ansehen durch eine Symbiose verschiedener Holzmaterialien mit modernen Akzenten aus. Das Hotel verfügt über 38 liebevoll gestaltete Zimmer, wobei jedes seine eigene Note hat. Unter demselben Dach befindet sich auch ein Casino, wo man auf zwei Ebenen sein Glück versuchen kann. Alternativ können Gäste gleichermaßen von den Outdooraktivitäten – Skifahren, Wandern und Co – profitieren. Außerdem: Von den oberen Stockwerken hat man einen freien Blick auf das berühmte Hahnenkamm-Skirennen.

# Hahnenhof Ⓝ

6370 Kitzbühel, Hausstattfeld 18 • 05356 62582
www.hahnenhof.at • info@hahnenhof.at

Ein kleines, aber feines Appartementhotel, das mit seiner idyllischen Lage und seinem Blick auf die umliegende Natur überzeugt. Im Hotel kann man zwischen mehreren Appartements wählen, die gemütlich und im selben Stil eingerichtet sind. Dabei tut es auch keinen Abbruch, dass das Mobiliar nicht auf dem neuesten Stand ist – dank der rustikalen Ausstattung bekommt man als Gast ein authentisches Hüttenambiente geboten. Und gar so viel Zeit verbringt man in der Regel ohnehin nicht in der Unterkunft, verfügt Kitzbühel doch über eine Reihe an Freizeitmöglichkeiten, ob im Sommer oder im Winter.

# Rasmushof Hotel Kitzbühel

6370 Kitzbühel, Hermann-Reisch-Weg 15 • 05356 65252
www.rasmushof.at • office@rasmushof.at

Tiroler Charme und familiäre Atmosphäre, verbunden mit einem einmaligen Golf- oder Ski-Urlaub, findet man im Rasmushof Hotel Kitzbühel. Es ist schon ein besonderes Erlebnis, den Golfschläger auf dem hauseigenen 9-Loch-Golfplatz zu schwingen, nämlich dort, wo sich im Winter das Zielgelände der legendären Streif befindet. Die Sonnen-terrasse sowie der Schwimmbereich „Rasirena" laden zum Erholen ein. Aber auch das Stadtzentrum ist nur wenige Gehminuten entfernt. Im Restaurant erfreuen nicht nur regi-onale Spezialitäten, sondern vor allem eines der größten Weinsortimente ganz Kitzbühels.

beide Fotos © Michael Werlberger

# Weisses Rössl Ⓝ

6370 Kitzbühel, Bichlstraße 5 • 05356 71900
www.roesslkitz.at • hotel@roesslkitz.at

Inmitten vom belebten Alpendorf Kitzbühel liegt das Weiße Rössl. Da das Hotel vor nicht allzu langer Zeit eröffnet wurde, sind die Zimmer auf dem aktuellsten Stand der Technik, elegant und luxuriös eingerichtet. Ein Highlight ist das Restaurant des Hotels, das Zuma. Obgleich man in solch einem Haus vielleicht eher mit gutbürgerlicher Küche rechnen würde, ist die japanische Küche, die geboten wird, doch eine äußerst willkommene Abwechslung. Im Zuma, das mit weiteren Standorten in anderen Städten weltweit vertreten ist, darf man sich auf japanisches Fine Dining mit köstlichen Grillgerichten freuen.

# Goldener Berg

6764 Lech am Arlberg, Oberlech 117 • 05583 22050
www.goldenerberg.at • happy@goldenerberg.at

Das Hotel Goldener Berg in Oberlech am Arlberg ist der ideale Ort, um dem Alltag zu entfliehen und die Natur zu genießen. Auf über 1700 Metern Höhe können Gäste zur Ruhe finden – das Hotel unterstützt dabei mit einem umfangreichen Angebot für Gesundheit und Wohlbefinden wie beispielsweise Chakrenharmonisierung und Yoga. Mit nachhaltigen und regionalen Produkten bereitet das Restaurant des Hotels nicht ausschließlich, aber auch pflanzenbasierte alpine Küche zu. Das kulinarische Aushängeschild, das mit drei Hauben prämierte Johannesstübli, ist auf jeden Fall einen Besuch wert!

# Post Lech

Hotel | Gasthof

6764 Lech am Arlberg, Dorf 11 • 05583 22060
www.postlech.com • info@postlech.com

Das exklusive Fünf-Sterne-Hotel Gasthof Post in Lech bietet seinen Gästen ein einzigartiges und herzliches Ambiente. Seit mehr als 80 Jahren im Familienbesitz, beeindruckt das Hotel mit persönlichem Service, kulinarischen Köstlichkeiten, alpinem Chic und einer unvergleichlichen Atmosphäre. Die 46 großzügigen Zimmer und Suiten sind individuell eingerichtet und mit modernster Technik ausgestattet. Das Post Beauty & Spa sorgt für das richtige Verwöhnprogramm. Tipp: Besonders für Familien mit Kindern bietet sich ein Aufenthalt im zugehörigen Chalet Säge an, welches gegenüber vom Stammhaus liegt.

# Stäfeli ⓝ

6764 Lech am Arlberg, Zug 525 • 05583 39370
www.staefeli.at • info@staefeli.at

Lech ist immer einen Urlaub wert! Ob zum Wandern, Skifahren oder schlicht zum Durchatmen und um die Natur zu spüren: Das Vier-Sterne-Hotel Stäfeli ist dafür eine geeignete Unterkunft. Hier profitiert die ganze Familie von den vielseitigen Freizeitmöglichkeiten – inner- sowie außerhalb des Hauses. Das Wellnessangebot lädt zum Entspannen ein, die Zimmer und Ferienwohnungen sind mit gemütlichem Möbiliar eingerichtet. Im hauseigenen Weinrestaurant „Achtele" werden bodenständige Speisen mit regionalen Zutaten serviert und dazu harmonierende Weine eingeschenkt.

# Die Riederalm

Genießerhotel

5771 Leogang, Rain 100 • 06583 7342
www.riederalm.com • info@riederalm.com

Im Genießerhotel Riederalm steht einem unkomplizierten Familienurlaub nichts im Weg. Die Lage direkt an der Asitzbergbahn lädt im Sommer wie im Winter zum Erkunden der Bergwelt ein. Zurück im Hotel finden Eltern wie Kinder ihre Lieblingsplätze. Das Mountain-Spa verfügt über einen Thermalpool und sechs Saunen. Mit den Kindern ist Wellness im Family-Spa möglich. Highlight bei den kleinen Gästen ist die knapp 60 Meter lange Rutsche. Aber auch die Indoor-Spielräume und der Outdoor-Erlebnispark wissen zu begeistern. Feinschmecker werden die Küche im Gourmetrestaurant „dahoam" zu schätzen wissen.

# Gault&Millau

# Entdecken
# Genießen
# & Erleben

Newsletter abonnieren und informiert bleiben auf
gaultmillau.at

# Die Wälderin

6881 Mellau, Hinterbündt 383 • 05518 201 02
www.diewaelderin.at • hotel@diewaelderin.at

Das Hotel Die Wälderin befindet sich direkt am Wander- und Skigebiet Mellau-Damüls im Bregenzerwald und schafft es durch die Verwendung von heimischen Materialien, eine angenehme Atmosphäre zu vermitteln, in der sich die Gäste sofort wohlfühlen. Vom reichhaltigen Frühstücksbuffet bis hin zum Fünf-Gänge-Abend-Wahlmenü wird man bestens versorgt. In der Bade- und Saunawelt mit ganzjährig beheiztem Gartenpool sowie in den Ruheräumen mit atemberaubendem Ausblick kann man nach einem ereignisreichen Tag herrlich entspannen, während sich die Kinder in speziellen Spielbereichen oder im Spaßpool austoben.

# Alpen-Wellness Resort Hochfirst

6456 Obergurgl, Gurgler Straße 123 • 0 52 56 63 2 50
www.hochfirst.com • info@hochfirst.com

Die traumhafte Lage in den Ötztaler Alpen ermöglicht es, schon im November zu perfekten Bedingungen das verschneite Tirol auf Skiern zu erkunden. Bester Ausgangspunkt dafür ist das Alpen-Wellness Resort Hochfirst, denn direkt hinter dem Haus befindet sich ein Lift, der die Gäste zur Piste bringt. Elegante, im Chaletstil gehaltene Zimmer laden ebenso zur Entspannung ein wie das großzügige Alpen-Spa. Der 220 m² große In- und Outdoorpool, ein Wasserfall und Whirlpools sowie eine Saunahütte lassen die Herzen der Wellnessfans höherschlagen. Feinschmecker kommen in den Genuss einer Drei-Hauben-Kulinarik.

# The Crystal Ⓝ
## Obergurgl

6456 Obergurgl, Gurgler Straße 90 • 05256 6454
www.thecrystal.at • rez.cry@vayaresorts.com

Das The Crystal in Obergurgl liegt direkt an der Skipiste auf 2000 Metern. Die Lage ist es auch, die Aktivurlaubern den perfekten Ausgangspunkt bietet. Die Zimmer und Suiten sind elegant und mit hochwertigen Materialien eingerichtet – minimalistisch und ohne viel Schnickschnack, aber trotzdem mit der gewissen Liebe fürs Detail. Der Wellnessbereich ist dank der Panoramafenster lichtdurchflutet und verfügt über Saunen, In- und Outdoorpool sowie einen Ruhebereich. In kulinarischer Hinsicht wird man ebenfalls vollends glücklich: mit dem umfangreichen Frühstücksbuffet und den abendlichen Menüs.

# Schneider Ⓝ

5562 Obertauern, Brettsteinstraße 2 • 06456 73140
www.schneider.at • hotel@schneider.at

Das Hotel Schneider in Obertauern ist nach eigenen Angaben ein Ort zum Geschichteschreiben. Mit der Bestlage direkt an der Piste ist das Hotel der ideale Ausgangspunkt für Skiurlauber. Daneben führen auch Winterwanderwege direkt am Hotel vorbei, von denen man etwa zur Turmbar gelangt, die sowohl für Gäste als auch Einheimische ein beliebter Treffpunkt ist. Hotelgäste kommen von der Bar durch einen unterirdischen Tunnel direkt zum Haus Schneider. Und nach einem ereignisreichen Tag laden die Zimmer im überaus gemütlichen Landhausstil zum Träumen ein.

# Almhof Rupp Ⓝ

6991 Riezlern/Kleinwalsertal, Walserstraße 83 • 0 55 17 50 04
www.almhof-rupp.at • info@almhof-rupp.at

Das Kleinwalsertal ist ein Örtchen, in das man vielleicht nicht alle Tage spontan fährt. Wenn man jedoch die Fahrt auf sich nimmt, wird man belohnt. Riezlern, am Talanfang gelegen, ist der ideale Ausgangspunkt für einen Urlaub zum Skifahren oder Wandern und der Almhof Rupp eine passende Bleibe. Wenn auch die Zimmer einfach gehalten sind, wurde das Restaurant kürzlich renoviert und eröffnet einen schönen Panoramablick auf die umliegenden Walser Berge. Dort wird morgens ein reiches Frühstücksbuffet und abends ein mehrgängiges Menü serviert. Der Indoorpool und die Saunen laden zum Entspannen ein.

# AlpenParks Sonnleiten

5753 Saalbach, Hinterhagweg 361 • 0 65 41 64 02
www.sonnleiten.com • sonnleiten@alpenparks.at

Das Skigebiet Saalbach-Hinterglemm ist ein Traum für alle Wintersportliebhaber. Und das AlpenParks Sonnleiten ist die ideale Bleibe, um diesen Traum zu verwirklichen. Man hat die Wahl zwischen gemütlichen Appartements, Zimmern oder Suiten, die allesamt komfortabel eingerichtet sind und meistens sogar über eine eigene Sauna verfügen. Wer sich nach dem Skifahren noch einmal aufwärmen möchte, kann dies im beheizten Outdoorpool mit Bergblick tun. Auch kulinarisch kommen die Gäste auf ihre Kosten: Das Restaurant Troadkasten vereint österreichische und internationale Küche zu einem Genusserlebnis.

# Sonnhof Alpendorf

5600 St. Johann im Pongau, Alpendorf 16 • 06412 7271
www.sonnhof-alpendorf.at • info@sonnhof-alpendorf.at

Im idyllischen Ambiente des exklusiven „Adults-preferred"-Hotel Sonnhof mit 42 luxuriösen Zimmern und Suiten erlebt man einen herrlichen Winterurlaub. Direkt an der Piste des Snow Space Salzburg gelegen, bietet das Hotel einen praktischen Sportverleih und eine hauseigene Skischule. Nach einem spannenden Tag auf der Piste lädt die Wellnesslandschaft mit mehreren Pools, Saunen und Ruheräumen zum Entspannen ein. Mit der Sonnhof-Verwöhn-Kulinarik ist man ganztags bestens versorgt. Mit dem kreativen Sechs-Gänge-Abendmenü folgt das absolute Highlight zum Schluss.

# Enzian Ⓝ

6450 Sölden, Hochsöldenstraße 7 • 05254 2252
www.hotel-soelden-enzian.com • info@hotel-enzian.at

In die alpine Landschaft von Sölden eingebettet, nebst der Skipiste, befindet sich das Hotel Enzian. Das Vier-Sterne-Haus eignet sich sowohl für Aktivurlauber als auch für all jene, die – mit Bergpanorama – viel Ruhe genießen möchten. Ein Highlight ist die 1500 m² große Spa-Area, die über einen textilen Wellnessbereich sowie einen Nacktbereich ausschließlich für Erwachsene verfügt. Zu Letzterem zählt ein Outdoor-Infinitypool mit spektakulärem Ausblick auf die Alpen. Im hoteleigenen lichtdurchfluteten Restaurant kommt Heimisches wie auch Internationales auf die Teller.

# Falkensteiner Hotel & Spa Carinzia

9631 Tröpolach, Tröpolach 156 • 04285 72000
www.falkensteiner.com • reservations.carinzia@falkensteiner.com

Wie herrlich, wenn sich die Talstation der nächsten Seilbahn gleich beim Hotel befindet und man so morgens in einen sorgenfreien Skitag starten kann! Am Nassfeld ermöglicht dies das Falkensteiner Hotel & Spa Carinzia, das die perfekte Wahl für all jene darstellt, die sportliche Aktivität und Entspannung im Urlaub kombinieren möchten. Das Spa erstreckt sich über 2400 m² und sorgt mit verschiedenen Pools, Ruhebereichen und einer finnischen Panoramasauna für Erholung nach einem aktiven Tag. Die Nähe zu Italien spiegelt sich in der Kulinarik wider. Vegetarier und Veganer erwartet ein breites Angebot.

© Franz Gerdl, Kärnten Werbung

Tief verschneites Bergpanorama am Nassfeld in Kärnten

# Berghotel Biberkopf

6767 Warth, Warth 28 • 0 55 83 41 8 00
www.biberkopf.at • office@biberkopf.at

Das Berghotel Biberkopf punktet nicht nur mit seiner hervorragenden Lage am wunderschönen Arlberg, es verbindet den gelungenen Skiurlaub auch perfekt mit dem richtigen Maß an Entspannung und Wellness im Dampfbad, im Whirlpool oder bei einer vitalisierenden Massage. Abgerundet wird der Aufenthalt durch den aufmerksamen, aber keinesfalls aufdringlichen Service, durch das gemütliche Ambiente aus warmen Holztönen, verschiedenen Materialien und hochwertigem Design sowie durch genussvolle Momente und moderne Geschmackskompositionen.

© Michael Kreyer

# Gault&Millau

# Süße
# Säure
# & Tannine

Alle News rund um österreichische Weine
im Newsletter und auf gaultmillau.at

# Edelweiss

6763 Zürs am Arlberg, Zürs 79 • 05583 2662
www.edelweiss-arlberg.at • welcome@edelweiss-arlberg.at

Im charmanten Skiort Zürs erwartet die Gäste das legendäre Hotel Edelweiß. Man erlebt hier stilsicheren Luxus und einzigartiges Ambiente. Das Hotel befindet sich nur wenige Minuten von der neuen Flexenbahn entfernt und bietet einen idealen Ausgangspunkt für einen unvergesslichen Skiurlaub. Die Zimmer und Suiten sind ein Rückzugsort der Extraklasse, stilvoll eingerichtet und eine überraschende Individualität ausstrahlend. Für einen perfekten Skitag steht den Gästen ein hauseigener Skiverleih zur Verfügung. Nach einem aktiven Tag ist ein erholsamer Saunagang im kleinen Wellnessbereich genau das Richtige.

© Warongdech Digital/shutterstock

# Hirlanda

6763 Zürs am Arlberg, Zürs 80 • 05583 22620
www.hirlanda.at • alberta@hirlanda.at

Das Hirlanda bietet Skifahrern alles, was das Herz begehrt: angefangen bei der erstklassigen Lage direkt an der Piste über den geräumigen Skiraum bis hin zum Overnight-Skiservice. Und wo könnte man besser nach einem langen Tag im Schnee relaxen als in einem feinen Wellnessbereich beim Schwitzen in der Sauna? Feinschmecker freuen sich bereits morgens auf den Besuch im Restaurant, das regionale und mediterrane Speisen aus hochwertigen Produkten auf die Teller bringt. Die freundlichen Mitarbeiter tragen zusätzlich dazu bei, dass man dieses Hotel noch lange in Erinnerung behalten wird.

# Zürserhof

6763 Zürs am Arlberg, Zürs 75 • 0 55 83 25 1 30
www.zuerserhof.at • hotel@zuerserhof.at

Das Hotel Zürserhof ist ein Ort, an dem man sich wie zu
Hause fühlt und gleichzeitig in den Luxus und die Schönheit der Berge eintauchen kann. Mit einer beeindruckenden
60-jährigen Geschichte ist dieses Hotel ein wahrer Schatz.
Ein außergewöhnliches Highlight ist das Aureus-Spa, das
sich auf zwei Ebenen erstreckt und den Gästen Wohlbefinden bietet. Man entspannt in Saunen, dem Spa oder der
Panorama-Lounge. Höchst erfreulich ist außerdem das kulinarische Angebot, das im Rahmen der Halbpension serviert
wird. Beeindruckend gestaltet sich vor allem das Käsebuf-
fet, mit über 200 Sorten.

# Almesberger ⓝ
## Wellnesshotel

4160 Aigen-Schlägl, Marktplatz 4 • 0 72 81 87 13
www.almesberger.at • hotel@almesberger.at

Im Hotel Almesberger werden Wellness und Erholung großgeschrieben. Auf 5.000 Quadratmetern können sich Gäste
hier zwischen Saunen, Indoor- und Outdoorpools, Ruheräumen und Bädern vom Alltagsstress regenerieren. Auf
kulinarischer Ebene wird ihnen ein umfangreiches Frühstücksbuffet, eine Wellnessjause sowie ein abendliches
Mehr-Gänge-Menü geboten. Hierbei kommen besonders
oberösterreichische Zutaten mit einem internationalen
Twist auf die Teller. In der Schauküche werden die Speisen
zudem live vor den Gästen zubereitet.

# Alpenrose ⓝ

5541 Altenmarkt, Zauchensee 24 • 0 64 52 40 27
www.hotel-alpenrose.at • office@hotel-alpenrose.at

Im Wellnesshotel Alpenrose kann man den Alltag hinter sich
lassen und in kraftvoller Ruhe entspannen. Auf vier Etagen
findet garantiert jeder seinen persönlichen Kraftort im Wellnessbereich. Man muss sich glücklicherweise aber nicht
festlegen und kann vom Whirlpool in die Sauna mit Blick auf
die Piste wechseln und dann anschließend im Wasserbett in
der Zirbenstube entspannen. Familien mit Kindern werden
das Wellnesslandl lieben. Kulinarisch wird man im Rahmen
der Verwöhnpension mit allerlei Köstlichem beglückt. Das
Küchencredo lautet: einfach – ehrlich – einheimisch. Die
alpinen Genüsse überzeugen!

# Adler Ⓝ

6883 Au im Bregenzerwald, Lisse 90 • 0 55 15 22 64
www.adler-au.at • hotel@adler-au.at

In Au im Bregenzerwald liegt mit dem Hotel Adler ein familiäres und dennoch gehobenes Wellnesshotel. Der Spa-Bereich bietet mit Panoramasauna, Dampfbad, Infrarotliegen und Ruheräumen alle Möglichkeiten zur Entspannung. Der Infinity-Außenpool, der das ganze Jahr über beheizt wird, bietet einen wunderschönen Blick auf die umliegenden Berge und ist mit Unterwasser-Massageliegen ausgestattet. Das Kinderspa mit Waldspielteich und Kinderspielturm bietet viel Spaß für die Kleinen und sorgt somit dafür, dass alle Familienmitglieder hier einen entspannten Urlaub erleben.

# Narzissen Vital Resort

8990 Bad Aussee, Pötschenstraße 172 • 0 36 22 55 3 00
www.vitalresort.at • info@vitalresort.at

Das Vier-Sterne-Hotel Narzissen Vital Resort in Bad Aussee bietet 52 Suiten mit alpinem Charme, hochwertiger Ausstattung und atemberaubendem Bergblick. Schönheit und Gesundheit gehen hier Hand in Hand. Das Medical-Wellness-Angebot umfasst Massagen, Wickel, Kosmetik- und Beautybehandlungen sowie Therapien mit ortsgebundenen Heilmitteln wie der Ausseer Sole. Das kompetente Team hilft bei verschiedenen Beschwerden und bietet individuelle Präventions-, Therapie- oder Rehabilitationsprogramme in ärztlicher Begleitung an. Die Vitalresort-FLEX-Halbpension ermöglicht Speisen zu individuellen Zeiten.

# Rogner Bad Blumau

8283 Bad Blumau, Bad Blumau 100 • 0 33 83 510 094 49
www.blumau.com • urlaubsschneiderei@rogner.com

Im größten bewohnbaren Kunstwerk von Friedensreich Hundertwasser, mit lebendigen Farben und unkonventionellen Formen, Urlaub machen: Das geht im Rogner Bad Blumau im steirischen Vulkanland. Das großzügig angelegte Resort verfügt über geräumige und abwechslungsreiche Restaurants. Die insgesamt zehn verschiedenen Saunen laden zur Entspannung bei hohen Temperaturen ein. Tipp: unbedingt einen Themenaufguss in der Gartensauna besuchen! Im 8500 m² großen Wellnessbereich mit einer über 3000 m² großen Wasserfläche findet garantiert jeder ein eigenes Lieblingsplatzerl.

# Asia Resort Linsberg ⓝ

2822 Bad Erlach, Thermenplatz 1 • 0 26 27 48 0 00
www.linsbergasia.at • mail@linsbergasia.at

Wer Abstand vom Alltagstrubel, Ruhe und Entspannung sowie Zeit für Zweisamkeit benötigt, findet in der Linsberg Asia Therme – bei einem kinderlosen Wellness-Retreat – den optimalen Ort, um die Batterien wieder aufzuladen. Der asiatische Einrichtungsstil sowie sanfte Klänge verbreiten bereits beim Ankommen Urlaubsstimmung, der freundliche Service zaubert ein Lächeln ins Gesicht. Der weitläufige Thermenbereich bietet reichlich Platz zum Saunieren, zum Schwimmen im Sportbecken und zum Faulenzen auf bequemen Liegen. Massagen und Behandlungen sowie Wassergymnastik und Yoga werden ebenfalls angeboten.

# Villa Gleichenberg ⓝ

8344 Bad Gleichenberg, Am Kurpark/Bergstraße 2 und 4 • 0 31 59 24 24
www.gleichenbergerhof.at • office@gleichenbergerhof.at

Die Villa Gleichenberg ist ein liebevoll renoviertes Juwel im steirischen Vulkanland. Die Villa wird mit Herzlichkeit von Familie Kaulfersch geführt und bietet 16 heimelige Zimmer mit Terrasse und Loggia, von denen man die schönste Aussicht auf den Kurpark genießen kann. Auf der Entspannungsinsel findet man alles, was es für eine tiefe Erholung braucht: Ob im Gartenbad unter freiem Himmel, in der Sauna, in der Kneipp-Anlage oder bei klassischen Massagen – hier kann man sich verwöhnen lassen. Bei Schlechtwetter verweilt man im kuscheligen Kaminzimmer oder in der gemütlichen Plaudernische.

# Panorama Royal

6323 Bad Häring, Panoramastraße 2 • 0 53 32 77 117
www.panorama-royal.at • office@panorama-royal.at

Mit einem Fokus auf natürlichen Materialien wurde mit dem Panorama Royal ein wahrer Energieort geschaffen. Mit einigen Neuerungen begeistert die großzügige Wasserwelt ihre Gäste – genial ist vor allem der Blick auf das Inntal, welchen man vom Wasser aus genießen kann. Kulinarisch werden sowohl Fans vegetarischer Gerichte als auch Verfechter der klassischen österreichischen Küche angesprochen. Darüber hinaus bietet das Gourmetrestaurant „Atelier Freund-Schafft" ein nobles 10-Gänge-Gourmeterlebnis. Die atemberaubende Aussicht auf die Tiroler Berge rundet das Gesamterlebnis ab.

Blick vom Gamskarkogel Hofgastein

# Das.Goldberg

5630 Bad Hofgastein, Haltestellenweg 23 • 0 6432 64 44
www.dasgoldberg.at • info@dasgoldberg.at

Das.Goldberg ist direkt an der Skipiste in den Salzburger Alpen gelegen und bietet nicht nur einen atemberaubenden Blick auf die Hohen Tauern und die umliegende Natur, sondern auch einen einzigartigen Wellnessbereich. Aus Schweizer Zirbenholz gebaut, umgibt einen überall ein herrlicher Duft. Das Spa verfügt auch über einen 220 m² großen Innen- und Außenpool, einen natürlichen Badeteich und einen Kneipp-Stream, um Körper und Geist zu erfrischen und zu regenerieren. Das Gourmetrestaurant des Hotels bietet ein hervorragendes Fine-Dining-Erlebnis in einem stilvollen Designambiente.

# Österreichischer Hof Ⓝ

5630 Bad Hofgastein, Kurgartenstraße 9 • 0 6432 621 60
www.oehof.at • info@oehof.at

Der Österreichische Hof ist Teil des Hotel Resorts Gastein und befindet sich direkt bei der Alpentherme. Das bedeutet, dass Gäste über einen beheizten Zugang zur Therme gelangen. Durch das umfangreiche Erholungs-, Aktiv- und Gesundheitsangebot ermöglicht das Hotel den passenden Urlaub für unterschiedlichste Bedürfnisse. Im Restaurant wird den Gästen österreichische Küche serviert, mit besonderem Fokus auf die regionale Herkunft der Produkte. Die Lage im Gasteinertal bietet zudem eine abwechslungsreiche Bergwelt, die im Winter zum Skifahren und im Sommer zum Wandern einlädt.

# Verwöhnhotel Bismarck Ⓝ

5630 Bad Hofgastein, Alpenstraße 4 • 0 64 32 66 81 0
www.hotel-bismarck.com • info@hotel-bismarck.com

Das Verwöhnhotel Bismarck bietet seinen Gästen in drei Häusern ausgezeichnete Gourmet- und Vitalküche, Topservice und persönlichen Freiraum – und selbstverständlich Wellness der Extraklasse! Man relaxt auf 1700 m², getrennt in Ruhe- und Familientherme, unter anderem in vier Thermalwasserbecken, der Panoramasauna und dem modernen Dampfbad. Weitere Highlights: die Kristallsauna und der exklusive Loungebereich sowie ein 7000 m² großer Zauber garten. Die Zimmer und Suiten sind alpin-elegant eingerichtet. Das Erlebnis wird durch die Gourmetkulinarik und die herzliche Betreuung der Gäste abgerundet.

# Thermenwelt Hotel Pulverer Ⓝ

9546 Bad Kleinkirchheim, Thermenstraße 4 • 0 42 40 744
www.pulverer.at • hotel@pulverer.at

Das Thermenwelt Hotel Pulverer in Bad Kleinkirchheim bietet einen unvergesslichen Wellnessurlaub inmitten der Nockberge. Die persönliche Betreuung der Gäste steht hier im Mittelpunkt. Die Zimmer sind gemütlich und komfortabel eingerichtet und das Essen ist ein kulinarischer Hochgenuss mit Produkten aus eigener Landwirtschaft. Der Wellnessbereich bietet eine Vielzahl von Beauty- und Wellnessbehandlungen sowie ein Thermalheilwasserbad mit einer Thermenlandschaft von 2100 m². Im Winter kann man sich nach dem Skifahren im Thermalbad entspannen, während im Sommer Wander- und Mountainbiketouren rufen.

# Thermenhotel Stoiser Ⓝ

8282 Bad Loipersdorf, An der Therme 153 • 0 33 82 82 12
www.stoiser.com • thermenhotel@stoiser.com

Das Vier-Sterne-Thermenhotel Stoiser bietet seinen Gästen den Luxus von Zeit und Entspannung. Das Hotel verfügt über einen eigenen Wellnessbereich, das exklusive WellnessReich, außerdem kann man über einen direkten Zugang zur angrenzenden Therme Loipersdorf gelangen. Kulinarischen Genüssen gibt man sich im Restaurant mit Schauküche, im Tagescafe mit gemütlichem Freibereich und in der Bar mit Terrasse hin. Man darf sich über einige Neuerungen freuen wie etwa neu eingerichtete Zimmer mit größeren Balkonen und einen erneuerten Restaurantbereich. Das ganze „Look and Feel" ist nun moderner!

# AVITA Resort Ⓝ

7431 Bad Tatzmannsdorf, Thermenplatz 1 • 0 33 53 89 90
www.avita.at • info@avita.at

Das AVITA Resort in Bad Tatzmannsdorf bietet Wellness-liebhabern alles, was ihr Herz begehrt. Man kann entweder in der AVITA Therme mit Thermalwasserbecken, verschiedenen Saunen und vielem mehr entspannen oder man nutzt den exklusiven und ruhigen Wellnessbereich, der nur Hotelgästen vorbehalten ist. Unbedingt erleben sollte man die einzigartige Schneesauna: eine Kammer voll Pulverschnee, die nach dem Saunagang für eine sanfte Abkühlung sorgt. Die stilvoll eingerichteten Zimmer und Suiten und die Kulinarik runden ein wunderbares Thermenwochenende bestens ab.

# Reduce Bad Tatzmannsdorf Ⓝ
## Gesundheitsresort

7431 Bad Tatzmannsdorf, Am Kurplatz 2 • 0 33 53 82 00 50
www.reduce.at • verwaltung@reduce.at

Das Gesundheitsresort REDUCE Bad Tatzmannsdorf bietet seinen Gästen ein ganzheitliches Wellnesserlebnis mit Schwerpunkt auf Gesundheit. Mit den natürlichen Heilvorkommen Moor, Thermalwasser und Kohlensäuremineralwasser steht hier eine einzigartige Kombination an Heilmitteln zur Verfügung, um Beschwerden gezielt zu behandeln. Die Heilung wird auch von innen mit der gesunden wie köstlichen Küche unterstützt. Das Konzept beinhaltet unter anderem eine Vielzahl an herrlichen veganen Spezialitäten. Man darf sich außerdem auf pure Entspannung in den Thermalpools, Whirlpools und im Tepidarium freuen.

# Ayurveda Resort Mandira Ⓝ

8271 Bad Waltersdorf, Wagerberg 120 • 0 33 33 28 01
www.mandira-ayurveda.at • info@mandira-ayurveda.at

Im Ayurveda Resort Mandira ist es nahezu gleichgültig, wie das Haus ausgelastet ist, man wird als Gast durchwegs individuell behandelt. Zudem ist die Ausstattung des Resorts eine besondere, so treffen indische Farbwelten auf das Naturpanorama der Steiermark. Nicht nur die Optik unterscheidet sich von anderen Hotels, anstelle klassischer Wellnessbehandlungen liegt der Fokus auf Ayurveda – eine indische Heilkunst. Für die Gäste bedeutet das persönliche Behandlungen nach alternativmedizinischem Ansatz. Ein spannendes Konzept, das in Bad Waltersdorf ein einladendes zu Hause gefunden hat.

# Der Steirerhof Bad Waltersdorf

Hotel & Spa

8271 Bad Waltersdorf, Wagerberg 125 • 0 80 00 311 4 12
www.dersteirerhof.at • reservierung@dersteirerhof.at

Wunderschön eingebettet in die südsteirische Landschaft liegt das Fünf-Sterne-Hotel Der Steirerhof. Hier zählen Qualität und Liebe zum Detail! Das Hotel ist eine wahre Kulinarik- und Gesundheitsoase mit hauseigener Therme, in der man jegliche Alltagssorgen vergessen kann. Das Hotel bietet zahlreiche Möglichkeiten für perfekte Erholung und exquisite Verwöhnkulinarik, die den ganzen Tag über frische köstliche Gerichte bietet. Das Highlight des Tages ist sicherlich das Fünf-Gänge-Wahlmenü. Alleinreisende kommen an den Kommunikationstischen ins Gespräch.

# Heiltherme Quellenhotel Bad Waltersdorf ⓝ

8271 Bad Waltersdorf, Thermenstraße 111 • 0 33 33 50 00
www.heiltherme.at • office@heiltherme.at

Das Quellenhotel Bad Waltersdorf bietet eine entspannende Auszeit in der Natur in Verbindung mit einem regenerierenden Wellnessangebot. Die Therme bietet verschiedene Platzerl zum Erholen – außergewöhnlich ist beispielsweise der idyllische Naturbadeteich mit integriertem Thermalpool. Der Saunabereich verfügt über eine einzigartige Kneipp-Klamm und einen FKK-Garten. Das Hotelrestaurant serviert ein umfangreiches Frühstücksbuffet und ein schmackhaftes hochwertiges Fünf-Gänge-Abendwahlmenü.

# Gesundheitsresort Lebensquell ⓝ

4283 Bad Zell, Lebensquellplatz 1 • 0 72 63 75 15
www.lebensquell-badzell.at • office.hotel@lebensquell-badzell.at

Das Hotel Lebensquell – im ruhigen Naturpark Mühlviertel – ist ein modernes und komfortables Gesundheitsresort, welches mit einem äußerst fürsorglichen wie kompetenten Team wahre Momente der Erholung und Genesung für seine Gäste erschafft. Die Wellnessoase sorgt für Entspannung, im Therapiezentrum steht die Gesundheit im Fokus. Hier wird unter anderem mit radonhaltigem Wasser gearbeitet, so kommen Gäste in den Genuss der Medy-Jet-Massage. Den perfekten Rückzugsort während des Gesundheitsaufenthalts bieten die Zimmer im Stil der vier Elemente, welche über einen traumhaften Ausblick verfügen.

# Genussdorf Gmachl

5101 Bergheim bei Salzburg, Dorfstraße 35 • 0662 4521240
www.gmachl.at • info@gmachl.at

Das Genussdorf Gmachl in Bergheim bei Salzburg ist ein Ort
zum Abschalten und perfekt, um neue Lebensfrische zu tanken. Das Highlight ist das völlig neu konzipierte Dorf-Spa,
besonders verlockend sind der Infinity-Dachpool und die
Panoramasauna mit Weitblick auf die Festung und Berge.
Das Garten-Spa mit Naturbadeteich und vielen weiteren
Entspannungsmöglichkeiten bietet Abwechslung und Erholung. Für das Gaumen-Verwöhnprogramm sorgt die Gmachl-
Genusspension mit ganztägigen Genussmomenten und
einem Fünf-Gänge-Wahlmenü am Abend. Das Angebot wird
durch das freundliche Team abgerundet.

Ossiacher See Ostufer

# VAL BLU Resort ⓝ

6700 Bludenz, Haldenweg 2a • 05552 63106
www.valblu.at • valblu@bludenz.at

Das Sporthotel in Bludenz bietet nicht nur Tagesgästen ein buntes Aktivprogramm, sondern vor allem jenen, die dort nächtigen. Neben dem großen Hallen- und Outdoorschwimmbad verfügt das Hotel über die größte Saunalandschaft von Vorarlberg – mit Kabinen von Bio bis hin zu finnischer Sauna. Dazu kommt das Angebot in der Umgebung: Die tolle Lage inmitten der Bergwelt eröffnet den Gästen nicht nur einen wunderschönen Ausblick, sondern auch zahlreiche sportliche Erlebnisse: von einer E-Bike-Tour durch die Wälder über Wanderungen auf dem Muttersberg bis hin zum Skivergnügen bei den umliegenden Bergbahnen.

# Mountain Resort Feuerberg

9551 Bodensdorf, Gerlitzenstraße 87 • 04248 2880
www.feuerberg.at • kontakt@feuerberg.at

Die Wahl, ob See oder Berg, muss man im Mountain Resort Feuerberg nicht treffen, denn dort wird beides vereint. Direkt vor der Terrasse badet man im Almsee, vor der Haustüre liegen einem die Berge quasi zu Füßen. Familien wird hier viel Platz für Abenteuer und gemeinsame Zeit geboten. Neben den Silent-Areas für Erwachsene (darunter die Bade- und Wohlfühlwelt mit 11 Saunen und Infinitypool) wurde darauf geachtet, dass sich auch Kinder rundum wohlfühlen. Dazu gehören der Aquafix-Bereich und das Hallenbad für die Kleinsten sowie professionelle Betreuung mit Programm und Spielmöglichkeiten im Kinderhaus.

# Kaiserhof

6352 Ellmau, Harmstätt 8 • 05358 2022 • 0664 540 81 20
www.kaiserhof-ellmau.at • info@kaiserhof-ellmau.at

Der Kaiserhof in Ellmau bietet seinen Gästen alles, wonach man während eines Wellnessurlaubs nur suchen kann. Die luxuriösen Zimmer und Suiten sind mit viel Liebe zum Detail gestaltet und werden zum vorübergehenden Relax-Zuhause. Der mehrfach ausgezeichnete Spa- und Wellnessbereich, darunter der Adults-only-Spa-Turm, bietet fein abgestimmte Spa-Programme sowie Panoramablicke auf die Alpenkulisse. Die Kaiserhof-Küche, ausgezeichnet mit zwei Gault&Millau-Hauben, bietet kulinarische Erlebnisse der Spitzenklasse. Im Vinariat werden edle Tropfen aus dem fein sortierten Weinkeller angeboten.

# Dorfhotel Fasching

8654 Fischbach, Fischbach 3c • 03170 262
www.dorfhotel-fasching.at • info@dorfhotel-fasching.at

Im idyllischen Fischbach in der Steiermark liegt das Vier-Sterne-Superior-Dorfhotel Fasching. Es bietet seinen Gästen großzügige Zimmer und Suiten, die meisten mit geräumigem Balkon und offenem Blick in die Fischbacher Alpen. Der familiär geführte Betrieb verfügt über einen großzügigen Wellnessbereich mit Panoramahallenbad, ganzjährig beheiztem Infinity-Außenpool und zahlreichen Saunen. Der Wellness- und Relaxbereich steht exklusiv nur für Hotelgäste zur Verfügung und sorgt so für das richtige Ruheflair. Den Tag lässt man bei kreativen wie bodenständigen Köstlichkeiten ausklingen.

beide Fotos © Dorfhotel Fasching G.A. Service GmbH - Mühlbacher

# Pierer

## Almwellness Hotel

♀ Hotel des Jahres 2020

8163 Fladnitz an der Teichalm, Teichalm 77 • 0 31 79 71 72
www.hotel-pierer.at • hotel.pierer@almurlaub.at

Seit mehr als 130 Jahren besteht das Hotel Pierer und begeistert seit jeher seine Gäste mit einem angenehmen Ambiente und persönlichem Service. Das Hotel ist ein friedlicher Rückzugsort, der natürliche Erneuerung und Entspannung für Körper und Seele bietet und dabei Tradition und Innovation kombiniert. In dieser traumhaften Berglage kann man die umliegende Natur genießen und aktiv erkunden. Zeit lassen sollte man sich im Almwellnessbereich, der einen Infinitypool und acht verschiedene Saunen umfasst. Abgerundet wird das Erlebnis von Spa-Behandlungen mit natürlichen Kräutern.

# Alpenresort Walsertal ⓝ

6733 Fontanella, Faschina 55 • 0 55 10 224
www.alpenresort-walsertal.at • info@alpenresort-walsertal.at

Im Alpenresort Walsertal erwartet die Gäste eine gelungene Verbindung von Natur, Tradition und Design. Der 2000 m² große Spa-Bereich lädt ein, Wellness im Einklang mit der umgebenden Natur zu erleben. Die Badewelt umfasst Bergpanorama-Hallenbäder sowie ein beheiztes Freischwimmbad, deren klares Wasser direkt aus den Alpen gespeist wird. Die Saunawelt, die mit finnischen Saunen, Dampfbädern und einem Kräuter-Biosanarium aufwartet, sollte man sich nicht entgehen lassen. Das Resort besticht durch seine Mischung aus Bodenständigkeit, Authentizität, herzlichem Service und zeitgemäßem Flair.

# Das Schäfer ⓝ

6733 Fontanella, Kirchberg 77 • 0 55 54 52 28
www.dasschaefer.at

Das Wellness- und Spa-Hotel Das Schäfer befindet sich mitten im Biosphärenpark und sorgt so allein schon durch seine herrliche Naturlage für erfrischende Urlaubsmomente. Zur kompletten Regeneration nutzen die Gäste das 1600 m² große BergSpa, welches sich über zwei Ebenen erstreckt. Hier findet man vielfältige Rückzugsbereiche, naturnahe Farben und traumhafte Ausblicke auf die Walser Berggipfel. Zum Auspowern stehen ein Fitnessraum sowie ein Innen- und ein Außenpool zur Verfügung. Die naturnahe Gestaltung der eleganten Zimmer und Suiten mit heimischem Weißtannenholz spiegelt die Region wider.

# St. Martins Therme & Lodge ⓝ

7132 Frauenkirchen, Im Seewinkel 1 • 0 2172 20 5 00
www.stmartins.at • info@stmartins.at

Die St. Martins Therme & Lodge ist wohl eine der schönsten
Thermen Österreichs. Auf insgesamt 2000 m² Wasserfläche verfügt sie über vier Innen- und sieben Außenbecken
mit heilendem Thermalwasser. Die auf Holzstelzen gebaute
Seesauna mit finnischer Sauna, Softsauna und Thermalwasserbecken bietet eine herrliche Wellnesserfahrung. Der mit
Gräsern und Bäumen begrünte Außenbereich verfügt über
ausreichend Liegemöglichkeiten, um die burgenländische
Sonne zu genießen. Die Hausgäste können auch im eigenen
ruhigen Lodge-See-Spa entspannen. Genächtigt wird in stilvollen Zimmern und Suiten.

# Boutiquehotel Haidachhof ⓝ

6263 Fügen, Haidach 2 • 0 5288 62 3 80
www.haidachhof.com • hotel@haidachhof.at

Der Haidachhof befindet sich in Familienhand und inmitten
der Tiroler Naturlandschaft. Der Bezug zur Region macht
sich im ganzen Haus bemerkbar: vom Mobiliar, das von
Handwerkern der Umgebung gefertigt wurde bis hin zu
den Speisen aus lokalen Zutaten. Die Räumlichkeiten sind
modern und liebevoll eingerichtet und auch auf Wünsche
seitens der Gäste wird freundlichst eingegangen. Der Wellnessbereich verfügt über ein Dampfbad, Saunen, Pools (in-
und outdoor) sowie eine schön eingerichtete Ruhezone. Im
Kulinarium des Hauses stehen Tiroler Spezialitäten genauso
auf der Karte wie internationale Speisen.

# Gartenhotel Crystal

6263 Fügen, Hochfügener Straße 63 • 0 52 88 62 4 25 • 0664 851 87 73
www.gartenhotel-crystal.at • info@gartenhotel-crystal.at

Aktivurlauber, aber auch Ruhesuchende finden im Garten-hotel Crystal einen idealen Platz zum Urlauben. Während es im Naturparadies Zillertal für die einen „Ab in die Berge zu den Gipfeln" heißt – sei es im Winter auf Skiern oder im Sommer in Wanderschuhen –, genießen andere die Behag-lichkeit, Ruhe und Gemütlichkeit des Hauses, dessen Herz-stück der große Crystal-Garten mit Biopool und Aktivmög-lichkeiten wie Yoga, Boccia oder Gartenschach ist. Das Hotel hat sich außerdem der Nachhaltigkeit und Klimaneut-ralität verschrieben und achtet beim kulinarischen Angebot auf Regionalität und Saisonalität.

# Sport- und Wellnesshotel Held ⓝ

6263 Fügen, Kleinbodener Straße 6 • 0 52 88 62 3 86
www.held.at • info@held.at

Im familiengeführten Hotel Held im Zillertal werden sport-liche Aktivitäten mit Erholung vereint. Im Sommer können Gäste die umliegenden Berge bei Wanderungen erkun-den oder Golfen gehen, im Winter warten 180 Liftanlagen zum Skifahren, Snowboarden, Schneeschuhwandern und Rodeln. Für Entspannung sorgt einerseits das hauseigene Yoga-Angebot, das sich sowohl an Anfänger als auch an erfahrene Yogis richtet, andererseits das umfangreiche Wellnessareal mit Wasserwelten, Ruhezonen und Saunen. Von den Zimmern aus wird einem ein wunderbarer Blick auf die Tiroler Alpenwelt gewährt.

# Vitalhotel Therme Geinberg

4943 Geinberg, Thermenplatz 1 • 0 77 23 850 130 17
www.therme-geinberg.at • reservierung@therme-geinberg.at

Im Vitalhotel Therme Geinberg im Innviertel wird Wellness
mit besonderem Augenmerk auf Tiefenentspannung geboten.
Die Therme mit der größten Wasserfläche Österreichs bietet
drei Wasserwelten mit Pools, Thermal-, Frisch- und Salzwas-
ser, Palmen und Poolbar sowie Whirlpools und Wasserliegen.
Die karibische Saunawelt mit Themensaunen und Dampfbädern sowie Außenpool und Sandstrand lässt das ganze Jahr
über Karibikfeeling aufkommen. Verschiedene Restaurants
erfreuen das Herz von Kulinarikliebhabern, insbesondere das
haubenprämierte Aqarium. Entspannte Nächte verbringt man
in den 192 modernen Zimmern.

# Bio- und Wellnessresort Stanglwirt

6353 Going, Kaiserweg 1 • 0 53 58 20 00
www.stanglwirt.com • daheim@stanglwirt.com

Biobauernhof und Wellnesshotel: Im Stanglwirt ist das
kein Widerspruch! Hier bietet man den Gästen eine Kombination aus Luxus, Sport, Entertainment und nachhaltiger
Erholung. Die Zimmer und Suiten sind mit viel Zirbenholz
gefertigt. Das Wellnessangebot ist beeindruckend, mit
einer Saunalandschaft, Wasserwelten und einer Kinderwasserwelt findet sich hier für jeden das Richtige! Hier
können auch die Kleinsten Wellnessurlaub machen: Die
Kinderwasserwelt mit Poolkino und einer 120 Meter langen
Rutsche hält die Kinder bestimmt auf Trab und sorgt für ein
unvergessliches Familienerlebnis!

# Bergblick

6673 Grän, Am Lumberg 20 • 05675 63960
www.hotelbergblick.at • info@hotelbergblick.at

Erholung und Entspannung in einer wunderschönen Landschaft bietet das Hotel Bergblick in Grän. Jedes Zimmer ist
ein rustikal-gemütliches Unikat, das mit einzigartigen Pan-
oramablicken beeindruckt. Der Wellnessbereich ist mit In-
und Outdoor-Panoramapool, Kräuterdampfbad, Almsauna,
Sanarium, Infrarotlounge und Wasserschwebeliegen ausgestattet und sorgt für Entschleunigung und Erholung. Das
Restaurant bietet regionale und internationale Gaumenfreuden in stilvollem Ambiente. Ein Highlight ist die Sole-
Dampfgrotte, die das Immunsystem stärkt und die Atem-
wege reinigt.

# Wellnesshotel Der Engel

6673 Grän, Dorfstraße 35 • 0 56 75 64 23
www.engel-tirol.com • post@engel-tirol.com

Wer sprichwörtlich zwischen Himmel und Erde Urlaub machen will, der wird sich im Wellnesshotel Der Engel garantiert wohlfühlen. Neben den Zimmern im Haupthaus gibt es auch sechs weitere individuelle Wohneinheiten im nahe gelegenen Haus N° 7, die allesamt mit natürlichen Materialien ausgestattet sind. Der Wellnessbereich ist ein Traum und lädt mit einem 4000 m² Organic-Spa, einem 3000 m² Familien- und Textilbereich, einem Alpengarten und vielen weiteren Annehmlichkeiten zum Entspannen ein. Perfekt abgerundet wird der Urlaub mit der regionalen Kulinarik und dem herzlichen Service.

# Gault&Millau

# Entdecken
# Genießen
# & Erleben

Newsletter abonnieren und informiert bleiben auf
gaultmillau.at

# Nesslerhof

5611 Großarl, Unterbergstraße 50 • 0 64 14 81 2 00
www.nesslerhof.at • info@nesslerhof.at

Wellness- und Aktivurlauber fühlen sich im Nesslerhof in Großarl gleichermaßen wohl. Das Haus bietet eine familiäre Atmosphäre, eine hervorragende Kulinarik sowie moderne Zimmer mit Wohlfühlcharakter. Tiefenentspannung ist im großzügigen Wellnessbereich mit idyllischem Garten und Naturbadeteich, in acht verschiedenen Saunen und auch dank der 805 m² großen Wasserfläche garantiert. Nach einem großen Um- und Neubau darf man sich auf viele weitere Highlights wie elegante Suiten, einen Yoga- und Aktivraum, eine neue Terrasse und vieles mehr freuen. So wird der Urlaub hier garantiert noch komfortabler!

# Tauernhof Grossarl

5611 Großarl, Unterbergstraße 55 • 0 64 14 26 40
www.tauernhof.com • info@tauernhof.com

Der Tauernhof ist der ideale Ort, um die schönen Dinge des Lebens zu genießen: Freunde, Familie und Natur. Das Hotel bietet alles, was das Urlauberherz begehrt: von Skifahren, Wandern und Wellness bis hin zu Abenteuern in den Bergen. Entspannung wird im Tauernhof großgeschrieben. Die Pool-, Sauna- und Beautylandschaft beeindruckt mit einem vielfältigen Relaxangebot. Nicht entgehen lassen sollte man sich den Outdoor-Infinity-Whirlpool mit atemberaubendem Bergpanorama. Nachhaltigkeit ist den Gastgebern ein großes Anliegen – dies macht sich nicht nur in der regionalen Küche im Restaurant bemerkbar.

# Natur- und Wellnesshotel Höflehner

8967 Haus, Gumpenberg 2 • 0 36 86 25 48
www.hoeflehner.com • info@hoeflehner.com

Das Natur- und Wellnesshotel Höflehner heißt seine Gäste
in einem Naturparadies auf einer Höhe von 1117 Metern in
der Schladming-Dachstein-Region willkommen. Im Haus
gilt diie 6-N-Philosophie, bei der sich alles um Natur, Wellness, natürliches Design, natürliche Küche, Nachhaltigkeit
und Naturerlebnisse dreht. Die Zimmer und Suiten strahlen
eine gemütliche Atmosphäre aus. Das kulinarische Angebot
begeistert – besonderer Wert wird dabei auf unverfälschte
und naturnahe Zutaten gelegt. Yoga ist ein fester Bestand-
teil des Aktivprogramms und seit Neuestem kann man auch
Aerial-Yoga ausprobieren.

# Naturhotel Bauernhofer Ⓝ

8172 Heilbrunn, Brandlucken im Almenland 78 • 0 31 79 82 02
www.bauernhofer.at • info@bauernhofer.at

Das Naturhotel Bauernhofer ist ein versteckstes Juwel in der
Steiermark, das durch seine Gelassenheit und herzliche
Gastfreundschaft die Herzen der Gäste höherschlagen lässt.
Es ist ein perfekter Rückzugsort für diejenigen, die Kraft aus
der Natur schöpfen. Die 54 Zimmer und zwei Suiten sind mit
warmen Holzböden und massiven Vollholzmöbeln ausgestattet, die einen herrlichen Duft sowie eine wohlig-warme
Atmosphäre erzeugen. Für das körperliche Wohlbefinden
sorgt der Wellnessbereich mit Highlights wie der Weitblicks-
auna, einem Panoramapool und schönen Ruhebereichen.
Empfehlenswert: das Aktivprogramm.

# Wellnesshotel Alpin Juwel

5754 Hinterglemm, Haidweg 357 • 0 65 41 72 26
www.alpinjuwel.at • info@alpinjuwel.at

Das Vier-Sterne-Superior-Wellnesshotel Alpin Juwel in Saal-bach-Hinterglemm ist der perfekte Ort, um sich komplett zu erholen und in familiärer Atmosphäre Energie zu tanken. Mit einer exklusiven Auswahl an Wellnessbehandlungen, edlen Zimmern und Suiten, die sich teilweise an bestimmten Themen orientieren, köstlichem Essen und vielem mehr erlebt man hier unvergessliche Ferientage. Ob bei einer Massage im Wellnessbereich oder beim Schwimmen im Außenpool, hier hat Entspannung oberste Priorität. Auch Familien mit Kindern können dank der liebevollen Kinderbetreuung ent-spannt den Urlaub genießen.

# Travel Charme Ifen Hotel

6992 Hirschegg /Kleinwalsertal, Oberseitestraße 6 • 0 55 17 6080
www.travelcharme.com/ifenhotel • ifen@travelcharme.com

Das Travel Charme Ifen Hotel ist ein Sehnsuchtsort für alle, die einen luxuriösen Wellnessurlaub in den Bergen suchen. Die Zimmer und Suiten vereinen modernes Design mit tra-ditionellem Handwerk und bieten einen atemberaubenden Blick auf die alpine Bergwelt. Der PURIA Spa ist ein wahres Paradies! Mit einem 25 Meter langen Outdoor-Infinitypool, einem 18 Meter langen Innenpool und einer Saunaland-schaft mit verschiedenen Saunen und Ruhe-Lounges lässt der 2500 m² große Spabereich keine Wünsche offen. Auch für die Stärkung von innen ist gesorgt: Die Ifen-Alpenküche begeistert mit vielfältigen Leckereien.

# Jerzner Hof

6474 Jerzens, Oberfeld 170 • 05414 8510
www.jerznerhof.at • info@jerznerhof.at

Mit 40 Zimmern ist der Jerzner Hof ein überschaubares Hotel. Das, was er aber zu bieten hat, kann sich sehen lassen. Das Vier-Sterne-Haus schmiegt sich an den Hang der Pitztaler Berge, die sowohl vom Restaurant aus als auch von den restlichen Räumlichkeiten zu sehen sind. Die günstige Lage lässt im Sommer Wanderer- und im Winter Skifahrerherzen höherschlagen. Ausgleich schafft der Wellnessbereich mit Indoor- und Outdoorpool, Saunen und Massageangeboten. In kulinarischer Hinsicht dürfen sich Gäste auf ein ausgiebiges Frühstücksbuffet und – als abendlicher Höhepunkt – auf ein Fünf-Gänge-Menü freuen.

# Lebenberg Schlosshotel Ⓝ

6370 Kitzbühel, Lebenbergstraße 17 • 0 53 56 69 01
www.daslebenberg.com • hotel@daslebenberg.com

Hier kann man über den Dächern von Kitzbühel fein speisen und sich bestens erholen. Mit Blick auf die berühmte Skipiste Streif, die vom Panoramapool aus wunderbar zu sehen ist, werden unterschiedliche Zimmerkategorien geboten – vom Classic Room bis hin zur Suite. Im Wellnessbereich des Lebenberg Schlosshotels gibt es neben dem Pool auch ein großes Saunaangebot. Aktivurlauber können sich eine private Yoga-Einheit buchen oder sich im Fitnessbereich auspowern. Im Restaurant wird neben dem extravaganten Frühstück auch ein feines À-la carte-Angebot offeriert.

# Peternhof
Wellnesshotel

6345 Kössen, Moserbergweg 60 • 0 53 75 62 85
www.peternhof.com • info@peternhof.com

Vor der Kulisse des Wilden Kaisers, kurz vor der Grenze zu Bayern, begeistert das Hotel Peternhof all jene Gäste, die eine Kombination aus Wellness- und Aktivurlaub schätzen. Direkt vor der Hoteltüre liegt Europas einziger grenzüberschreitender Golfplatz im Golfclub Reit im Winkl/Kössen, dessen 18-Loch-Anlage Geschicklichkeit und strategisches Denken fordert. Darüber hinaus machen ein Reithof, Tennisplätze sowie die Tiroler Berge Lust auf sportliche Betätigung. In der Sauna- und Wasserwelt mit finnischer Kugelsauna im Garten erholt man müde Muskeln.

# Steigenberger Hotel & Spa Ⓝ

3500 Krems, Stein, Am Goldberg 2 • 02732 71010
krems.steigenberger.at • reservations@krems.steigenberger.at

Das Steigenberger Hotel & Spa liegt in Krems, im Herzen der Wachau. Das Haus eignet sich besonders für Natururlauber, die nicht auf Wellness verzichten möchten. Hier wird nämlich beides geboten: Viele Aktivitäten im Grünen und ein luxuriöser Spabereich, der einen auf die Weinreben blicken lässt – auch von den Saunen aus schaut man hinaus in die Natur. Wenn man etwas Lust auf städtisches Treiben hat, kann man in die zwei Kilometer entfernte Altstadt von Krems fahren. Im Restaurant gibt es abends Menüs, die bei Schönwetter auch auf der hübschen Terrasse serviert werden.

# Mooshaus

6183 Kühtai, Kühtai 40 • 05239 5207
www.mooshaus.at • hotel@mooshaus.at

Umgeben von einer traumhaften Bergkulisse liegt das Mooshaus. Hier, auf über 2000 Metern Höhe, treffen Tradition und Moderne aufeinander. Gäste können sich im Wellnessbereich verwöhnen lassen und ihrem Körper etwas Gutes tun. Grandios ist im Besonderen der geniale Skypool, der den erwachsenen Gästen vorbehalten ist. Aber auch Kinder kommen auf ihre Kosten: Eine Wasserwelt steht zum Austoben zur Verfügung, auch Beauty- und Wellnessbehandlungen werden für die Jüngsten angeboten. Für kulinarische Höhepunkte sorgt die feine Küche, in der hauptsächlich mit regionalen Zutaten gearbeitet wird.

# AQUA DOME Ⓝ

6444 Längenfeld, Oberlängenfeld 140 • 05253 6400
www.aqua-dome.at • office@aqua-dome.at

Wer in den AQUA DOME reist, der darf hohe Erwartungen an den Thermenbereich stellen. Die einzigartige, teilweise futuristisch anmutende Spa- und Saunawelt mitten in der Ötztaler Bergwelt überzeugt auf ganzer Linie. Die Thermalbäder bieten Familien ein attraktives und buntes Angebot an Aktivitäten, einschließlich eines Kinderprogramms, während sich Gäste, die Entspannung suchen, in den Thermalbecken, Saunen oder im SPA 3000 verwöhnen lassen können. Genächtigt wird in alpin-modernen Zimmern, in denen natürliche Materialien wie Holz und Stein mit modernen Elementen kombiniert werden.

# Holzhotel Forsthofalm

5771 Leogang, Hütten 37 • 06583 85 45
www.forsthofalm.com • booking@forsthofalm.com

Umgeben von wildromantischer Natur auf 1050 Metern liegt das Holzhotel Forsthofalm. Highlight des Hauses sind sicherlich der beeindruckende Rooftop-Pool und das Spa, welches eine traumhafte Aussicht auf die Berge und unvergessliche Stunden der Ruhe und Entspannung bietet. Genau das Richtige nach einem langen Skitag! Das Sky-Spa umfasst zudem eine Dachterrasse mit Sonnenliegen, Saunen, Dampfbädern und gemütlichen Ruheräumen. Die Aussicht in die Weiten der Berge ist dabei das Highlight. In der Essential-Elements-Kitchen wird Wert auf regionale, saisonale und Bioprodukte gelegt.

# Krallerhof

5771 Leogang, Rain 6 • 0 65 83 82 46
www.krallerhof.com • office@krallerhof.com

Wer in Leogang im Salzburger Land ein innovatives und
exklusives Fünf-Sterne-Hotel sucht, der ist im Krallerhof
richtig. Mit dem neuen Design-Spa ATMOSPHERE by Krallerhof, einem architektonischen Kunstwerk, tauchen die Gäste
in ganz neue Sphären der Erholung ein. Zahlreiche Annehmlichkeiten wie der riesige Naturbadesee, der 50 Meter lange
Infinitypool, ein Zen-Garten und vieles mehr sorgen hier für
Begeisterung. Im Fokus steht die Nachhaltigkeit – das Projekt wurde möglichst ressourcenschonend und mit Rohstof-
fen aus der Umgebung realisiert. Regionalität spielt auch in
der Kulinarik eine große Rolle.

© Salzburgerland Tourismus

Landschaft in Saalfelden Leogang

# Naturhotel Forsthofgut

5771 Leogang, Hütten 2 • 0 65 83 85 61
www.forsthofgut.at • info@forsthofgut.at

Das Naturhotel Forsthofgut im Salzburger Land ist ein groß-
artiger Ort, um Luxus in Verbundenheit mit der Natur zu
erleben. Hier findet man Ruhe und Erholung inmitten der
wunderschönen Kulisse der Leoganger Steinberge. Teil der
einzigartigen Auszeit hier ist nicht nur das Entspannen im
großzügigen Spa, sondern auch die optionale Teilnahme
an besonderen Aktivitäten wie Alpakawanderungen, Star-
gazing oder Heißluftballonfahrten. Als Naturhotel liegt
dem Forsthofgut der verantwortungsbewusste Umgang mit
Ressourcen besonders am Herzen und so wird auch in der
Küche auf Regionalität und Qualität gesetzt.

# Gault&Millau

# Süße
# Säure
# & Tannine

Alle News rund um österreichische Weine
im Newsletter und auf gaultmillau.at

# Salzburger Hof Ⓝ

5771 Leogang, Sonnberg 170 • 0 65 83 731 00
www.salzburgerhof.eu • office@salzburgerhof.eu

Urlauben umgeben von Bergen. Im Hotel Salzburger Hof in Leogang fühlt man sich bereits beim Ankommen wohl. Die Einrichtung ist heimelig, von den Zimmern aus hat man einen schönen Blick auf die Umgebung. Im Wellnessbereich wird einem dank des Infinitypools auf dem Dach ein noch schöneres Panorama geboten. Im Restaurant legt man großen Wert auf Regionalität und Nachhaltigkeit. Und wie die Landschaft rundherum erahnen lässt, birgt die Region jede Menge Freizeitvergnügen. Von Bergbahnen, Bikeparks bis hin zu Wander- und Skigebieten – allesamt in nur 100 Metern Entfernung vom Salzburger Hof.

© Salzburgerland Tourismus

Wandern in Saalfelden Leogang

# Geniesserhotel Post Lermoos

## Alpine Luxury, Gourmet & Spa

6631 Lermoos, Kirchplatz 6 • 05673 228 10
www.post-lermoos.at • welcome@post-lermoos.at

Das Genießerhotel Post Lermoos ist ein alpines Juwel, das Genussmenschen, die auf der Suche nach einem luxuriösen Rückzugsort in Tirol sind, begeistern wird. Das Vier-Sterne-Superior-Hotel bietet einen herrlichen Ausblick auf das Massiv der Zugspitze. Das Restaurant des Hauses verzaubert die Gäste mit einem Drei-Hauben-Abendmenü. Der großzügige Wellnessbereich bietet auf 3000 m² alles für eine entspannende Auszeit. Im ersten Stock gibt es ausschließlich für Erwachsene einen Panoramasaunabereich und einen Ruheraum mit offenem Kamin und Zugspitzblick. Highlight des Tages: das Drei-Hauben-Abendmenü.

# MOHR life resort Ⓝ

6631 Lermoos, Innsbrucker Staße 40 • 0 5673 23 62
www.mohr-life-resort.at • willkommen@mohr-life-resort.at

Das MOHR Life Resort in Lermoos ist ein traumhaft gestaltetes Wellness- und Lifestylehotel mit herrlichem Blick auf die Zugspitze. Hier genießt man erstklassigen Service und zahlreiche Annehmlichkeiten, wie die 3300 m² große Wellnessoase, die zum Beispiel einen Saunabereich, einen Infinitypool und Relaxlounges umfasst. Weitere Highlights des Hotels sind der MOHR-Intensity-Trainingsbereich, der einen atemberaubenden Blick auf die Zugspitze während des Trainings bietet, und die unvergleichlichen Penthouse-Suiten. Die herrlichen Kreationen aus der Küche bringen einen ins Schwärmen.

# Quellenhof Leutasch Ⓝ

6105 Leutasch, Weidach 288 • 0 52 14 67 8 20
www.quellenhof.at • info@quellenhof.at

Wer einen außergewöhnlichen Wellnessurlaub auf dem Tiroler Hochplateau verbringen möchte, der ist im Quellenhof Leutasch an der richtigen Adresse. Das großzügige Wellnessangebot im Q Spa mit einem ganzjährig beheizten Außenpool, einem Schneeraum, einer genialen Sky-Sauna und vielem mehr bietet nicht nur Raum für Entspannung, sondern auch einen atemberaubenden Ausblick auf die alpine Bergwelt. Die vielseitige Kulinarik verführt mit regionalen, vegetarischen und veganen Gerichten sowie erlesenen Weinen im Vineum. Aktivitäten wie Wanderungen oder Skifahren startet man direkt vor der Türe des Hotels!

# Grandhotel Lienz ⓝ

9900 Lienz, Fanny-Wibmer-Pedit-Straße 2 • 04852 64070
www.grandhotel-lienz.com • info@grandhotel-lienz.com

Das Grandhotel Lienz ist das perfekte Reiseziel für einen erholsamen Urlaub mit Stil und Charme. Das Fünf-Sterne-Haus überzeugt durch seine einzigartige Eleganz und seinen hohen Komfort in wunderschöner Bergkulisse. Der Wellnessbereich mit 1400 m² ist ein echtes Highlight. Die Saunen, das Dampfbad und der Pool sorgen für pure Entspannung. Unbedingt sollte man auf der Romantikterrasse einen Kaffee oder ein Gläschen Wein trinken, um die malerische Aussicht auf den Stadtpark und die Lienzer Dolomiten ausreichend zu würdigen. Den idealen Rückzugsort bieten die eleganten Zimmer und Suiten des Hauses.

# Wellnessresidenz Alpenrose ⓝ

6212 Maurach am Achensee, Mühltalweg 10 • 03524 352930
www.alpenrose.at • info@alpenrose.at

In der Alpenrose wird einem ein Wellnessurlaub der Sonderklasse geboten. Umgeben von der Tiroler Bergidylle, im beschaulichen Maurach, kann man als Gast nicht nur von den vielen Aktivitäten, die die Region zu bieten hat, profitieren, sondern insbesondere vom umfangreichen Wellnessangebot. Auf satten 8500 m² bleiben keine Wünsche offen – von Massagen und Wohlfühlbädern über das Erlebnisschwimmbad bis hin zur Panoramasauna. Die Zimmer bieten dabei komfortable Rückzugsorte und im Restaurant werden bodenständige Klassiker mit einem internationalen Twist serviert.

# Zillergrund Rock Ⓝ
## Luxury Mountain Resort

6290 Mayrhofen, Zillergrund 903 • 05285 62377
www.zillergrund.at • info@zillergrund.at

Im Zillergrund Rock erlebt man einen erstklassigen Urlaub mit luxuriösem Flair und bestem Service – ganz gleich, ob man Lust auf Abenteuer oder Entspannung hat. Zu den Inklusivleistungen gehören hier stets die herausragende GourmetpensionPLUS und das vielfältige Aktiv- und Wellnessangebot. Auf über 3000 m² relaxt man mit Bergpanorama. Das Highlight: der Sky-Pool, welcher sich über zwei Ebenen erstreckt. Die gemütlichen Suiten und Zimmer bieten Platz für die ganze Familie, für die kleinen Gäste sorgt außerdem der Kinderraum für Vergnügen. Den Tag lässt man bei einem Drink in der Sky-Bar ausklingen.

# Lercher Ⓝ

8850 Murau, Schwarzenbergstraße 10 • 03532 2431
www.hotel-restaurant-lercher.at • office@hotel-lercher.at

Der Gasthof Lercher in Murau hat Wohlfühlcharakter. Zwar sind die Räumlichkeiten nicht auf dem neuesten Modernisierungsstand, dennoch verfügen sie über ausreichend Gemütlichkeit. Das Hotel hat einen Wellnessbereich mit zwei verschiedenen Saunen, einem Ruheraum und einem Massageangebot. Von einer Sauna aus wird einem ein schöner Ausblick geboten. Neben einem großzügigen Frühstücksbuffet kann im Restaurant sowohl zu Mittag als auch zu Abend gegessen werden. Auf der Karte stehen Klassiker der österreichischen Küche.

# Gassner

Wander- und Wellnesshotel

5741 Neukirchen am Großvenediger, Hadergasse 167 • 0 65 65 62 32 • 0664 532 65 80

www.hotel-gassner.at • info@hotel-gassner.at

Die Familie Gassner hat mit ihrem Hotel ein Urlaubsdomizil geschaffen, das die Herzen aller Bergfexe höherschlagen lässt. Die Gegend im Herzen des Nationalparks Hohe Tauern eignet sich hervorragend zum Rad- oder Skifahren. Nach der letzten Talfahrt schwingt man hinter dem Hotel ab und genießt eine Auszeit im Spa mit Natur-Outdoorpool und Farblichthallenbad mit Whirlpool. Im Einklang mit der Natur schaltet man hervorragend in der Außensauna oder der Salz-Sauna ab und gönnt seinem Körper Gutes bei einer Massage oder Wohlfühlanwendung. Das Highlight: ein Luxus-Baumhaus mit Blick auf die Berge.

# Jagdhof

Spa-Hotel

6167 Neustift im Stubaital, Scheibe 44 • 0 52 26 26 66

www.hotel-jagdhof.at • mail@hotel-jagdhof.at

Im Fünf-Sterne-Hotel Jagdhof im Stubaital erwartet die Gäste ein Aufenthalt der Extraklasse. Neben der ausgezeichneten Kulinarik und der malerischen Bergkulisse bietet das Hotel einen Wellnessbereich, der unter die Haut geht. Auf 3000 m² stehen 20 verschiedene Sauna-, Bade- und Relaxbereiche zur Verfügung. Im SPA-Chalet kann man sich inmitten von duftenden Bergkräutern entspannen. Die Private SPA Suite bietet auf 100 m² den höchsten Luxus und Privatsphäre. Am Besten gönnt man sich eines der personalisierten Treatments. Für Genuss sorgt das Fine-Dining-Restaurant Hubertusstube.

# Vitalhotel Edelweiss ⓝ

6167 Neustift im Stubaital, Krössbach 1 • 0 52 26 22 80
www.vitalhotel-edelweiss.at • info@vitalhotel-edelweiss.at

Im Örtchen Krössbach, auf 1100 Metern Höhe, liegt das liebevoll gestaltete Vitalhotel Edelweiss. Das Hotel vereint alpine Gemütlichkeit mit stilvoller Atmosphäre und bietet ein Aktivprogramm mit Yoga, erlesener Wellness und feiner Kulinarik. Das Highlight des Hotels ist der beheizte Infinitypool mit grandiosem Blick. Mehrere Zimmer und Suiten strahlen in neuem Glanz und begeistern nun mit alpinem Lifestyle-Charakter. Mit dem Bergwiesen-Spa und gehobener Kulinarik ist das Hotel der perfekte familiäre Rückzugsort. Die Nähe Stubaier Gletscher, ermöglicht Wintersport (fast) das ganze Jahr über.

# Holzleiten Bio Wellness Hotel ⓝ

6416 Obsteig, Holzleiten 84 • 0 52 64 82 44
www.holzleiten.at • hotel@holzleiten.at

Das Holzleiten Bio Wellness Hotel auf dem Mieminger Sonnenplateau in Tirol ist ein wahrhaft magischer Ort, um Kraft zu tanken und die eigene Balance wiederzufinden. Mit nur 45 Zimmern vereint das Hotel einen gemütlichen modernen Charme mit herzlicher Tiroler Gastfreundschaft, die von der Gastgeberfamilie gelebt wird. Der weitläufige Spa-Bereich ist ein absoluter Traum und bietet fünf unterschiedliche Saunen, Ruheräume, einen natürlichen Badeteich sowie ein Kalt- und Warmwasserbecken. Der Panoramapool im Freien und das Warmbecken mit Blick auf die grandiose Bergkulisse laden zum Entspannen ein.

# Das Karwendel

6213 Pertisau, Karwendelstraße 1 • 0 52 43 52 84
www.karwendel-achensee.com • info@karwendel-achensee.com

Alpinen Luxus und Gourmetküche kann man im Das Karwendel, einem First-Class-Wellnesshotel am Achensee, erleben. Wilderers Gourmetstube, das hauseigene Gourmetrestaurant, wurde mit zwei Hauben ausgezeichnet und verführt mit köstlicher „Alpine Wellness"-Küche aus regionalen Zutaten. In frischem Glanz erstrahlt die neue elegante Buffetanlage „Alpine Food Boutique". Die Zimmer sind im alpin-modernen Stil eingerichtet und verfügen unter anderem über handgefertigte Tiroler Bauernkachelöfen. Pure Entspannung findet man im Adults-only-Karwendel-Sky-Spa, welches sich auf 2800 m² erstreckt.

# Travel Charme Fürstenhaus
## Am Achensee

6213 Pertisau, Seepromenade 26 • 0 52 43 54 42 678
www.travelcharme.com • fuerstenhaus@travelcharme.com

In Pertisau in Tirol kann man die erholsame Wirkung der Alpen im Travel Charme Fürstenhaus am Achensee erleben. Es bietet einen atemberaubenden Blick auf die majestätischen Berge, die sich in den blauen Wassern des Sees spiegeln. Egal, ob man golfen, schwimmen oder einfach nur relaxen möchte, hier kann man abschalten. Das Highlight jedoch ist das 3000 m² große PURIA-Spa, das einen Innen- und Außenpool, einen Whirlpool, eine Panoramasauna, eine finnische Sauna und mehr bietet. Verschiedene Entspannungsbereiche mit Wasserbetten und Liegestühlen sowie ein Fitnessstudio runden das Angebot ab.

# Berghof

8972 Ramsau am Dachstein, Ramsau 192 • 0 36 87 818 4 80
www.hotel-berghof.at • office@hotel-berghof.at

In der Ramsau am Dachstein findet man ein Wintersportparadies mit viel Abwechslung und atemberaubender Bergkulisse. Sei es Skifahren, Langlaufen oder Tourengehen – die wunderschöne Landschaft macht die Ramsau zum liebsten steirischen Ferienort für Bergfexe. Vom Hotel Berghof aus hat man nicht nur einen herrlichen Ausblick in die Natur, sondern auch Wanderwege direkt von der Türe weg. Im Sommer begeistern Klettersteige und Mountainbike-Trails. Später lässt man im Wellnessbereich mit Saunen, Kneippbecken und Hallenbad die Seele baumeln, bevor man abends mit einem Fünf-Gänge-Menü verwöhnt wird.

# Althof Retz Ⓝ

2070 Retz, Althofgasse 14 • 0 29 42 37 11
www.althof.at • reservierung@althof.at

Am Fuße der Weinberge im Retzer Land, malerisch eingebettet in die Landschaft, residiert das Hotel Althof Retz. Mit einem charmanten Mix aus Tradition und Moderne lädt das Hotel zu einem unvergesslichen Aufenthalt ein, der von Wein, Wellness und Wohlbefinden geprägt ist. Die Innenhöfe des Hotels bieten sich zum Verweilen an und sind ein traumhafter Anblick. Besonders beeindruckend ist das Althof-VinoSPA, das auf über 1000 m² Wellness auf fünf Ebenen bietet. Mit dem Infinitypool auf dem Dach mit Blick auf die Windmühle und den Rathausturm steht hier eines der Pool-Highlights des Landes.

# Linde
Gartenhotel

6531 Ried im Oberinntal, Ried im Oberinntal 80 • 05472 6270
www.hotel-linde.at • info@hotel-linde.at

Das Gartenhotel Linde ist ein familiär geführtes Hideaway in Ried im Oberinntal. Mit 71 gemütlichen Zimmern und einem 3000 m² großen Wellnessbereich bietet das Hotel eine große Auswahl an Möglichkeiten für Erholung und Entspannung. Besonders beeindruckend ist der herrliche Garten, der mit mehreren Pools, einem Kinderspielplatz und lauschigen Plätzen zum Verweilen einlädt. Die Küche des Hotels interpretiert traditionelle Tiroler Gerichte auf inno vative Weise und verwendet dabei hochwertige heimische Produkte. Die umliegenden Tiroler Berge lassen einen den stressigen Alltag vergessen.

# Hollweger Ⓝ

5340 St. Gilgen, Mondsee Bundesstraße 2 • 06227 2226
www.hollweger.at • office@hollweger.at

Das Hotel Hollweger am Wolfgangsee ist ein Familienbetrieb, der Ruhesuchenden Erholung bietet. Diese gibt es einerseits im großzügigen Panoramahallenbad, beim hoteleigenen Badesteg oder im Spa-Areal mit Saunen und Dampfbädern. Die gute Lage im Salzkammergut begünstigt außerdem einen Aktivurlaub, da etwa Wandern, Radfahren, Schwimmen, Segeln, Surfen oder Golfen in naher Umgebung des Hotels möglich sind. Zwei Bergbahnen bringen die Gäste in luftige Höhen. Das Restaurant, das einen wunderschönen Blick auf den See eröffnet, serviert gutbürgerliche Küche mit hochwertigen Zutaten aus der Region.

# Almwellness-Resort Tuffbad

9654 St. Lorenzen im Lesachtal, Tuffbad 3 • 0 47 16 622
www.almwellness.com • info@almwellness.com

Im Almwellness-Resort Tuffbad erwartet die Gäste Entspannung auf höchstem Niveau. Im 2000 m² großen Wohlfühlbereich fallen die Alltagssorgen von alleine ab und man entspannt sich in den Wasserwelten, im Sky-Infinitypool oder im Außenwhirlpool, gefüllt mit Mineralwasser. Die beeindruckende Saunaalm mit über 11 verschiedenen Saunen ergänzt das Wellness-Ensemble. Die köstlichen regionalen Speisen, hergestellt aus hochwertigen Produkten, runden den Aufenthalt ab. Beeindruckend: die nachhaltige Herangehensweise des Hauses. So wird die Energieversorgung mit einem eigenen Wasserkraftwerk gewährleistet.

# Almgut
## Mountain Wellness Hotel

5581 St. Margarethen im Lungau, Liftstraße 166 • 0 64 76 42 90
www.almgut.at • info@almgut.at

Das Hotel Almgut ist der perfekte Ort für einen entspannten Wellnessurlaub. Im AlmSpa mit eigenem Adults-only-Bereich genießt man zahlreiche Annehmlichkeiten wie beispielsweise den Infinitypool, verschiedene Saunen und Dampfbäder. Die Einrichtung mit Materialien wie Zirbenholz erfolgte nach Feng-Shui-Prinzipien. Im Sommer lockt der wunderschöne Paradiesgarten. Am Ende des Tages zieht man sich nach einem köstlichen Dinner im Designrestaurant in die eleganten, im Landhausstil gestalteten Zimmer und Suiten zurück. Stets im Zentrum: der herzliche Service von Familie Lüftenegger und ihrem Team.

# Eggerwirt
## Spa & Vitalresort

5582 St. Michael im Lungau, Kaltbachstraße 5 • 0 64 77 82 2 40
www.eggerwirt.at • office@eggerwirt.at

Der Eggerwirt ist ein Wellnesshotel im Herzen Österreichs, das mit 80 Zimmern und Suiten aus natürlichen Materialien, regionaler Gourmetküche und entspannenden Momenten lockt. Das riesige Garten-Spa verfügt über drei separate Bereiche: das Adults-only-Premium-Spa, das Ladys-Spa für Frauen sowie das Family-Spa mit Annehmlichkeiten speziell für Familien mit Kindern. Jeder soll hier einen Wohlfühlort finden und sich komplett regenerieren können. Um das Wohlbefinden der Gäste kümmert sich die Gastgeberfamilie persönlich. Dank der Eggerwirt-All-inclusive-Verwöhnpension kann man nach Herzenslust schlemmen.

# LÖWEN HOTEL Montafon Ⓝ

6780 Schruns, Silvrettastraße 8 • 05556 7141
www.loewen-hotel.com • info@loewen-hotel.com

Wer das Montafon in Vorarlberg noch nicht besucht hat, sollte dies unbedingt nachholen. Ein Hotel, das man für einen dortigen Urlaub nur wärmstens empfehlen kann, ist das Löwen Hotel Montafon. Die günstige Lage im Dorfkern von Schruns sowie unweit einiger Bergbahnen ermöglicht den Gästen – ganz nach individuellen Bedürfnissen – eine vielseitige Auszeit. Ob der Tag nun zum Skifahren, Wandern oder Wellnessen im neuen Spa-Bereich genutzt wurde am Abend führt der Weg doch meist geschlossen in das hoteleigene Restaurant. Die Löwen Stube mit ihren drei Hauben ist definitiv das kulinarische Highlight!

# Alpin Resort Sacher Seefeld-Tirol

6100 Seefeld, Geigenbühelstraße 185 • 05212 22720
seefeld.sacher.com • seefeld@sacher.com

Im höchstgelegenen Sacher-Hotel genießt man den gewohnten luxuriösen Sacher-Komfort mit exklusivem Service inmitten der traumhaften Bergwelt Tirols. Das mit zwei Hauben ausgezeichnete Restaurant „Der Max" bietet eine einzigartige Genussreise, bei der regionale und innovative Küche aufeinandertreffen. Entspannung für Körper und Geist findet man in der 4700 m² großen Wohlfühloase, bestehend aus dem Alpin-Aktiv-Spa und dem Spa-Chalet. Ein 800 m² großer Naturbadesee, beheizte Innen- und Außenpools sowie ein idyllischer Naturgarten sorgen für Abwechslung.

# Jennys Schlössl Ⓝ

6534 Serfaus, Plojenweg 9 • 0 54 76 66 54
www.schloessl.com • info@schloessl.com

Reisende, die Wellnessangebote suchen und dabei auch einen Fokus auf Beauty legen, sind in Jennys Schlössl richtig. Neben dem Spa-Areal mit beheiztem Pool auf dem Dach und der Panoramasauna kann sich vor allem auch das kulinarische Angebot des Hauses sehen lassen: vom Frühstücksbuffet über die wechselnde Nachmittagsjause bis hin zum Vier-Gänge-Menü am Abend. Und während des gesamten Aufenthalts wird man zudem vom fulminanten Ausblick auf die umliegende Bergwelt begleitet, die für Aktivurlauber sowohl im Sommer als auch im Winter spannende Aktivitäten bereithält.

# Schalber

### Genießerhotel Wellness Residenz

6534 Serfaus, Dorfbahnstraße 15 • 0 54 76 67 70
www.schalber.com • info@schalber.com

Umgeben von den majestätischen Berggipfeln Tirols liegt das Fünf-Sterne-Superior-Hotel Schalber in Serfaus-Fiss-Ladis. Im großzügigen Wellness-, Spa- und Saunabereich mit uneingeschränktem Panoramablick auf die majestätischen 3000-Meter-Gipfel der Samnaun-Gruppe und der Ötztaler Alpen spürt man, wie jeglicher Stress von einem abfällt. Im Schalber genießt man kulinarische Köstlichkeiten auf höchstem Niveau – vom Frühstück bis zum Fünf-Gänge-Abendmenü. Die Gourmetküche vereint frische und erstklassige Zutaten zu feinen Speisen. Das Urlaubserlebnis wird durch den zuvorkommenden Service komplettiert.

# Bergland ⓝ
## Design- und Wellnesshotel Sölden

6450 Sölden, Dorfstraße 114 • 05254 22400
www.bergland-soelden.at • info@bergland-soelden.at

Wer in der Gipfelsuite nächtigt, genießt nicht nur einen traumhaften Ausblick auf die Ötztaler Alpen, verbringt gemütliche Abende vor dem knisternden Kamin oder genehmigt sich ein Schaumbad in der frei stehenden Badewanne, sondern teilt auch denselben Geschmack wie James-Bond-Darsteller Daniel Craig, der ebenfalls hier nächtigte. Vor allem das umfangreiche Wellnessangebot sprechen für sich, denn hier bleiben keine Wünsche offen: Sonnenbaden auf der Terrasse mit Bergpanorama, ein Outdoor-Whirlpool, Biosauna, Hot-Stone-Massage mit Ötztaler Granatstein und vieles mehr.

# Jungbrunn
## Der Gutzeitort

6675 Tannheim, Oberhöfen 25 • 05675 6248
www.jungbrunn.at • hotel@jungbrunn.at

Auf einer Naturterrasse über Tannheim liegt ein Ort, an dem man seiner Gesundheit Gutes tun kann. Im Hotel Jungbrunn warten auf die Gäste erlebnisreiche, aber auch erholsame Momente bei den 40 Fitness- und Entspannungskursen des Hauses. Im Spa-Bereich findet man an zahlreichen Plätzen wie dem Außenpool, dem Solefreibad, der Erdsauna oder der private Spa-Suite wieder ins Gleichgewicht. Kulinarisch können in drei Restaurants alle Geschmäcker bedient werden. Man speist moderne Tiroler Küche im Wirtshaus, Gegrilltes im „Jungbrunn Grill" oder ein Sechs-Gänge-Menü im „Jungbrunn Kulinarium".

# Hochschober

9565 Turracher Höhe, Nr. 5 • 0 42 75 82 13
www.hochschober.com • urlaub@hochschober.com

Im Hotel Hochschober auf der Turracher Höhe in Kärnten findet der anspruchsvolle Gast alles für einen erholsamen Urlaub. Die atemberaubende Naturkulisse und das beheizte Seebad sorgen für Abkühlung und Entspannung. Besonders der Wellnessbereich mit Hamam, Sauna, Fitnesscenter und Massagen lässt keine Wünsche offen. Familien können die betreute Kindervilla und den Jugendclub nutzen oder sich sportlich beim Wandern, E-Biken oder Schwimmen betätigen. Das Hotel bietet spezielle Angebote für Aktive und Wellnessfans. Kulinarisch werden Gäste mit regionaler Küche und veganen Alternativen verwöhnt.

# Alpinhotel Berghaus

6293 Tux, Madseit 711 • 0 52 87 87 3 64
www.hotel-berghaus.at • info@hotel-berghaus.at

Im Alpinhotel Berghaus wird Nachhaltigkeit gelebt. Solarpaneele und ein Blockheizkraftwerk werden als Energielieferanten genutzt, Fleisch für das Restaurant stammt aus eigener Landwirtschaft und auf Mülltrennung wird ebenfalls geachtet. Der Wellnessbereich lässt keine Wünsche offen. Ob Schwitzen in der Sauna mit Blick zum Hintertuxer Gletscher mit darauf folgender Abkühlung im Schwimmteich oder Bahnen ziehen im Indoor-Pool – Entspannung findet man an jeder Ecke. Besonders empfehlenswert zum Relaxen: die „Berghaus-Alm" mit Wasserbetten. Klassische und exotische Massagen sorgen für Wohlbefinden.

# TUXERHOF

Hotel Alpin SPA

6293 Tux, Vorderlanersbach 80 • 05287 8511

www.tuxerhof.at • info@tuxerhof.at

Auf 1257 Metern Seehöhe findet man hochalpinen Luxus im Tuxerhof. Der 2200 m² große Wellnessbereich bietet allerlei Annehmlichkeiten wie einen Rooftop-Infinitypool, eine Sauna-Erlebniswelt, einen wunderschönen Alpin-Garten und mehr. Besonders hervorzuheben sind die Relax-Dachterrasse und der Sunset-Relaxpool auf dem Dach. Auch kulinarisch hat das Haus einiges zu bieten. Ein Highlight ist die legendäre, wöchentliche Küchenparty, bei der die Gäste einen Blick hinter die Kulissen werfen können. Das Hotel ist seit vier Generationen familiengeführt und bekannt für sein Extra an Ästhetik und Herzlichkeit.

# Wöscherhof

6271 Uderns, Kirchweg 26 • 05288 63054

www.woescherhof.com • office@woescherhof.com

Wer dachte, der Wöscherhof kann nicht noch schöner werden, hat sich geirrt! Nach dem Umbau erwarten die Gäste zusätzlich zu den bestehenden stilvollen Zimmern und Suiten vier brandneue Suiten. Außerdem begeistern ein neuer Sky-Infinitypool im Adults-only-Spa sowie die neu renovierte Sonnenterrasse und der Barbereich. Was bleibt, ist die Herzlichkeit, mit der einem hier seit jeher begegnet wird. Entspannte Stunden verbringt man in verschiedenen Bereichen mit Saunen, Wasserwelten und einem idyllischen Naturbadeteich. Der Wellnessurlaub wird komplettiert durch die herausragende Kulinarik.

# Alpin Life Resort Lürzerhof Ⓝ

5561 Untertauern, Dorfstraße 23 • 06455 251
www.luerzerhof.at • hotel@luerzerhof.at

Im Alpin Life Resort Lürzerhof im Salzburger Land fühlt man sich ab dem Moment der Ankunft komplett wohl. Das Resort bietet Premiumzimmer und Suiten mit einem traumhaften Wohnambiente, das zum Entspannen einlädt. Die direkte Verbindung zum Skizirkus Obertauern und unzählige Wander- und Bergsportmöglichkeiten sorgen für Aktivität. Entspannte Momente sind im 4000 m² großen Wellnessbereich garantiert. Besonders hervorzuheben ist hier die beeindruckende nachhaltige Ausrichtung – das Haus ist komplett energieautark! Wellnessurlaub mit gutem Gewissen macht doppelt so viel Spaß.

# Parks

9220 Velden am Wörthersee, Seecorso 68 • 04274 2298
www.parks-velden.at • office@parks-velden.at

Einen wunderbaren Seeurlaub in Kärnten verspricht das Hotel Parks in Traumlage am Wörthersee. Einzigartig sind das besondere Flair und der Sky-Walk, der das Haupthaus und den Wellnessbereich miteinander verbindet, aber auch das Wirtshaus ZMAYER, in dem traditionelle Kärntner Küche neu interpretiert wird. Einen traumhaften Ausblick auf den See genießt man vom hoteleigenen Strandbad aus, das auch zu zahlreichen Wassersportmöglichkeiten einlädt. Für mehr Privatsphäre eignet sich die Feel-Free-Dachterrasse. In der Bar stehen ausgefallene Drinks auf der Karte, die einen gelungenen Tag zu Ende bringen.

# Goldenes Lamm ⓝ

9500 Villach, Hauptplatz 1 • 0 42 42 24 1 05
www.goldeneslamm.at • office@goldeneslamm.at

Das Hotel Goldenes Lamm befindet sich in einem historischen Haus zwischen dem Villacher Stadtzentrum und der
Drau, wodurch sich die Unterkunft ideal für einen Städtetrip
eignet. Bei den Zimmern kann der Gast zwischen Themen-
kategorien wählen – von Klassik bis Superior de luxe –, die
allesamt einen schönen Blick auf den Hauptplatz gewähren.
Im hauseigenen Restaurant, das über einen verglasten Wintergarten sowie einen gemütlichen Gastgarten verfügt, wird
Kärntner Küche mit regionalen Produkten serviert. Ein großer Pluspunkt ist außerdem das Frühstücksangebot beim
Buffet, das keine Wünsche offenlässt.

# Guglwald ⓝ

4191 Vorderweißenbach, Guglwald 8 • 0 72 19 70 07
www.guglwald.at • rezeption@guglwald.at

„Slow Wellness" steht im Hotel Guglwald auf dem Programm. Das bedeutet, dass die Gäste in diesem kleinen Örtchen in Oberösterreich vollends abschalten und ihren sonst
so bewegten Alltag hinter sich lassen können. Und das geht
auf. Von Anbeginn der Reise sind die Traditionen des Hotels,
die bis ins 19. Jahrhundert reichen, spürbar, dennoch ist
alles stets der Zeit angepasst. Der vielseitige Wellnessbereich ist sehr gut aufgeteilt und bietet, gleichermaßen wie
die geräumigen Zimmer, einen hohen Standard. Zum Frühstück gibt es ein umfangreiches Buffet, abends werden
mehrgängige Menüs serviert.

# Thermenhotel Karawankenhof

9504 Warmbad-Villach, Kadischenallee 27 • 0 42 42 300 120 99
www.karawankenhof.com • karawankenhof@warmbad.at

Herrliche Entspannung verspricht ein Aufenthalt im Thermenhotel Karawankenhof. Durch einen Bademantelgang erreichen die Hotelgäste die weitläufige Landschaft der KärntenTherme, in der man in Thermalpools, zwei finnischen Saunen, einem Hamam und Entspannungsbereichen relaxt. Für die kleinsten Gäste bietet der Croco-Club Unterhaltung. Sportliebhaber können den Naturpark Dobratsch erkunden oder sich beim Tennis auspowern. Somit eignet sich das Hotel für einen Wellnessaufenthalt mit der ganzen Familie! Nun muss man sich nur noch entscheiden, ob man lieber im Zimmer oder im Appartement wohnen möchte.

© Michael Stabentheiner / Region Villach

Winterlandschaft im Naturpark Dobratsch in der Region Villach

# Warther Hof

6767 Warth, Bregenzerwaldstraße 53 • 0 55 83 35 04
www.wartherhof.at • hotel@wartherhof.at

Im charmanten Bergdorf Warth befindet sich der familiengeführte Warther Hof. Der Wellnessbereich umfasst 3000
m² und bietet Entspannung vom Feinsten. Ob im Sauna-
und Schwimmbadbereich, bei wohltuender Bewegung beim
Sport- und Aktivprogramm oder bei einer der vielfältigen
Behandlungen mit exklusiven Pflegeprodukten – hier gibt
es alles, was das Herz begehrt. Während sich die Erwachsenen entspannen, können die Jüngsten in der Kinderbetreuung Abenteuer erleben. Kulinarisch werden die Gäste
mit regionalen und frischen Zutaten, unter anderem beim
abendlichen Sechs-Gänge-Gourmetmenü, verwöhnt.

# Landhotel Schermer Ⓝ

6363 Westendorf, Dorfstraße 106 • 0 53 34 62 68
www.schermer.at • welcome@schermer.at

Das familiengeführte Vier-Sterne-Superior-Landhotel Scher-
mer residiert auf einem ruhigen Sonnenplateau inmitten
der Kitzbüheler Alpen. Im Sommer bietet es ideale Voraussetzungen für einen aktiven Bergurlaub und im Winter den
direkten Einstieg ins Skigebiet Wilder Kaiser-Brixental. Entspannung pur garantiert der großzügige Wellnessbereich
mit diversen Saunen und Dampfbädern, Schwimmbad, Fit-
ness- und Cardioraum sowie einem Wohlfühlgarten. Das
Hotelrestaurant verwöhnt die Gäste mit feinen regionalen
Speisen und Produkten aus der eigenen Landwirtschaft, ein
aufmerksamer Service steht im Mittelpunkt.

# Sperlhof Ⓝ

4580 Windischgarsten, Edlbach 34 • 0 75 62 74 30
www.sperlhof.at • office@sperlhof.at

Im schönen Windischgarsten in Oberösterreich liegt das
Hotel Sperlhof. Der hauseigene Wellnessbereich des Hotels
ist eine traumhafte Oase der Entspannung. Dieser verfügt
seit Neuestem über ein weiteres Highlight: einen ganzjährig
beheizten Panorama-Außenpool, von dem man den Blick
auf die Gipfel der Pyhrn-Priel-Region genießt. Für aktivere
Urlauber ist das Hotel der ideale Ausgangspunkt für Wanderungen oder Fahrradtouren. Da sollte man sich vorher beim
ausgiebigen Frühstücksbuffet mit regionalen Produkten
stärken! Bei der Rückkehr verführen einen das Jausenbuffet
und das köstliche Abendmenü.

# HAIDVOGL MAVIDA Zell am See Ⓝ

5700 Zell am See, Kirchenweg 11 • 0 65 42 54 10
www.mavida.at • info@mavida.at

Wenige Gehminuten von der Talstation des Ski- und Wan-
dergebiets Schmittenhöhe entfernt befindet sich das Hotel
Haidvogl Mavida. Nicht nur die Lage, auch das Programm
des Hauses sprechen für einen Urlaub im Salzburger Land.
Bereits beim Ankommen spürt man die großzügige Gastlichkeit des Personals und die Liebe fürs Detail. Der Wellnessbereich mit Innen- und Außenpool, Saunen, Dampfbad und
Ruheräumen erfüllt den Rest für eine ganzheitliche Erholung. Im Restaurant, das mit einer Haube ausgezeichnet
ist, kommen kreative Menüs mit vegetarischenm aber auch
veganen Alternativen zu Tisch.

# Salzburgerhof

Wellness-Golf & Geniesserhotel

5700 Zell am See, Auerspergstraße 11 • 0 65 42 76 50
www.salzburgerhof.at • 5sterne@salzburgerhof.at

Willkommen im Salzburgerhof, dem Fünf-Sterne-Superior-Hotel in Zell am See, das für seine traditionelle Eleganz und familiäre Gastlichkeit bekannt ist. Das Hotel bietet eine Wohlfühlatmosphäre und verfügt über 68 liebevoll eingerichtete Zimmer und Suiten. Hier können Gäste in der mit drei Hauben ausgezeichneten Salzburgerstube Gaumenfreuden in Begleitung von perfekt abgestimmtem Wein genießen. Der Genuss beschränkt sich nicht nur auf die Kulinarik: Im romantischen Wellnessschlössl, in der Gartenoase und in den eleganten Zimmern entspannt man sich und lädt all seine Batterien wieder auf.

# DasPosthotel

6280 Zell am Ziller, Rohrerstraße 4 • 0 52 82 22 36 • 0664 223 60 00
www.dasposthotel.at • info@zillerseasons.at

Das Boutiquehotel DasPosthotel in Zell am Ziller ist ein Juwel für Gäste, die eine Kombination aus Wellness und Natürlichkeit suchen. Das Hotel wurde mit viel Liebe zum Detail gestaltet und bietet eine harmonische Kombination von natürlichen Materialien, Farben und Licht. Der Wellnessbereich des Hotels ist eine Oase der Entspannung. Hier befinden sich verschiedene Saunen, Dampfbäder und Ruheräume sowie ein Innen- und Außenpool. DasPosthotel legt Wert auf gesunde und kulinarische Genüsse. Das Restaurant DieMarie bietet feinste österreichische Küche mit biologischen Produkten aus der Region.